粵港澳大灣區
規劃和全球定位

國世平　主編

粵港澳大灣區為我國帶來新機遇

　　二〇一七年三月五日，李克強總理在《政府工作報告》中首次提出要研究制定粵港澳大灣區城市群發展規劃，這使得粵港澳大灣區成為現實，從地方戰略層面一下提升到國家戰略層面。如果說紐約灣區、舊金山灣區、東京灣區是全球灣區經濟發展的典範，那麼，在珠江三角洲地區出現的我國第一個灣區經濟——粵港澳大灣區，將成為我國發展灣區經濟的實驗者，給我國推行灣區經濟帶來新的機會。廣東將不再叫「廣東省」而是叫「廣東都市群」。二〇一八年三月二十二日，李克強總理在十三屆全國人大一次會議上作《政府工作報告》時，將粵港澳大灣區納入二〇一八年政府工作建議，建議出台實施粵港澳大灣區發展規劃，全面推進內地同香港、澳門互利合作。

粵港澳大灣區將成為世界上最大的灣區經濟帶

　　粵港澳大灣區將我國發展潛力最好的城市包括在內，我們可以看到，珠江三角洲九個城市在全球的地位令人震驚：廣州已經趕超新加坡，深圳已經趕超香港，珠海與意大利的佛羅倫薩相當，佛山直追阿姆斯特丹，東莞已經超過拉斯維加斯，中山已經超過日內瓦，惠州已

經超過德國不萊梅，肇慶與英國的利物浦相當。可以肯定，粵港澳大灣區一旦建立，必然超過紐約灣區、舊金山灣區和東京灣區世界三大灣區。

粵港澳大灣區擁有金融中心的支持

從世界三大灣區來看，一個最大的優勢就是都有金融中心：東京是國際金融中心，紐約有華爾街國際金融中心，舊金山的金融也非常發達。經濟高速發展的大灣區經濟，沒有金融作為支撐，經濟的可持續發展是不可能的，因為金融中心可以給大灣區經濟提供巨量的資金支撐，而且使用資金的成本最低。粵港澳大灣區和世界上公認的三大灣區經濟比較，金融優勢非常明顯：首先，香港作為國際金融中心，其地位超過東京，一直服務世界，尤其服務亞洲，今後，香港完全可以給粵港澳大灣區提供強有力的資金支持。其次，廣州作為區域性的金融中心，在服務珠江三角洲地區的過程中發揮了重要作用。再次，深圳作為區域性金融中心，其金融地位完全不遜於北京和上海。深圳的交易所、私募股權基金、風險投資基金、創業投資基金等都處在全國的前列。香港、廣州和深圳三大金融中心可以給粵港澳大灣區提供源源不斷的資金支持，同時也給泛珠江三角洲地區提供源源不斷的資金支持。

粵港澳大灣區也為廣東金融乃至全國金融的發展提供了新的機會。廣東省有兩個區域性金融中心深圳和廣州，它們為珠江三角洲地區提供金融服務，可以在大灣區中發揮重要作用：一是深圳和廣州可以成為香港金融的後援基地。粵港澳大灣區的建立，讓香港、澳門、

深圳和廣州連成一片，香港作為國際金融中心，以粵港澳大灣區為基地，向全國金融提供服務，同時作為人民幣的離岸中心，為全世界境外人民幣提供結算服務。深圳和廣州鄰近香港，完全可以為香港提供金融後援服務；香港很多銀行可以在深圳和廣州結算；香港很多證券公司的結算，也可以放在深圳和廣州。二是深圳和廣州可以幫助香港融入粵港澳大灣區。香港是國際金融中心，幾乎全世界的金融機構都將亞洲總部放在香港，都希望通過香港來為中國各地金融提供服務。然而，香港與內地金融體制不同，金融的服務方式也有差別，完全依靠香港，往往效果不理想。香港如果通過深圳和廣州中轉基地來投資內地金融，會收到非常好的效果。

粵港澳大灣區以開放、自由作為基礎

紐約灣區、舊金山灣區和東京灣區最重要的共同點就是開放型經濟，不僅商品和服務可以自由進出灣區，資金、人才等要素也能在灣區內外自由流動，資源配置和經濟效益都處於最高水平。三大灣區的空港體系完善，對外貿易發達，關稅等貿易壁壘及資本管制相對較低，為灣區發展開放型經濟奠定了基礎。此外，三大灣區的管理部門對市場偏向引導和風險防範，強調「無形的手」的作用。再者，三大灣區與國際市場聯繫緊密，多層次參與國際分工，是全球價值鏈、供應鏈的重要節點。

與國內其他城市群和經濟區相比，粵港澳大灣區是中國最開放的區域。首先，香港是世界開放程度最高的自由貿易港，大部分商品可以免稅進出香港，對近一百七十個國家和地區免簽，對外匯的管理也

十分寬鬆。其次，澳門經濟也高度開放，外匯管制相對較低，對近一百三十個國家和地區免簽，人員往來便利且限制較低。再次，珠江三角洲作為港澳地區的經濟腹地，一直採取非常開放的政策，貿易的絕大部分是對外貿易。廣州長久以來是華南地區對外貿易的樞紐，深圳更是我國對外開放的示範窗口。總體而言，粵港澳大灣區的對外貿易水平和對外開放程度在國內處於領先地位，具備發展成為世界一流灣區的基礎條件。

粵港澳大灣區會形成強大的輻射動力器

粵港澳大灣區經濟作為我國最重要的灣區經濟，會成為一個強大的輻射動力器，產生的效益絕不可能只是一加一等於二，而是一加一等於三、等於四的放大效益。粵港澳大灣區本身的構造可以分為三個層次，形成差異化疊加效應：核心層次是珠三角的九個城市加上香港和澳門，也就是通常說的「9+2 城市群」。據初步測算，這一核心區域二〇一六年經濟總量超過九點一一萬億元，約一點三七萬億美元，其中珠三角九市合計近六點八萬億元，正在逐步接近全球發達灣區經濟體經濟規模；第二個層次主要是廣東省欠發達城市，具體包括汕尾、汕頭、揭陽、河源、陽江等廣東其他地區，儘管這些區域目前處於欠發達狀態，但它們為粵港澳大灣區提供了廣闊腹地；第三個層次可以延伸到福建、廣西、海南和江西，依託東南沿海灣區資源，以粵港澳大灣區核心區為核心，以廈門灣區為東翼、北部灣區為西翼，形成「一核引領、雙翼齊飛」的發展態勢，並帶動湖南、貴州、雲南、四川等區域的發展。

粵港澳大灣區經濟帶的建立，將為廣東省經濟的進一步發展提供廣闊的空間。深圳和廣州作為全國的科技中心，可以為這些地區提供科技支持。在北京、上海和深圳的科技競爭力比較中，深圳排在第一，而我國工業目前開始朝 3.0、4.0 邁進，急需科技力量的支持，巨大的科技需求為深圳和廣州的科技發展提供巨大的市場空間。

深圳和廣州作為全國的物流中心，這些地區的對外海運，完全可以通過深圳和廣州來運出去。深圳的鹽田港是世界上最大的港口之一，也是世界單港集裝箱吞吐量最高的碼頭之一，裝貨、卸貨速度非常快，完全可以為這些地區提供海運支持。廣州港是華南最大綜合性樞紐港，也可以發揮同樣的作用。

此外，深圳和廣州作為我國的文化產業中心，由於粵港澳大灣區的建立，會吸引越來越多的文化項目落戶深圳和廣州，吸引越來越多的文化人才來到深圳和廣州工作。深圳和廣州擁有中國最大的文化交易市場，文化產業的市場化程度非常高，在粵港澳大灣區經濟帶形成後，深圳和廣州文化產業的發展空間會無限擴大。

國世平

深圳大學當代金融研究所所長、教授、博士生導師

目錄
CONTENTS

序　粵港澳大灣區為我國帶來新機遇

第一章　緒論

第二章　世界三大灣區發展概況

第三章　粵港澳大灣區經濟與世界上其他灣區經濟的比較

第四章　粵港澳大灣區經濟與國內城市群經濟的比較

第五章　粵港澳大灣區的優勢及存在的問題

第六章　粵港澳大灣區的經濟空間結構

第七章　將粵港澳大灣區經濟打造成為中國經濟增長極

第八章　粵港澳大灣區的國內經濟輻射效應

第九章　粵港澳大灣區的戰略定位

第十章　粵港澳大灣區城市群協調發展分析

參考文獻

第一章

緒　論

全球區域經濟一體化是粵港澳大灣區經濟提出的全球背景。區域經濟一體化的概念可以定義為：為了維護共同的經濟和政治利益，互相鄰近的兩個或兩個以上的國家或地區，通過政府間的條約或協定，制定共同的政策、措施，使行動準則統一化，甚至各國讓渡部分國家主權，建立共同機構，長期而穩定地行使超國家力量，進行經濟調節，達成經濟甚至政治上的聯盟。

二○一七年十二屆全國人大第五次會議上，李克強總理宣布，將建立粵港澳大灣區經濟，給粵港澳地區帶來重大的利好消息。

二○一七年七月一日，在國家主席習近平的見證下，香港特別行政區長官林鄭月娥、澳門特別行政區行政長官崔世安、國家發展和改革委員會主任何立峰、廣東省省長馬興瑞在香港共同簽署了《深化粵港澳合作推進大灣區建設框架協議》。

全球區域經濟一體化是粵港澳大灣區經濟提出的全球背景。區域經濟一體化的概念可以定義為：為了維護共同的經濟和政治利益，互相鄰近的兩個或兩個以上的國家或地區，通過政府間的條約或協定，制定共同的政策、措施，使行動準則統一化，甚至各國讓渡部分國家主權，建立共同機構，長期而穩定地行使超國家力量，進行經濟調節，達成經濟甚至政治上的聯盟。[1]區域經濟一體化給經濟增長帶來的絕不只是一加一等於二，是一加一等於三、等於四。

一、粵港澳大灣區建立的背景

粵港澳大灣區由廣州、深圳、珠海、佛山、惠州、江門、東莞、肇慶、中山九個珠三角城市和香港、澳門兩個特別行政區組成，區域面積約五點六萬平方公里，人口約六千六百萬。

在粵港澳區域經濟一體化的過程當中，香港與澳門作為國際大都

---

1 康學芹：《粵港澳增長三角次區域經濟一體化研究》，中國社會科學出版社，2014 年版。

市，在企業融資、公司管理以及信息技術等方面，與廣東地區相比具有較為明顯的比較優勢，然而港澳經濟發展受制於地理空間與自然資源的限制，因此與廣東地區豐富的自然資源、勞動力、土地等生產資料形成互補。粵港澳大灣區的建立，有經濟、政治和社會三個方面的背景。

（一）粵港澳大灣區經濟建立的經濟背景

區域經濟一體化的一個最直接的動機，在於突破各區域各自面臨的經濟發展瓶頸。對於廣東地區而言，當前面臨的主要問題在於生產要素成本的上升，產業結構高度化動力不足，以及產業同質化嚴重。對香港而言，最大的問題在於有限的空間使得地價不斷上漲，從而迫使製造業遷離，造成香港工業空洞化。另一方面，香港的房地產大亨利用房價上漲所帶來的資金優勢壟斷民生行業，使得中小企業難以拓展經營。過高的地價同時也會增加初創公司的成本，嚴重制約高科技產業、文化產業等高風險、回報週期長的企業發展，使香港產業空洞化的現象進一步惡化。對澳門而言，博彩旅遊為其主導產業，然而過於依賴博彩業所帶來的產業結構單一化，以及由博彩業所帶來的一系列社會負面效應，也是不得不克服的一大難題。我國改革開放以來，廣東省和香港、澳門迎來快速發展時期，就是因為廣東省和香港、澳門進行了最緊密的合作。

改革開放後粵港澳經濟合作大致經歷了四個階段：

（1）一九七九至一九八二年的試點合作階段。港澳資本主要以

家族企業方式投入到特區當中的旅遊、娛樂等領域。

（2）一九八四至一九九二年的工業合作階段，即形成「前店後廠」的珠三角經濟發展模式。

（3）一九九三至一九九九年的深入合作階段。香港、澳門的先後回歸以及亞洲金融風暴影響下珠江三角洲經濟的「軟著陸」，促使粵港澳的經濟合作達到高峰，港澳資金大量湧入廣東金融和房地產等領域。

（4）二〇〇〇年以來的全面合作階段。廣東對港澳的單向依賴減弱，開始承接香港部分服務業發展，粵港澳逐漸成為相互依賴的區域經濟整體。[2]

「十一五」規劃當中有一個重要綱要是「積極參與國際區域經濟合作機制；積極參與多邊貿易、投資規則制定，推動建立國際經濟新秩序」。「十二五」規劃綱要中提出「堅持擴大開放與區域協調發展相結合，協同推動沿海、內陸、沿邊開放，形成優勢互補、分工協作、均衡協調的區域開放格局」。[3]二〇〇三年六月二十九日，中央政府與香港特別行政區政府在香港共同簽署了《內地與香港關於建立更緊密經貿關係的安排》二〇〇三年十月十七日與澳門特別行政區政府在澳門共同簽署《內地與澳門關於建立更緊密經貿關系的安排》。

2　周運源：《粵港澳經濟非均衡發展趨向一體化研究（粵港澳區域合作研究叢書》，中國社會科學出版社，2011 年版。

3　《中國中央關於制定國民經濟與社會發展第十二個五年規劃建議》，《文匯報》2011 年 3 月 17 日第 7 版。

CEPA 與《內地與澳門關於建立更緊密經貿關係的安排》有別於跨太平洋夥伴關係協定（TPP）當中的發達國家與發展中國家主權國家間的合作，粵港澳區域合作是基於「一國兩制」之下的具有中國特色的發展模式，為人類多元化發展提供了寶貴的經驗。

一九九七年亞洲金融風暴席捲泰國，並在此後打擊了亞洲眾多國家與地區，國際資本紛紛逃離香港等亞洲主要資本市場。然而在二〇〇八年次貸危機當中，香港雖然受到了一定衝擊，但同時也成了世界資本的避風港，並借此鞏固了自身作為世界金融中心的地位。香港抗風險能力的提高與中國內地經濟的繁榮密不可分，同時 CEPA 等一系列協議使得香港可以在內地的全方位支持下，集中精力把握中國內地與世界經濟發展過程當中的機遇，並從容應對國際上的各種挑戰。

自 CEPA 實施以來，粵港澳三地在區域經濟一體化的進程當中取得了一定成果，然而在金融領域合作方面仍存在以下幾點問題：其一，人民幣現金脫離銀行體系跨境流通的現象依然存在；其二，票據結算方式單調，實時支付系統優勢不明顯；其三，廣東銀行在引進境外金融機構參股方面滯後，香港銀行在參股廣東銀行方面尚無實質性運作；其四，監管部門合作層次低，缺乏制度創新，金融業缺乏制度性的合作與協調。[4]這類問題歸根到底來源於「一國兩制」制度下兩種不同的制度對雙方經濟合作造成的阻礙，也就是接下來要探討的粵港澳大灣區的政治背景。

4　周運源：《粵港澳經濟非均衡發展趨向一體化研究（粵港澳區域合作研究叢書）》，中國社會科學出版社，2011 年版。

（二）粵港澳大灣區經濟建立的制度與法律背景

一九九七年之後香港與澳門相繼回歸祖國，然而作為特別行政區，香港、澳門在經濟制度與司法體繫上與中國內地存在較大的差異：在經濟制度上，香港與澳門分別作為單獨關稅區，獨立於內地的稅務條例；在司法體繫上，澳門的法律制度以內陸法為根基，而香港的法律制度在《香港特別行政區基本法》的擔保下繼續以普通法為依歸，並由條例、習慣法等本地法例為補充，因而與內地法律體系截然不同。內地法律體系經過三十多年的努力日趨完善，然而香港、澳門的一些主要產業（如服務業）的相關立法仍存在較大的改進空間。為了尋求司法上的協調合作，為區域經濟發展鋪平道路，中央一直尋求制定適應於粵港澳客觀條件、與中國國情的一系列法律法規和與國際接軌的經濟政策，將粵港澳大灣區融入到「一帶一路」全球戰略之中。同時，為了繼續深化粵港澳經濟聯繫與合作，港澳政府也嘗試突破現有行政體制阻礙，為實現粵港澳大灣區的產品和生產要素自由流動提供最大限度的優惠和便利條件，減少雙方在「一國」與「兩制」問題上的分歧。

（三）粵港澳大灣區經濟建立的社會背景

按照國際法的定義，國家的邊界是指劃分一個國家領土和另一個國家的領土，或一個國家的領土和未被占領的土地、一個國家的領土和公海以及國家領空和外層空間的想像的界限。邊界是有主權國家行使其主權的界限。邊界兩側的人們在各自主權之下逐漸形成獨具特色的生活習俗、社會風氣與語言文化。邊界的顯性屏蔽效應主要體現在

邊界兩側彼此間的戒備心理和由此產生的一系列貿易壁壘。在經濟全球化的影響之下，大部分國家的邊界顯性屏蔽效應逐漸下降，然而人類作為群居動物，在集體意識與民族榮譽等社會屬性的號召下，會使當初基於保護主義而設置的貿易壁壘等顯性屏蔽效應逐漸轉型為隱性屏蔽效應，即在心理、文化、風俗、語言、意識、價值觀等人文方面的差異及由此而產生的行為差異所導致的邊界兩側之間的隔閡。在粵港澳大灣區當中，廣東毗鄰港澳，港澳同胞百分之八十祖籍在廣東省，而粵語作為香港與澳門特別行政區的通行方言，在中國內地粵語核心地區廣東省近八千萬的本地人口中，使用者近四千萬。[5]相近的人口特徵與語言體系使得廣東與香港、澳門之間的隱性屏蔽效應大為弱化。然而，由於過去英、葡兩國的殖民統治以及中國在探索社會主義建設道路中遇到的挫折而產生的文化差異，回歸後「一國兩制」所帶來的粵港澳三地之間的制度差異，以及西方資本主義與具有中國特色的社會主義之間的衝突所帶來的文化與價值觀差異引起的隱性屏蔽效應，在一定程度上也會阻礙三方經濟與社會領域的相關合作。

二、建立粵港澳大灣區經濟的戰略意義

自香港與澳門回歸以來，中央高度重視粵港澳三地合作機制的建設，粵港澳之間的經貿關係也隨著改革開放，大致經歷了四個階段而不斷深化加強。二〇一七年三月五日召開的十二屆全國人大五次會議

5　資料來源於廣東省人民政府（http：// www.gd.gov.cngdgksqgmrkyy201103/ t20110317_177017. htm）。

上，李克強總理在政府工作報告中提出，「要推動內地與港澳深化合作，研究制定粵港澳大灣區城市群發展規劃，發揮港澳獨特優勢，提升在國家經濟發展和對外開放中的地位與功能」意味著粵港澳經濟合作從二〇一七年開始進入一個新的階段，即從區域經濟合作上升到國家戰略。

（一）建立粵港澳大灣區的經濟意義

半封閉邊界條件下的合作模式一般有通道型、口岸型、跨境經濟開發區型的經濟活動。[6]粵港澳過往的合作從形式上來看屬於半封閉狀態下的跨境經濟開發區型，其特徵為在生產要素相互流通的經濟一體化趨勢之下，以商業貿易為主的邊界合作模式往往不能滿足各方經濟發展的需求，因此相關國家一般以口岸為基礎，適當拓展商業範圍，將口岸所在的地區建設成為集邊界貿易、市場、投資於一體的自由貿易區與口岸開發區，形成邊界經濟跨國界合作的產業集聚區域。[7]粵港澳大灣區的成立從經濟戰略層面上來看，有助於在粵港澳三地形成全面開放的經濟體系與高效的資源配置能力，成為對外溝通的窗口，促使珠三角區域整合進入新的階段。

廣東最近幾年正在進行大規模的產業結構調整，在大力提升傳統產業的同時，加速打造以雲計算與人工智能為代表的高新技術產業與

6　張建中、張兵、陳瑛：《邊界效應與跨國界經濟合作的地域模式—以東南亞地區為例》，《人文地理》2002 年第 1 期。

7　張旭華：《跨境經濟合作區的構建與中國的跨邊境合作策略探析》，《亞太經濟》2011 年第 4期。

基於移動互聯網的高級服務業。過去發展相對滯後的珠江西岸地區也將隨著港珠澳大橋等基礎設施的竣工而逐步繁榮，有望成為廣東繼廣州、深圳外的第三個經濟增長點。對於廣東企業而言，粵港澳大灣區的建設可以使其充分利用港澳高度國際化的優勢，一方面更容易從世界資本市場中募集資金，另一方面也可以藉助港澳的技術、管理與服務上的優勢，加快企業國際化的進程，進一步拓展國際市場。同時廣州、深圳兩地地處「海上絲綢之路」的戰略要地，在粵港澳大灣區的框架當中，也會獲得疊加優勢，對珠三角經濟區的發展以及「海上絲綢之路」的建設發揮積極作用。對於香港而言，香港公司在籌資、項目運營和管理等方面具有優勢，可以配合粵東基礎設施建設方面的發展，與「一帶一路」倡議相輔相成，在緩解粵港澳經濟同質化嚴重所產生的內部競爭問題的同時，在內地的國際經濟戰略布局當中「搭順風車」，為自身帶來更多的發展機遇。

（二）建立粵港澳大灣區的政治意義

從政治層面看，進一步深化粵港澳合作的一大難點在於粵港澳處在「一國兩制」的框架之下，不同的政治制度使得城市間存在明顯的行政邊界與屏蔽效應。粵港澳大灣區的建設是真正意義上以經濟為主導、打破政治壁壘的一次創新。當然，每次創新都會面臨著反對的聲音，譬如香港西九龍高鐵站的建設就在「內地人員在香港境內是否應享有執法權」方面遇到很大分歧。另一方面，粵港澳大灣區建設的一個重點在於加強粵港澳在以大數據、雲計算、人工智能、虛擬現實等為代表的高新技術產業合作，這需要中央針對三方的客觀條件制定特

殊政策，彌補港澳地區因地價、機會成本等因素遏制的高新科技產業的研究與開發。廣東的工業與基礎產業相對完善，同時擁有較為完整的科研體系，可以支持大量科技人才進行高新技術研發。但廣東缺乏頂尖高校以及優秀科技人才，頂尖高校的不足導致科研資金相對於北京與上海而言有所欠缺。與之相對的，香港與澳門擁有眾多國際頂尖高校，教學制度與西方接軌，同時對於知識產權有較為完善的法律保護，因此學術與科研成果可以及時商品化，從而獲利。由此可見，粵港澳大灣區從政治上而言，將會引領政策為經濟與創新服務的戰略局面，為將來的其他區域經濟體與創新企業的發展帶來更多的機遇，開創中國經濟發展歷程中的新篇章。

對於中國而言，粵港澳大灣區的成立同時意味著十一屆三中全會以來實施的改革開放政策將進入新的階段。如今中國已經成為世界第二大經濟體，是世界經濟不可或缺的重要組成部分。粵港澳大灣區作為「一帶一路」倡議的重要樞紐，粵港澳三地的政治角色也將從開放初期引入外部資金與技術的「引水渠」，轉型為對外傳述中國經濟發展經驗的「導師」。改革開放以來，面對複雜的世界政治經濟形勢，中國對外政策的核心在於「韜光養晦」；隨著改革開放政策進入新的階段，中國作為一個大國，有責任也有能力為後進國家展示出一條基於自身發展歷程客觀可行的和平發展道路，中國的政治視野也將會變得更加開闊。

（三）建立粵港澳大灣區的社會意義

廣東、香港與澳門三地的旅遊產業各具特色，廣東省的旅遊資源

十分豐富，其中境內的 5A 級旅遊景區（截止到 2016 年）有九處，分別是廣州長隆旅遊度假區、深圳華僑城旅遊度假區、廣州白雲山風景區、梅州梅縣區雁南飛茶田景區、深圳觀瀾湖休閒旅遊區、清遠連州地下河旅遊景區、韶關仁化丹霞山景區、佛山西樵山景區以及惠州市羅浮山景區，而境內的 4A 級旅遊景區則達到了六十一處。同時，廣東省擁有國家歷史文化名城七個，分別是廣州、潮州、佛山、肇慶、梅州、中山以及雷州；省級歷史文化名城十六個。香港作為著名的國際城市，是亞太地區的交通中樞，擁有亞洲第一、世界第三大海港維多利亞港，以及諸多著名的地標景點，享有「東方明珠」的美稱。同時，香港由於受到了英國文化的影響，形成了別具一格的中西合璧文化風格，對國內外遊客而言具有較強的吸引力。澳門具有濃郁的葡萄牙文化風情，擁有包括大三巴牌坊、媽閣廟等在內的二十多處著名歷史建築。同時作為中國境內唯一合法的博彩地區，澳門擁有諸多頗具特色的娛樂場所，這成為澳門旅遊業最大的優勢。

近年來，隨著中國經濟的增長與對外開放程度的增加，越來越多的國人選擇出國旅遊。粵港澳三地雖然各自別具一格，然而在世界範圍內來看不乏有力競爭者，譬如隨著韓國濟州島對中國內地的免簽，濟州島的博彩業分流了部分澳門的遊客，而日本、歐盟與英國等發達國家對中國內地游客簽證要求的放寬，也對香港的旅遊業造成了較大沖擊。粵港澳大灣區的建設對於三地旅遊業而言將會是優勢互補，從而產生文化領域上的協同效應。粵港澳大灣區旅遊業的整合發展不僅在經濟上具有重要意義，同時也會促進粵港澳三地人民之間相互交流與理解，化解彼此之間由於誤解與偏見所造成的隔閡。

三、粵港澳大灣區經濟的全球定位

灣區經濟憑藉開放的經濟體系、高效的資源配置能力、強大的對外凝結效應和發達的國際網絡，成為牽引全球經濟引擎運轉的重要增長極和推動技術革命的先鋒。當前世界三大著名灣區中，紐約灣區打造出了世界金融中心華爾街，舊金山灣區誕生了世界創新中心硅谷，東京灣區的臨港經濟為日本貢獻了約三分之一的經濟總量。根據二〇一五年的統計數據顯示，粵港澳大灣區所囊括的十一個城市的 GDP 是舊金山灣區的兩倍，接近紐約灣區的水準；進出口貿易則約為一點五萬億美元，大致是東京灣區的三倍以上；區域港口的集裝箱吞吐量則達到七千兩百萬標箱，是三大灣區總和的五點五倍。[8]

從紐約灣區、舊金山灣區以及東京灣區的發展經驗來看，打造粵港澳大灣區與打造全球其他區域經濟體一樣，其目的在於對該區域國際競爭力的提升。邁克爾・波特（Porter）認為，影響一個國家或地區競爭優勢的因素包括生產要素、需求條件、相關產業和支持產業的表現、企業的戰略、結構和競爭對手。政府在當中應起到催化劑的作用，鼓勵甚至推動企業朝競爭優勢方面努力，為優勢行業創造環境而不是直接創造優勢行業。同時，優勢產業的建立與企業競爭力的源泉是創新，而創新則是由各種技術上的突破累積而成。[9]由此可見，粵港澳大灣區的一個核心部分是引導企業向高新技術製造業發展，以領

---

8 顏彭莉：《粵港澳大灣區：全方位對外開放新坐標》，《環境經濟》2017 年。

9 Michael E.Porter，Competitive advantage: creating and sustaining superior performance，FreePress，1985.

先的技術優勢而不是傳統的比較優勢在全球經濟中扮演創新領導者的角色，將科研成果與高新技術產業轉化為區域經濟體在全球當中的競爭優勢。

除了技術創新，金融中心、商業中心與交通樞紐也是粵港澳大灣區建設的核心目標。為了將粵港澳大灣區建設成世界範圍內的金融中心，一個關鍵點在於人民幣的國際化程度——一方面中國要積極推進跨境金融創新，逐步開展廣東省境內金融機構與港澳地區之間的跨境人民幣業務，另一方面充分利用「一帶一路」倡議中資助沿線國家基礎設施建設的相關項目，以人民幣為基礎設立相關的海外基金。商業中心的核心在於服務業，而成熟專業的服務業離不開會展業、旅遊業的發展以及專業人才的培養。交通樞紐從客觀上看依賴於所處的地理位置與交通狀況。對於粵港澳大灣區而言，有香港和澳門兩個自由港，有深圳和珠海兩個經濟特區，有南沙、橫琴和前海蛇口三個自由貿易試驗田，從客觀條件上看，具備建設世界一流灣區與物流中心的基礎條件。同時我們也必須承認，現階段粵港澳大灣區與紐約灣區、舊金山灣區以及東京灣區等經過多年建設的區域經濟體相比，仍有一定距離，而當中最主要的問題不在於資金與技術上的欠缺，而是反映在港澳與內地在兩種政治制度、三種關稅制度之下難以達成完全的互聯互通上。另一方面，粵港澳大灣區之間的城市群目前缺乏各自可接受的明確分工——雖然粵港澳三者之間誰都不希望成為對方的「後花園」，但是不清晰的城市定位所帶來的高度同質化問題將會為大灣區建設帶來過多的內部競爭與損耗，反而阻礙了粵港澳大灣區的經濟建設。

四、粵港澳大灣區與「一帶一路」的戰略關係

粵港澳區域經濟合作隨著中國的改革開放而逐漸加深,取得了豐碩的果實,並且在之後得益於「一國兩制」的政策以及中國加入WTO所帶來的新的發展機遇,粵港澳之間的合作水平達到了新的高度。但同時隨著中國其他區域經濟體,譬如上海浦東新區與雄安新區等國家級新區的迅速發展與國際化水平的提高,粵港澳經濟圈的原有比較優勢也在逐漸弱化。對於粵港澳大灣區而言,廣東省經過多年的「前店後廠」經濟發展模式,利用其擁有的資源奠定了在製造業與現代服務業的地位。然而隨著勞動力成本的提升以及資源與環境等因素的制約,粵港澳之間的傳統區域經濟合作模式面臨著新的挑戰。對於香港而言,內地新興城市特別是上海等城市的快速發展,迫使香港傳統產業結構必須進行轉型升級以應對挑戰。對於澳門而言,博彩業則是一把雙刃劍——一方面娛樂場所為澳門帶來了大量國內外遊客,為當地經濟高速發展做出了巨大貢獻,而另一方面澳門經濟模式的單一性以及博彩業所帶來的外部性問題卻驅動著澳門產業結構必須向多元化方向發展。

另一方面,中國其他區域經濟體的飛速發展雖然為中國的經濟增長做出了巨大貢獻,然而隨著時間的推移,各個經濟體的建設已經達到了相對飽和的階段,使得國內基礎設施生產要素的邊際效益逐漸下降,甚至可能會引發規模不經濟的現象。為了妥善解決國內產能過剩的嚴峻考驗,中國政府一方面採取開闢如雄安新區的新經濟增長極,並通過各種渠道輻射到周圍地區的政策,從而在提升生產要素邊際效益的同時帶動周圍地區一同發展,即「先富帶動後富」。中心城市的

溢出效應在帶動周邊城市發展的同時，也會引起當地房價的上漲，可以有效緩解當前一線城市房價居高不下，二三線城市樓宇過剩的情況。另一方面，中國政府提出建設「一帶一路」國家級頂層倡議，其直接的經濟目的在於將國內現有過剩的產能以及已有的技術優勢轉移到經濟相對欠發達的地區，在帶動當地經濟發展的同時，為國內各經濟體與企業帶來更為廣闊的市場。

「一帶一路」倡議的實施離不開與沿線各國相互之間的交流與合作，而對於內地很多民營企業，由於過去專注於國內市場，國際化意識往往並不強烈，在響應「一帶一路」倡議的過程中就會發現，在會計制度、法律制度、社會責任等方面都與當地國家有所差異，增加了自身在國外運營的風險。與之相對的，香港與澳門許多機構由於在處理國際企業事務方面具有豐富經驗，業務資質和審計手段能夠獲得國際的普遍認可。如果將粵港澳大灣區比喻成「一帶一路」倡議當中的「橋樑」，那麼「橋樑」的一端連接著世界，在中國「一帶一路」開放過程當中起到重要的平台作用，推動粵港澳企業一同扎扎實實地「走出去」，以市場運作為主導實現合作共贏，另一端則連接著中國南部、中部和西部等廣大腹地，將會以粵港澳大灣區作為中國經濟增長極，以點帶面輻射到珠三角的發展，進一步帶動整個中西部地區的經濟建設，打破國內東西部發展的不均衡現象，減少貧富之間的差距，從而在真正意義上實現「共同富裕」。

第二章

世界三大灣區
發展概況

全世界存在著眾多的灣區，據輻射力和影響力劃分，可以分為世界級、區域級和城市級三類。紐約灣區、舊金山灣區和東京灣區作為當今被公認的處在世界級頂端的三大灣區，均具有一些顯著的特徵，包括開放的經濟結構、優化的產業結構、有效的區域協同發展、高效的資源配置能力、便捷的國際交往網絡以及規模經濟帶來的經濟外溢等。

灣區是由一個或多個相連的海灣、港灣及周邊島嶼構成的區域。據世界銀行一項研究統計，全球超過一半的經濟總量來自於灣區，灣區特有的地理位置以及在此基礎上產生的經濟效應，被稱作「灣區經濟」。毫無疑問，港口與城市在灣區經濟中扮演著特殊和重要的角色，發揮著紐帶與輻射的作用。也正因為如此，灣區經濟也被稱為濱海經濟或港口經濟，是一種獨特的經濟形態，一種特有的經濟格局。目前，全世界存在著眾多的灣區，據輻射力和影響力劃分，可以分為世界級、區域級和城市級三類。紐約灣區、舊金山灣區和東京灣區作為當今被公認的處在世界級頂端的三大灣區，均具有一些顯著的特徵，包括開放的經濟結構、優化的產業結構、有效的區域協同發展、高效的資源配置能力、便捷的國際交往網絡以及規模經濟帶來的經濟外溢等。

一、三大灣區基本情況

（一）三大灣區範圍界定

1. 紐約灣區

　　對紐約灣區範圍的界定，普遍來看有兩種觀點：一種認為包括二十五個縣。深圳大學經濟學院的魯志國、潘鳳、閆振坤（2015 年）認為紐約灣區由二十二個縣組成，包括紐約州中的五個縣、新澤西州中的五個縣和賓夕法尼亞州的五個縣。紐約灣區的重要城市包括紐約市、紐瓦克市和新澤西市，占地面積二萬一千四百八十一平方公里，

是三大灣區中陸地面積最大的灣區。另一種認為包括紐約州、康涅狄格州、新澤西州等的三十一個縣，面積達三萬三千四百八十四平方公里（張涵，2017 年），重要城市包括紐約市、紐瓦克市和新澤西市。綜合相關文獻，可以看出紐約灣區在早期是包括二十個縣，後期隨著新的文件出台，範圍逐漸擴展到三十一個縣。本書中仍採用前一種說法。

2. 舊金山灣區

舊金山灣區是美國加利福尼亞州北部的一個大都會區，位於沙加緬度河下游出海口的舊金山灣四周。對於舊金山灣區的界定，大都一致認為包括九個縣，一百零一個建制城市，陸地面積達到了一萬七千九百三十二平方公里。其中還包括多個大小城市，最主要的城市有舊金山、奧克蘭、聖何塞（聖荷西）等全球著名城市，其中舊金山是舊金山灣區的中心城市。

3. 東京灣區

對於東京灣區範圍的界定，存在著不同的意見。其中，魯志國、潘鳳、閏振坤（010 年）對此界定認為，東京灣區包括「一都三縣」即東京都、神奈川縣、千葉縣和埼玉縣，占日本陸地面積的 3.62%。「一都三縣」陸地面積分別為 2183 平方公里、2412 平方公里、5156 平方公里和 3797 平方公里，總面積略小於舊金山灣區。

畢門門（2009 年）、劉豔霞（2014 年）對東京灣區範圍的界定是東京、橫濱、川崎、船橋、千葉五個大城市，經濟總量占到了日本全國的三分之一，面積為 9760.18 平方公里。

邱斌（2014 年）、申勇、馬忠新（2017 年）認為東京灣區主要是圍繞東京發展起來的大東京城市群，以包括東京、橫濱、川崎、千葉、橫須賀等幾個大中城市的關東平原為腹地進行融合發展，形成和發展為京濱、京葉兩大產業聚集帶和聚集區。

雖然不同學者對東京灣區範圍的界定不完全相同，但都認為東京灣區包括京濱和京葉兩大工業地帶。

（二）三大灣區主要特點

1. 紐約灣區特點

紐約灣區陸地面積約為 2.15 萬平方公里，人口占美國總人口比重的20% ,達到了 6500 萬，是全球就業密度最高的城市。同時，美國的第一大商業港口紐約港也位於紐約灣區，與全世界各地的商業聯繫較多，使得紐約灣區具有國際航運中心的地位。紐約灣區設有紐約大學、哥倫比亞大學等五十所大學，具備較強的人才培養能力。

紐約灣區居於國際灣區之首，具有較大的經濟容量，GDP 占美國總值的 3%，同時也是世界金融的商業中心和核心樞紐，吸引了全球五百強企業的 40%來此落地。紐約市的曼哈頓中城是世界排名最大的 CBD，吸引了一百多家國際著名的銀行與保險公司落地，第三產業在三大灣區中占比最高。

2. 舊金山灣區特點

舊金山灣區是美國西海岸僅次於洛杉磯的大都會區，無論是在人

口數量還是灣區 GDP 方面都不斷呈上升趨勢。其中，灣區國民生產總值更是占到美國 GDP 總量的 1/40。2014 年舊金山灣區人均 GDP 接近 5.5 萬美元。

舊金山、奧克蘭以及聖何塞三個城市在發展策略和產業布局上彼此采用不同策略，並注重協調發展與合理分工，實現區域的協調發展。其中，舊金山重點發展金融業、服務業以及旅遊業；奧克蘭作為歷史上最早開展集裝箱運輸的港口之一，主要以港口經濟為推手；聖何塞位於高科技產業發達的「硅谷」，電子產業全球領先。

舊金山灣區的發展首先是由硅谷的巨大資本催生功能帶動起來的。舊金山灣區擁有三十多傢俬人創業基金機構，並集中了超過全美 40%的風險資本，對技術進步和產業發展具有巨大的帶動作用，推動了蘋果、谷歌、英特爾、臉書等世界知名企業的誕生。

除資本的促進作用外，科技創新也是促進舊金山灣區經濟增長的重要引擎。舊金山灣區發展至今，已成為美國高科技產業集中地區，建有加州伯克利、斯坦福等二十多所著名大學，同時還有眾多的航天、能源研究中心等高端技術研發機構，帶領著全世界二十多種產業的發展潮流。

3. 東京灣區特點

東京灣區總面積為 13548 平方公里，雖然僅為日本面積的 3.5%，卻實現了日本 1/3 的經濟總值。其臨港產業占地一千多平方公里，涵蓋了多個不同的製造領域。

東京灣區製造業企業數量和從業人數、金融保險企業數量均占日本總量的 24%，金融就業人數占日本金融業的 35%。東京灣區沿岸港口主要有橫濱港、東京港、千葉港、川崎港、木更津港、橫須賀港六個港口，首尾相連，形成了有效的區域分工協作體系。在臨港產業的經濟帶動作用影響下，東京灣區已經形成了京葉、京濱兩大工業帶，集中了化工、鋼鐵、裝備製造、高新技術和現代物流等產業，地區生產總值占全國的 22%，工業產值占全國的 4%。東京灣區具有較高的產業和人口集中度，逐步發展成為日本的消費商貿中心及國際航運中心，是世界上經濟最發達、城市化水平最高的城市群之一。

　　由表 2-1 可知，東京灣區是日本經濟的引擎，一方面擁有日本 27%以上的人口，為東京灣區提供優質勞動力資源。另一方面，經濟總量巨大，不僅占日本全國 GDP 的三成多，在世界主要灣區中也排在首位。

表 2-1｜東京灣區經濟與人口統計數據

年分	人口（萬人）	人口占比（%）	GDP（億美元）	GDP 占比（%）
2007 年	3498	27.34	1/722	34.6
2008 年	3523	27.5	1/344	32.6
2209 年	3444	27.65	13454	32.5
201/ 年	3462	27.82	13772	34.5
2211 年	3568	27.92	13824	34.6
221/ 年	3477	27.69	/772	34.8

數據來源：日本統計年鑑

東京灣區具備豐富的港口資源，這決定了東京灣區主要通過發展港口經濟帶動整個東京灣區產業的升級發展，且目前成效顯著。東京灣區的城市面積占全國的比重不到 4%，但人口接近全國人口數量的三成。從東京灣區企業和人口的分布看，製造業和金融業是東京灣區的核心產業。

二、三大灣區產業發展路徑分析

三大灣區經濟雖然各有優勢，產業發展路徑也各有特點，但都普遍表現出相似的階段性特徵。灣區經濟大多首先起步於工業發展階段，隨著工業的聚集和分散，之後開始發展傳統製造業和服務業。第三次科技革命的興起和普及，特別是電子信息技術的發展，促使傳統製造業不斷進行轉型和升級。發展至今，高端服務業和文化創意產業已經成為灣區經濟發展較顯著的特徵。

（一）紐約灣區產業發展路徑

1.製造業的發展

紐約是港口城市，具備良好的交通便利條件和區位優勢。它早期主要靠發展商業集聚了大量的資本，並為後期的製造業發展積攢了充足的資金。紐約通過發揮其勞動力和資本的優勢，大力發展服裝、食品加工、皮革制造和機械製造等資本和勞動力密集的行業，促進經濟

高速發展，成為美國最大的製造業基地，創造了良好的工業基礎和制度氛圍，為後期的發展奠定了基礎。

2. 服務業的發展

紐約灣區的服務業發展是在美國服務業快速發展的大背景下發展起來的。美國的服務業興起開始於二十世紀七〇年代，當時出口增加、國際貿易往來日益增多，海外財富數量也大幅增長，對服務業的需求日益增加，促使很多服務行業快速發展。與此同時，紐約服務業的一些行業相互間在業務上存在密切聯繫，例如金融部門、會計公司、服務通訊部門、廣告設計公司、律師事務所等，促使紐約灣區的服務業得到了整體的快速發展，服務水平快速提高。知識密集型和技術密集型的生產性服務業比製造業具有更高的聚集效應，隨著第三產業成為優勢產業，紐約灣區逐漸優化了產業結構，提升了第三產業質量。

3. 高新技術產業的發展

隨著紐約灣區的人均收入提高，都市圈內的土地和房價過快上漲，導致紡織、服裝等很多製造業在日益上漲的勞動力成本及房價壓力下，逐漸遷移到灣區周邊成本低廉的地區，此舉給灣區內知識與技術密集型產業的興起和發育帶來了難得的機遇。紐約灣區內的高新技術產業也由此取得高速發展，電子通訊、計算機製造以及軟件等高新技術產業逐漸取代了生產服務性行業，在區域內產業處於核心地位，推動了高新技術經濟的快速增長。

近些年紐約灣區在大力推動高新技術產業方面向更高水平發展，灣區內大量高科技產業快速湧現，並且打算超越全球創新之都的硅谷，成為新的世界創新中心。尤其在經歷金融危機後，紐約灣區的信息產業、金融保險等都呈上升趨勢。

（二）舊金山灣區產業發展路徑

1. 工業化轉型

舊金山灣從二十世紀上半期開始從工業城市逐步向後工業城市轉化，並逐漸開始實現產業結構的調整優化及空間布局的合理轉變，通過工業遷徙的方式和製造業帶的不斷帶動發展，吸引大範圍和大規模的投資，建成了一系列大型的工業製造公司，如美孚石油精煉廠、大型的汽車商城、西部管道和鋼鐵公司等。

2. PDR 產業興起

這一階段舊金山開始逐漸向後工業化城市轉變，重工業逐步衰退，幾乎全部退出舊金山，遷向周邊地區。此時輕工業的 PDR 產業即生產、配送、修理產業開始在舊金山逐漸興起，並逐漸帶來很多支持性服務業，如批發、設計、銷售、配送等的興起。PDR 產業逐漸興起，成為舊金山現代經濟的多元有機構成。

3. 高新技術與知識經濟

隨著第三次工業革命的爆發，機械製造、信息技術等高新技術產

業及相關服務業得到快速發展，尤其體現在需要高技能勞動力管理的行業和旅游等相關行業。舊金山灣區內最密集的行業是信息產業和專業的科技服務業（PSTS），具有較高集中度的是住宿、餐飲業和藝術等服務行業，而該地區旅遊的發展也逐漸促進了娛樂和休閒服務的發展。在硅谷和半島的製造業，集中度較高的是精良的設備設計和開發等產業。而舊金山灣區的優良環境、良好秩序、包容的文化、鼓勵創新的機制等，都為這些企業和部門提供了得天獨厚的競爭優勢。

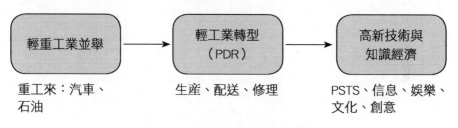

圖 2-1　舊金山灣區產業發展路徑

（三）東京灣區產業發展路徑

1. 工業化與工業分散

近些年日本的經濟增長主要是由日本工業來推動的。日本在十九世紀後期的產業革命時，就建立了日本工業區，隨著產業革命帶來的礦山、鐵路、服裝、紡織等行業的快速發展，促使日本在東京周圍進行工業布局。從二十世紀六七十年代開始，東京灣區進入了經濟高速發展階段，此時日本開始施行「工業分散」政策，把很多製造業向外遷移，既解決了過度膨脹的大都市病，也推動了周邊地區工業的興盛，同時為新型產業的發展提供了空間和機會。

2. 商業服務的輻射帶動

東京灣區從施行「工業分散」政策後，在中心城區更加注重高端服務產業的建設，將具有高成長性、高附加值的印刷業、服務型行業和奢飾品行業作為產業發展的重心。

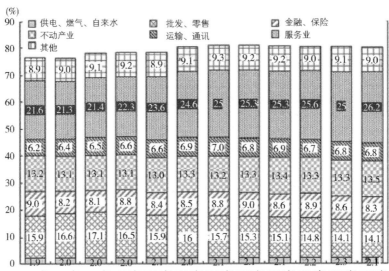

資料來源：國土交通廳《首都圈白皮書》（平成 23 年版）

圖 2-2　東京灣區各產業占比

從圖 2-2 中可以看出，東京灣區的第三產業中占比最多的是服務業，占比份額每年都超過 20%，而且呈逐漸上升的趨勢。到二〇〇五年時，傳統制造業的比重顯著下降，按所占比重大小排名依次是服務業、批發零售業、不動產業、金融保險業等。到 2007 年時，服務業產值達到 212 兆日元，在東京灣第三產業總產值中占 26.2%

3. 產業結構升級與高新技術

隨著近些年高新技術的發展，東京灣區也在不斷地將高新技術應用在傳統製造業上，不斷進行改造和結構升級，具體應用在電器、汽車、生產器械、高級配件、印刷業、高爐制鐵、電子部件製造、石油化學等眾多制造業企業中，為促進生產效率提高和產業結構升級做出了重大貢獻。越來越多的新技術、新產品得到開發應用，科技成果向產品的轉換也越來越密集，尤其是大企業在這方面表現更為突出。

三、三大灣區比較

（一）三大灣區的特色優勢

1. 紐約灣區的總部經濟戰略

總部經濟的含義是指將企業的總部設在城市中，並進而通過外部效應來促進發展的經濟結構。眾多企業將研發、設計、營銷、金融、物流等總部活動集中設置在城市核心位置，通過各企業總部間的相互聯繫，產生自我強化效應，促進城市的發展，並通過外部效應來帶動周圍地區的發展。總部經濟的集聚，是在經濟全球化的驅動力量下，按照企業戰略配置的需要和各地區的綜合優勢，從而實現製造活動和生產性服務活動在不同空間上的布局和選擇模式。

全球財富五百強的企業中，有四十六家公司將紐約作為總部設置地點，使紐約成為公認的總部經濟中心。在擁有眾多企業總部後，紐

約也建立了新型的服務業，如廣告服務、法律會計、管理公關、數據加工等各種機構。而紐約總部經濟的進一步發展促進了信息流、人流、資金流的聚集，進而產生了規模效應。概括來說，紐約總部經濟具有如下的優勢：

（1）具有高素質的人力資源和科研教育資源

紐約灣區雖然不像舊金山灣區有硅谷這樣的全球科研中心，但紐約有眾多的高校，而且紐約城市的繁華、發達的經濟和眾多的機會，都對人才具有強烈的吸引集聚作用。紐約採取的政策中，將在科技方面趕超硅谷作為自己的一項目標，力求超過硅谷，成為全球第一的科技研發中心。市內眾多的高校和公立、私立科研機構，都為其發展提供了眾多的科研教育資源。

（2）完善城市基本設施和中心商務區環境

紐約擁有著發達便利的海運、空運和陸運資源。作為全國重要的海港之一，紐約擁有獨特的海港地理優勢，由港口帶來的交易量非常巨大。在空運方面，紐約市區機場在國際貨物服務領域發揮的作用也占據著重要位置。在陸運方面，紐約也相當發達和完善，已經擁有洲際高速公路一條、海底隧道五條、收稅幹道九條、架空橋路八百六十一座。

（3）發達的金融、保險和新型服務業

紐約作為世界金融中心，無論是國際性的銀行還是大的保險公司，都選擇將總部設於此。在製造業領域，紐約也建立了與製造業發

展相匹配的強大的新型配套服務業。紐約會計公司中占據美國排名前六的有四家，諮詢公司中占據美國排名前十的有六家，公共關係公司中占據美國排名前十的達到六家。

紐約灣區發展總部經濟的成功舉措有：

（1）實施城市工業園區戰略

建立「袖珍工業園區」，不追求工業園區的面積，強調利用雖然廢棄、但可以再循環利用的合適的袖珍型小區，方便小企業租賃使用。這既實現了廢舊小區的再利用，又豐富了經濟多樣化發展的需求。此外還建立「高科技產業研究園區」，主要是發揮市區內大量的企業總部、大學和研究機構的資源優勢，來提高高科技產品的研發能力，打造企業和高校的合作平台，提升企業經濟結構的轉型和優化。

（2）實施區域經濟發展戰略

此戰略主要是發揮區域經濟的優勢，增強紐約作為大都市的總體優勢，進而促進市區的建設和繁榮。此戰略強調區域內資源共享、優勢互補、市場共享，將整個區域統籌規劃，發揮各地區、各企業的絕對優勢和相對優勢，並從整體上進行布局，建立更加良好的經濟結構和秩序，促進區域整體經濟的發展和競爭能力。

（3）振興外向型服務業等第三產業部門

首先是通過多種活動來促進紐約旅遊業的發展，讓更多的人來到紐約、瞭解紐約，同時將紐約打造成會議中心和自由儲兌貿易區；第二是強化和保證紐約金融業的發展，保持其國際貿易中心和金融中心

的地位，吸引更多的企業將總部設在紐約；第三是增加紐約的宜居性，增加公共服務設施建設，提高居民的生活質量和投資環境，並為企業投資提供更好的投資環境，促進企業和人口的流入。

2. 舊金山灣區的科技金融

舊金山灣區的科技金融的發展經歷過較長的時間，從二十世紀四〇年代開始，資金與科技結合的風險投資就開始成為一個單獨的行業。世界上最早的風險投資公司美國研究與開發公司（ARDC）誕生於一九四四年，首家合夥制風險投資公司在一九五八年成立於美國。納斯達克風投平台的股票於一九七一年上市，美國風險投資機構在二〇〇〇年時就籌集了 1045 億元的資本，而其擁有 2248 億美元規模的管理資本額。

位於舊金山的硅谷在高新技術上的優勢，促使舊金山的科技金融行業高速發展，使得風投行業具有廣闊的市場前景。從二十世紀六七十年代開始，作為全球科技中心的硅谷在眾多高新技術產業，如超導、微電子、互聯網、生物工程、個人電腦、新能源等方面均占據世界領先的優勢。硅谷在高新技術上的優勢和科技企業的資源，促使硅谷和美國風投行業突飛猛進地發展。

美國四十年左右的風投行業發展經驗顯示，風投能夠有效促進科技企業所需要的融資，對一國的經濟發展和金融體系構建具有重要的作用。美國的發展模式將風投行業作為主體，帶動創業板市場、傳統金融行業互相促進、一起發展，充分配置和調動各類社會資源來服務於科技企業的發展，使得科技企業在具體研發、成果轉化、形成產業

化和發展壯大的過程中遇到的融資需求得到滿足，從而形成了獨特和高效的科技金融體系，使金融行業和科技企業共同發展。舊金山灣區形成的科技金融優勢具體表現在以下方面：

（1）舊金山灣區積極集聚全球風險資本和總部風險基金公司

自從二十世紀七〇年代開始，硅谷作為美國風險投資中心的地位便不曾動搖，而且越來越強。一九八〇至二〇〇〇年，硅谷的科技企業融資到的風投額從 1.09 億美元提高到 323 億美元，在美國同期的風投總額中占比 32%。而硅谷內的風投金額在二〇〇九年時又降至 70 億美元，但是由於經濟形勢的惡化，在美國風投金額中所占的比重卻上升到 40%。舊金山灣區內位於硅谷的著名風投公司有 KPCB 和紅杉資本，而總部未設在硅谷的風投公司有橡樹投資、紅點創投、光速創投、NEA、英特爾資本等。舊金山內部的風投機構在數量和資本規模上均達到美國的一半左右。

（2）舊金山灣區科技銀行業務的創新發展

舊金山灣區內同樣對企業發展具有融資作用的是銀行業，尤其是以科技企業為投資對象的科技銀行，硅谷銀行是典型代表。科技銀行有效建立了科技企業所需的資金與銀行業投資需要的直接對接，促進了科技企業和科技銀行的快速發展。硅谷銀行的投資目標集中於服務創新型企業，包含的具體優勢如：以創新型資產價值的評估模式來評估科技創新企業的價值，並以此為依據給予資金投資；為不同的科技創新企業制定合適的金融服務方案，滿足科技企業不同階段所需的投資；建立全球化的投融資合作模式和平台，促成國內外銀行和企業間的合作。

（3）舊金山灣區的孵化器公司為企業成長提供重要助推

舊金山灣區內建有大量的孵化器公司，是一種創新型的經濟組織結構。這種組織模式對於高新技術企業創業有很大的幫助，不僅可以在基礎設施和環境方面提供有效支持和幫助，還可以在融資、政策、法律、市場等方面給予建議和指導，從而減少企業創業不必要的風險和損失，幫助創業者進行創業或將成果進行轉化。它通過環境的培育和不斷優化、人才的鼓勵和引導，為提升創業成功率及創業成果的質量發揮了極大的作用，為高新企業發展提供了高標準和國際化條件。

舊金山灣區擁有排名美國前十的孵化器公司四家，灣區內排名領先的 Y Combinator 公司在二〇〇五年建立，到二〇一二年七月，已經成功孵化了三百八十家創業公司，獲得的投資額累計超過兩億美元，市場價值已經達到了二十億美元。

3. 東京灣區的港口經濟發展

日本東京圈毗鄰太平洋和東京灣，具有豐富的港口資源，發展至今擁有四十個大小港口，重點集中在東京、千葉、茨城和神奈川四都縣。東京灣區內包含東京港、橫濱港、千葉港、川崎港、橫須賀港、木更津港六個大港口，同時東京灣區內京葉、京濱兩大工業帶的發展也離不開灣區內眾多的港口資源。

東京灣區內的六港口首尾相連成馬蹄形的港口群，在具體布局和發揮作用上，既保持各自獨立又統一規劃，在整個區域內進行協調發展，從而增強整體競爭力，整體宣傳，共同攬貨，各有分工，實現了

整體知名度和統一的港口品牌，並由政府進行統一協調管理。

東京灣區港口經濟形成區域內統一的關鍵因素在於：

（1）通過區域內統一規劃布局，明確各港口的職能分工，發揮優勢形成合作

首先，依據各港口的地理位置、吞吐能力、貨運量等來進行劃分，以此確定港口地位和等級。其次，在具體功能定位上，發揮灣區內各個港口的資源、特點和優勢。最後，在保持統一規劃的基礎上，鼓勵港口間實行合理有序的競爭，提升港口的競爭能力，促進港口的積極發展，提升在更廣範圍內的國際競爭，為灣區經濟發展提供更高的助力。

（2）對於區域港口群應實行集約式開發，規劃岸線管理

東京灣區內的港口多處於高密度貨運的港口聚集區，在貨源布局上，在小港口常有眾多交叉。這需要對相應岸線提前進行科學規劃，按照統一管理、開發、規劃、使用的原則，重點開發深水泊位港口，通過整治、整合、開發三條路徑來集中進行管理，優化資源配置，提高港口使用效率，提升港口群的競爭能力。同時政府需要進行統一規劃和管理，以防止惡性競爭和重複建設等，力求達到錯位發展、差別競爭的局面。

（3）制定支持港口區域發展的法律和規劃

為了促進區域港口群的合理有效使用和發展，並避免港口內的惡

意競爭、重複開發等現象，提升區域港口群的整體競爭能力，發揮各港口的優勢和功能，需要出台相應的法律和規劃，以法律效力來促進規劃的實行。如日本於一九五一年制定的《港灣法》，針對港口管理進行了細緻的規範，一九六七年日本運輸省港灣局制定的《東京灣港計劃的基本構思》中，建議將東京港、千葉港、川崎港、橫濱港、橫須賀港、木更津港、船橋港在內的七個港口統一規劃整合，形成一個具有不同分工的有機群體。東京還專門成立了京濱工業區港口協會來對川崎、橫濱、東京三市進行統一管理，提升港口的效率。

（二）三大灣區綜合比較

1. 土地面積比較

在土地面積上，紐約灣區占地 21481 平方公里，陸地面積在世界三大灣區中排名第一。舊金山灣區陸地面積略小於紐約灣區，為 17932 平方公里。中心城市舊金山的陸地面積達到了灣區的 1.15%。東京灣區的「一都三縣」陸地面積達 13548 平方公里，占日本總陸地面積的 3.5%。

表 2-2｜三大灣區陸地面積比較

灣區	涵蓋縣數	陸地面積（平方公里）
紐約灣區	25	21481
舊金山灣區	9	17932
東京灣區	一都三縣	13548

2. 經濟總量比較

地區生產總值能夠有效地衡量國家的經濟狀況。三大灣區 GDP 總量、GDP 集中度、人均 GDP 的排名，按規模大小分別為東京灣區、紐約灣區和舊金山灣區。灣區生產總值在全國的 GDP 中占比，東京灣區最大，舊金山灣區最小。

表 2-3│三大灣區 GDP 排名情況

灣區	GDP 總量	GDP 集中度	人均 GDP	灣區 GDP 占全國 GDP 比重
東京灣區	1	1	1	1
紐約灣區	2	2	2	2
舊金山灣區	3	3	3	3

3. 產業結構比較

三大灣區的產業結構中，第三產業占較大比重，從它的占比也能很好地考察產業結構優化情況。三大灣區中，第一產業增加值占比幾乎為零，第三產業增加值占比均超過 75%。紐約灣區第三產業的比值最高，2012 年時，紐約灣區、東京灣區、舊金山灣區的第一、第二、第三產業增加值比重分別為 0:10.65:89.35、0.27:17.46:82.27、0.28:16.95:82.76。能夠看出，三大灣區第三產業增加值占比在二〇一二年時均超過 82%，占據絕對優勢比例。三大灣區主要產業情況如下表：

表 2-4 | 三大灣區主要產業

灣區名稱	主要產業
紐約灣區	房地產業、科技服務業、金融保險業、批發零售業、醫療保險業
東京灣區	服務業、製造業、不動產業、批發零售業、通信傳播業、金融保險業
舊金山灣區	房地產業、科技服務業、製造業、批發零售業、醫療保健業、信息產業、金融保險業

4. 科技創新能力比較

按照湯森路透公開的「二〇一二年全球創新力企業（機構）百強」的資料，東京灣區擁有二十家企業，舊金山灣區擁有八家企業，紐約灣區僅有一家企業，表明雖然各大灣區經濟發展較好，但是在企業創新能力上存在著較大的不同，也在一定程度上造就和影響著各灣區的科技創新能力。科技創新能力決定了現在經濟的未來發展動力和前景，能夠很大地影響企業未來的發展。

5. 金融產業基礎比較

世界一流灣區中都有著規模較大的金融行業，金融保險業對灣區經濟發展具有較強的帶動作用。三大灣區中，紐約灣區的金融業發展最為突出，不僅擁有全世界最著名的紐約交易所與納斯達克交易所，同時也是全世界規模最大、最受矚目的金融中心。就金融服務業的GDP而言，已經占到灣區經濟總產值的六分之一。

東京灣區是全球重要的國際金融中心，也是全球規模最大的證券交易中心，集中了日本大部分的銀行業。轄區內的東京交易所占日本全國證券交易總量的 80%，是日本最大的證券交易所。

舊金山灣區的金融業主要是風險投資等的專業性科技金融領域，依靠高科技發展帶來的科技銀行業務較發達。按照二〇一四年三月的全世界金融中心指數（GFCI）的排名，在金融行業全球競爭排名中，紐約灣區為第一名，東京灣區排名第六，舊金山灣區排名第十。

6. 勞動力素質比較

在勞動力受教育程度上，舊金山灣區排名第一。在灣區內所有的勞動力中，有將近一半的人受過大學高等教育，超過紐約灣區四個百分點，並遠超美國平均水平。其勞動力受教育程度全球最高，這種優勢來源於內外部兩方面。在外部是近三分之一的風投資本集中於舊金山灣區，風投資本與全國總量的占比在二十世紀九〇年代時就超過了 30%，發展至今超過了 40%；在內部是舊金山灣區內的研發資本投入較多，公共和私人研發機構都較需要受到良好教育的高素質人才。

（三）三大灣區綜合比較的啟示

將二〇一二年時幾大灣區的情況做比較，再進一步考察紐約灣區、舊金山灣區、東京灣區的發展情況，主要有以下幾個方面的發展經驗：

表 2-5｜2012 年三大灣區重要發展指標

	東京灣區	舊金山灣區	紐約灣區
GPD（億美元）	19876	5564	13584
人口總量（萬人）	3570	715	1983
占地面積（平方公里）	13548	17932	21481
人口密度（人/平方公里）	2635	399	923
人均 GDP（美元）	55670	550392	68495
GDP 增長率（%%）	3.61	2.7	3.51
第三產業比重（%）	82.27	82.76	89.35
全球金融中心指數	722	711	786
20 強大學數量（所）	1	3	2
世界 500 強企業數（家）	58	8	21
最具創新力企業數（家）	20	8	1
海外旅客人數（萬人）	556	1651	5200

1. 產業結構上第三產業占絕對比重，依靠金融業的強力促進作用

　　通過上述分析以及上表顯示，三大灣區第一產業比重接近於零，第三產業占比均在 82% 以上，大力發揮了第三產業的經濟促進和就業帶動作用。同時各灣區內金融業較發達，同時發展起來的還有各種金融服務業，極大地促進了經濟增長。如上表所示，東京灣區、舊金山灣區、紐約灣區的全球金融中心指數分別為 722、711、786，得分

都在 700 以上，排名較高，處於世界領先地位。

2. 依託有利地理位置，積極發展港口城市的經濟

三大灣區都位於海邊，擁有發達的港口城市，積極發揮了港口城市的經濟帶動作用。一方面在地理位置上，各大灣區都是依靠港口經濟，極大地促進了經濟增長；另一方面，港口城市有利於吸引外資，並能積極引進和借鑑國外的先進技術，發揮聯通國內國際市場的橋樑作用，對灣區內經濟增長具有較強的帶動作用。

3. 依託較強的科研能力，逐步完善區域創新體系

三大灣區集中了大量的高校，擁有較多有研發能力的大企業和科研機構，具有較強的科研能力。在逐漸打造完善區域創新體系的過程中，具體做法有：首先，積極促進灣區內產學研的合作，注重將科研成果轉化為現實所需所用。在高校和企業之間建立合作平台，促進科研項目合作，政府在其中扮演著牽線和協調的角色。其次，注重競爭型創新體系的建立。最後，鼓勵大型企業深入開展研發，為灣區內高校、企業等科研機構增加研發經費投入成本。

4. 配套設施完善，城市交通便利，環境宜居宜業

一方面，灣區內交通高效便捷，覆蓋面廣，能夠合理解決灣區內各城市的連接和交通出行。灣區內均建設了發達便利的公路、地鐵、鐵路等，並建有機場負責空運。另一方面，灣區都注重城市的環境保護問題，在發展經濟的同時注重環境質量的打造。灣區都位於海邊，

氣溫變化較小，氣候宜人、城市優美、環境質量較高，同時發達的經濟水平帶來更多的就業機會和發展晉升機會，城市環境宜居宜業。

5.具有多元、包容、開放的文化環境

灣區城市往往擁有較多的移民，在經濟發展過程中，會依託良好的城市環境和有利的福利待遇政策來吸引高學歷、高素質人才，人口移民較多，因此常孕育出開放包容、多極多元的移民文化。比如舊金山灣區被稱為美國的「民族大熔爐」，移民較多，來自全世界各地，形成了多元、包容、開放的文化環境。

6.灣區內重視區域協同發展的整體合力

灣區內注重城市群的協同發展，以此來促進城市群的整體合力。首先，灣區內各港口城市群實行區域協同發展。如東京灣區東京港、千葉港、川崎港、橫濱港、橫須賀港、木更津港和船橋港在內的七個港口，注重區域協同發展，各港口依據自身位置及優勢來確定自身主營方向，分工明確，促進了港口城市群的規模經濟。其次，實現港口城市與內陸城市的產業互補和優勢互補，從整個灣區層面提升灣區的經濟，建立區域協同機制。

第三章

粵港澳大灣區經濟與世界
上其他灣區經濟的比較

世界上三大灣區經濟對經濟的推動作用是巨大的。粵港澳地區建立世界上第四大灣區經濟，也將對珠江三角洲地區以及整個中國的經濟都產生巨大的推動作用。粵港澳大灣區經濟和世界上其他灣區經濟既有共性，也有特性。

世界上三大灣區經濟對經濟的推動作用是巨大的。粵港澳地區建立世界上第四大灣區經濟，也將對珠江三角洲地區以及整個中國的經濟都產生巨大的推動作用。粵港澳大灣區經濟和世界上其他灣區經濟既有共性，也有特性。

一、世界三大灣區經濟發展的共性經驗

世界上灣區經濟作為特殊空間地理的經濟形態，不僅具有類似的特徵，也表現出一定的共性經驗。

（一）灣區發展的前提條件

作為灣區經濟形態，臨海是先天的資源稟賦，並且包括臨海在內的一些基本條件是灣區經濟發展的前提條件。

（1）灣區的區位條件優越

三大灣區良好的地理區位、豐富的自然資源，特別是港口資源，是灣區經濟的先天優勢。對於灣區經濟而言，應該著力打造區域港口群的發展，在同一個經濟區域範圍內，促進各港口間存在的競爭合作關係。因此利用港口開放性、優勢互補性、功能差異性的港口群體系是灣區經濟發展的首要條件，也是主要優勢。

（2）灣區經濟的人口優勢

灣區經濟的人口優勢包括接受較高教育層次的人力資源和具有熟練技能的勞動力資源。能夠保證灣區經濟不斷發展的是人口優勢和豐富充足的人力。整個都市圈範圍的人口和密度、較高的人口素質水平、人才教育和熟練的勞動技能都應該作為人口優勢。政府應合理制定相關的人才培育、引進、交流政策，以豐富灣區人力資源和促進人才儲備。

（3）基礎設施的完善和交通網絡的發達

灣區交通體系便捷、發達，並呈一體化發展，海港航運、空港航空、地鐵軌道形成網絡。基礎配套設施完善，可以有力促進灣區整體經濟的發展。

（4）包容開放的文化特質

灣區一般具有多元、開放、包容的文化特質。由於獨特的地理區位優勢和交通樞紐地位，灣區一般容納匯聚了全國乃至全世界的人流，從而為灣區帶來了不同文化展示的契機。雖然不同人群各自具有不同的背景，但一般灣區倡導的公平的發展機會、鼓勵創新、寬容失敗的氛圍，增強了灣區文化的包容性。典型的如舊金山灣區，是多元文化的熔爐，從「淘金熱」開始，舊金山市開始湧入眾多種族和國家的移民，少數族裔聚居區也逐漸形成。它的部分聚居區，如小意大利城、日本城、小墨西哥城、唐人街等傳統特色也長期保持並存留。同樣，紐約灣區和東京灣區也大都鼓勵多元的文化氛圍。

（二）灣區內職能分工體系

灣區經濟中不同城市之間存在著資源要素稟賦的差異。為推動都市圈進入良性循環發展，各地方政府的區域職能分工是灣區經濟獲得競爭優勢的關鍵。灣區經濟體內的不同職能由不同次級的區域來承擔，經濟與資源互補，分工協作，錯位發展，以促使灣區整體的共同繁榮。

灣區內的各區域職能分工的一般規律是，灣區應首先根據自身的資源稟賦，選擇生產要素價格較低的產業作為城市優勢產業，通過在都市圈內部藉助流通貿易等手段獲得比較利益。同時，各城市的發展不是僅僅基於對資源要素稟賦的依賴，還要能夠對自身的比較優勢進行創造，使比較優勢，包括規模經濟、經過後天培養的積聚經濟等，逐漸成為城市間分工與協作的主導。另外，城市如果資源稟賦較低，可以通過建立具有競爭性的產業組織結構，對經濟發展政策做出正確選擇，從而協調發展都市圈，發揮整體集聚的優勢。

以東京灣區為例，東京灣區由東京、琦玉縣、神奈川縣等城市和地區組成，大部分文化教育機構、政府行政機構、住宿餐飲等服務行業、批發零售業、不動產業、金融保險業等集中在作為政治與經濟中心的東京，發揮了巨大的中樞作用。東京與倫敦、紐約並稱世界三大金融中心，是日本的經濟、政治、文化中心，也是最重要的世界經濟中心之一。

神奈川縣是日本四大工業基地之一，也是日本的物流與工業中心。隨著東京郊區化和城市化發展，各種職能從中心城區逐漸轉移，

區域功能定位在神奈川縣變得越發顯著：橫濱市聚集了很多企業總部、國家行政機關和眾多尖端產業，是日本第二大規模的城市。而川崎市作為重工業的中心，是神奈川區域另一個重要的城市，其研發和生產製造等職能更加突出。橫濱港的功能與川崎港互補，為企業成品和運輸原材料提供服務。隨著區域內港口優勢的擴大，神奈川縣已成為東京大都市經濟圈物流產業和工業的聚集地。琦玉縣具有密集的交通網絡，作為運輸中心與副都，是日本東部最重要的交通樞紐之一，同時接納了部分轉移的政府職能。這也是它的區域功能定位，作為商務休閒、住宿餐飲、政府機構等聚集地。

（三）跨區域協調整合機制

灣區的發展需要協調各地方政府以形成合作聯盟，並形成跨區域協調整合機制。一般而言，灣區經濟是都市圈區域，由中心城市（多個或一個）與若干個相鄰的其他地域城市構成，經濟和社會聯繫緊密。都市圈是相互聯動、相互依存、相互制約、跨越多個地區、具有一體化傾向、依靠城市功能的區域。各地方政府為發展灣區經濟，使其進入良性循環，需要形成合作聯盟，打破地域觀念，建立統一開放的市場體系，要形成合理統一的布局理念，將法律保障體系構建完善，共同繁榮和發展，從而在特定區域中形成「合力」，具體表現在：

1. 充分利用政府、市場、社會三位一體機制

灣區經濟的形成不僅依賴於市場機制的作用，還受到政府和社會

的影響。因此，灣區在經濟發展過程中需要充分利用市場機制的資源配置作用、政府機制的規劃決策作用以及社會機制的監管助推作用。市場主導機制主要包括以下方面：專業區域性市場的建立、產業轉移（驅動力為變動的生產要素市場價格）、企業合作在區域內的促進、區域發展（核心為生產要素和產品市場）等。政府主導機制主要包括：制定產業政策、行政規劃與管理、投融資政策等。

2. 具備長期前瞻性的都市圈規劃理念

三位一體機制協調城市經濟與生態環境的發展，並且超越時代的發展，基於當時的社會背景，著眼於未來發展的社會經濟，統一協調發展都市圈經濟。如在《首都圈整備法》的約束和監督下，首都圈規劃先後五次在日本首都圈出台，同時日本首都圈還大量出台調控其合理布局的法規文件，包括促進產業集群計畫、工業限製法規以及轉移首都功能計畫等，內容涉及諸多方面，包含一都三縣首都圈人口布局、道路布局、環境保護、交通產業布局、城市空間功能布局等。日本政府對《首都圈整備法》的五次修訂，大大促進了東京都市圈的形成和發展。舊金山灣區也通過了《城市規劃法令》及紐約地區非官方的三次地方規劃方案，大大推動了區域的整體發展。

3. 相關聯動的非政府或政府組織機構在區域內設立

非政府組織的典型形式是跨區域管理的美國紐約都市圈。紐約市政府和非政府的紐約區域規劃協會（RPA）以及紐約都市圈委員會等組織是紐約都市圈管理和規劃方案的主要起草機構，政府和非政府機構之間的緊密協作，對紐約都市圈的發展起到了重要作用。有利於補

充地方政府的管理行政體制，同時不與地方政府的權力發生衝突，這是非政府組織的一個顯著的特點。紐約都市圈非政府機構對都市圈科學規劃和制定方案起到了重要作用。

日本也有官方設立的針對東京都地區的建設局、總務局、都市整備局，統一負責首都圈內的各項事務，特別是區域社會經濟發展。未來發展區域規劃的負責單位是東京都政策計劃局，東京都臨海區域的港口維護、建設、運輸等事務由港灣局負責。對於三大港口——川崎港、東京港和橫濱港，為了能讓固有矛盾在京濱工業區間消除，灣區特別成立了京濱工業區港口協會，一般每隔二到三個月舉行一次會議，統籌港口的相關工作。

舊金山灣區則是成立了公私合作性質的半官方協調機構——灣區委員會經濟研究所，致力於保持灣區的經濟活力和競爭力，主要協調勞工、政府和科研機構的分工合作及協同發展。此外，灣區委員會經濟研究所的領導機構與灣區政府協會（ABAG）建立了良好的合作夥伴關係，共同支持灣區經濟發展。

（四）產學研助推科技創新

灣區經濟中，科技創新是產業發展的共同特徵，同時也是發展企業集群的關鍵因素。教育研究、科研開發功能是向外擴散的主要功能之一，升級產業結構需要提升技術創新能力，以科研開發功能的自身強化為主導，集聚產業，從而形成聯動的產學研功能關係形成，技術創新為產品的升級、新產品的開發、產品性能的提高提供了技術支持，從而使得企業競爭優勢在同行業內得到保證。科技創新是一種最

優路徑,它將推動產業升級和灣區經濟的長久持續發展。

科技創新的一個顯著特點是建立在「產學研」協作基礎上的高新技術產業集群。高新技術是產業發展的必備,但高新技術的研發往往不能由產業自身知識科研水平所支撐。而作為創新主體的科研機構和高校,雖然人才及知識儲備豐富,但是缺乏投入研發高新技術的大量資金,經費不足是常見問題。通過產學研合作的平台,校企和科企的合理對接可以較好地解決高新技術產業發展的瓶頸。同時,通過一系列資金支持和配套政策,可以輔助創新鏈條的延伸,從創意一直延伸到產業化的最終實現。

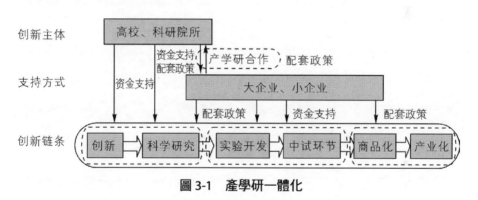

圖 3-1　產學研一體化

三大灣區都看重科技創新的作用,使科技進步作為經濟發展的推動力,促進產業結構升級,產學研的進一步結合加強了產業技術的變革和創新。

日本產學研是依靠第三次科技革命的興起發展而來的,特別是電子信息技術和互聯網的廣泛發展,使以科技創新為依託的產學研結合的高新技術成為東京灣區的發展方向。發展科技創新產業的基礎是增加都市核心區研究機構及大學的集聚數量。科技創新人才集聚於東京

都市圈的重要條件就是東京、神奈川縣、琦玉縣的研究生院及大學學生數量、規模和比例不斷提升（見表 3-1）。科技產業化需要大量教育科研資源提供人才和知識保證。灣區除高校外，還有大量研究所和大企業集聚，主要有 NEC、佳能、三菱化學、三菱重工、三菱電機、索尼、豐田研究所、富士通、東芝等。在東京灣區的機構科技研發和管理能力很強，正是因為這些研發機構具有產業創新能力。

表 3-1｜東京高校機構數量的變化

機構數	2002年	2003年	2004年	2005年	2006年	2007年	2008年	2009年	2010年
高等院校	162	164	171	176	184	187	189	192	196
所占比例	23.6%	23.4%	24.1%	24.2%	24.7%	24.7%	24.7%	24.8%	25.2%
學生數	1002268	1010968	1010219	1030398	1027248	1015311	1024371	1039600	1060521
所占比例	36.0%	36.1%	36.0%	35.9%	35.9%	36.2%	36.2%	36.5%	36.7%

資料來源：日本國土交通廳《首都圈白皮書（2010 年）》

舊金山灣區的產學研發展依靠其強大的科研、高等教育資源聚集起來的人才優勢和卓越的企業創新能力取勝。

舊金山灣區大量的高校、研究機構、實驗室的聚集使之成為一個世界級的研究區。作為世界上最具創新性的區域，二十世紀後半期以來該區不斷取得重大的科學突破。灣區被舉世聞名的九個研究機構稱為發源地，包括加利福尼亞舊金山大學、斯坦福大學、加利福尼亞戴維斯大學、勞倫斯·利弗莫爾國家實驗室、歐內斯特·奧蘭多·勞倫斯·伯克利國家實驗室、國家航空航天局艾姆斯研究中心、桑迪亞國

家實驗室和斯坦福線形加速器中心。

　　許多傑出的開發公司和私營部門的研究中心在這裡設點，從而讓灣區贏得了聲譽，作為高新產業地區享譽世界。這裡是全世界的中心、高新技術的發祥地、生物工程的孵化器。灣區擁有的先鋒的生物工程和高技術公司媲美國其他地區更多。近來舊金山灣區還被視作最領先的美國通信中心和多媒體中心。

　　舊金山灣區也被公認為具有高質量的人力資源。它的勞動力在美

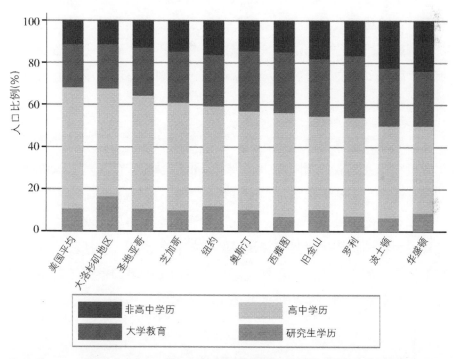

資料來源：《舊金山灣區區域經濟評估報告》，《舊金山灣區委員會經濟協會報告（2012 年 10 月）》

圖 3-2　舊金山居民接受教育程度

國技術水平最高，同時受教育程度最高。灣區不僅在工程技術、數學和自然科學領域，在社會科學和人文科學方面也擁有頂尖的全國數量最多的研究生計劃。這些富有創造力的大學畢業生成為該地區巨大的人才儲備庫。

二、三大灣區發展對粵港澳大灣區發展的啟示

為了敘述方便，我們以粵港澳大灣區的縮小板——深圳灣區為研究對象，論述三大灣區發展對我們的啟示。以深圳灣區為研究對象，有兩個理由：第一，粵港澳大灣區的一體化建設，最核心的還是深港兩地的融合；第二，從經濟發展趨勢看，深圳極有可能成為粵港澳大灣區的龍頭。

深圳作為全國經濟特區和重要的國際貿易城市，已經進入全面深化改革和擴大開放的新階段，深圳可以積極爭取先行先試、改革創新的戰略機會，不斷創造更加自由開放的投資、貿易和創業環境，以促進深圳灣區的持續繁榮發展。對比三大灣區產業轉型發展的路徑和共性經驗，特別是學習世界發達灣區經濟的特色優勢，包括紐約灣區的總部經濟、舊金山灣區的科技金融、東京灣區的港口經濟，對深圳灣區的未來發展具有一定的借鑑意義。

（一）對產業升級轉型發展的啟示

通過三大成功灣區的發展歷程可以發現，高新技術化、製造業的

服務化、高端化發展，文化產業發展戰略的推動，以及生產服務業和現代服務業的發展，是大多數灣區經濟發展的關鍵要素。與此同時，企業生產方式的轉變以及民營經濟和非營利部門也發揮著重要影響。

1. 以產業轉型主導和推動的灣區經濟模式演進經驗借鑑

在轉型路徑上，以產業轉型主導和推動的灣區經濟模式演進路徑大致可以概括為三條：

路徑之一：結構升級帶動。通過促進和推動產業結構升級來實現成功轉型，如採取相應政策措施，鼓勵傳統產業的產業鏈延伸升級改造，實現產業結構成功升級。

路徑之二：技術創新推動。通過技術創新和科技創新推動，鼓勵有比較優勢的產業的技術進步和技術創新，實現產業能級提升推動的轉型。

路徑之三：新興產業帶動。通過吐故納新、新陳代謝，走另一條道路來實現，主要是通過鼓勵、扶持發展新興產業來實現主導產業的轉型，從而推動經濟轉型。

2. 產業轉型和空間轉型共同推動的灣區經濟模式演進經驗借鑑

通過研究灣區經濟發展的案例可以發現，在產業轉型的同時，同步進行的空間布局優化和轉型為灣區經濟的城市發展發揮了舉足輕重的作用。在灣區經濟模式演進的過程中，產業布局與空間布局的同步優化、考慮經濟發展的區位優化布局等成為推動灣區經濟發展的關鍵

力量。以產業轉型和空間轉型共同推動的灣區經濟模式演進歷程，有兩點經驗值得借鑑：一是隨著產業轉型而同步推進空間布局的調整和轉型，二是城市空間結構調整充分考慮產業和城市轉型的需求。

3. 城市政府戰略規劃引領的灣區經濟模式演進經驗借鑑

在全球知名灣區經濟演進的進程中，除了空間轉型、產業轉型外，發揮了推動作用和根本性引領作用的是政府的戰略規劃。如東京、紐約在相應的灣區經濟發展初期，都曾經制定了切合實際的城市戰略規劃，確立了城市轉型發展的階段目標，這為灣區經濟的發展成熟提供了宏觀政策和體制保障。

（二）對推動科技金融創新的啟示

舊金山灣區金融環境的主體為發達的風險投資，從而使得金融資本和高新科技良好地結合，為灣區的經濟產業發展提供了必要的金融資源，發達的科技金融體制也為硅谷的高新技術及創新科技提供了充足和必要的資金保障。相對地，深圳灣區需要不斷更新產業結構、升級傳統產業、提高高新技術含量，完善的科技金融體系也必不可少。為推進科技與金融的結合，深圳灣區可以學習的經驗是：

1. 創新孵化器加天使投資模式

一般風險投資在高新企業的發展中包括三個階段，分別是初創企業的種子期、成長期、成熟期，對應的風險投資類型是天使投資、VC 風險投資、PE 私募基金。

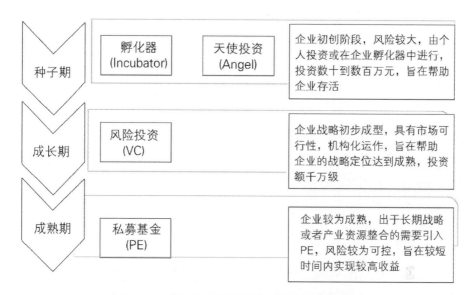

圖 3-3　初創企業風險投資的類型和三個階段

專門進行科技創業的服務機構是孵化器，它通過為初創企業提供生產、研發空間以及基礎設施服務，幫助降低創業成本和集合提高效率的要素，根據實際主導機構的不同，一般可以分為政府主導型（事業型）、科研院所結合型和企業自主型。

目前深圳政府主導型的孵化器，也稱為科技創業服務中心，其主要任務是扶持中小型科技創業企業，培育地區的創業氛圍，並承擔政策宣傳、企業調研、信息溝通的職能，其在行政上隸屬於各區科技局，在管理上采用事業單位的機制模式，企業孵化器的基建資金、日常運營費用以及作為配套的孵化資金均由財政撥付，單一的資金來源限制了事業型孵化器的進一步發展。

在種子階段，孵化器模式和天使投資的共同點是，企業所有權的

獲得並不是二者的投資目的，而是通過服務和投資把企業做大，在產權流動中通過適當的方式退出，實現投資回報。因此，事業型孵化器的運作模式可以通過政策條件的優惠將天使投資機構吸引入場，天使投資和孵化器在這種模式下是各自獨立的。灣區以孵化器作為媒介，建立創業企業與天使投資機構之間的合作平台，以促進多元化的資金來源。通過天使投資和企業孵化器的協同發展，可以降低天使投資風險，增強孵化器的孵化投資功能。

2. 鼓勵科技企業主動進行金融創新

灣區的財富創造能力相對強大，可以為灣區的風險投資提供可靠的資金支持。灣區高新技術產業的生產效率在各個經濟部門中是最高的，使得大量家庭和企業財富在灣區的科技從業人員和企業中積累，風險承受能力較強，投資需求旺盛，可作為風險投資可靠、「天然」的資金來源。以英特爾公司為代表的高新技術企業憑藉其管理能力和知識技能，成立風險投資機構，進一步活躍和豐富了風投行業。因此，深圳灣區的科技公司應該主動進行金融領域的嘗試，政府也可以給予這方面的引導與鼓勵措施。

3. 成立專門型科技銀行

創新型高科技企業具備高風險性，而科技銀行主要為高科技企業和風險投資提供金融服務。舊金山硅谷銀行是科技銀行的代表，為創業企業和風險投資資本提供信貸服務，憑藉其資金優勢，也成為風投的股東或合夥人，與風險投資行業建立了更加緊密的聯繫，加強投資合作，形成共同發展、有效互動的局面，實現收益共享和信息共享。

二〇一二年八月，專注於科技創新服務產業的浦發硅谷銀行在上海成立，該機構是二〇〇七年以來我國首家獲得批準成立且具備獨立法人地位的科技銀行。其中，硅谷銀行有限公司和上海浦東發展銀行股份有限公司作為兩大股東，各持有浦發硅谷銀行 50%的股權。科技銀行的運作，包括在企業創業的早期提供創業貸款且收取利息，依據協議獲取企業部分期權或認股權，進而在企業被購併或上市的時候行使特定期權，或賣出股權獲取先關收益。

考慮到深圳灣區的金融銀行服務較為成熟，我們建議可以成立深圳的科技銀行，以促進金融和科技的「聯姻」。

4. 建立深圳版的 SBIC

舊金山政府對風險投資行業大力扶持，打造良好的發展環境，為初創企業的發展提供了空間。基於產業化發展和鼓勵高新技術開發的目的，政府不斷出台一系列政策和法案支持發展風險投資行業，包括風險資本盈利稅率優惠、小型企業投資公司制度（SBIC）、機構投資者准人等，對風險投資行業發展環境的改善做出了極大貢獻。

深圳市政府可以學習舊金山的一些做法，具體包括：

一是推動風險投資氛圍。可以設立市級科技型中小企業創業投資引導基金，鼓勵社會資本在深圳灣區設立從事創業投資的風險投資公司、創業投資管理公司等；鼓勵國內外創業（風險）投資公司、民營資本設立創業（風險）投資機構、股權投資公司等，並進一步落實鼓勵創業投資發展的稅收優惠政策。

二是建立深圳版的 SBIC。深圳中小企業服務署可以與多種投資機構，包括私人投資者、養老基金、銀行等，以公私合作的方式成立中小企業投資公司，即深圳的 SBIC，由 SBIC 對中小高新企業進行風險投資。

圖 3-4　SBIC 運作模式

（三）對總部經濟發展戰略的啟示

　　紐約灣區的總部經濟發展位居世界前列，某些成熟的發展經驗可以對深圳灣區如何擴大總部經濟提供一定參考。

1. 完善城市基本設施和中心商務區環境

　　紐約地區完善的基本設施和中心商務區環境是吸引總部經濟的重要條件。曼哈頓是紐約市的中心商務區，總面積 57.91 平方公里。曼哈頓 CBD 主要分布在該區內曼哈頓島上的老城、中城，著名的街區是格林威治街和第五大街。在老城面積小於 1 平方公里、長僅 1.54 公里的華爾街，上百家大公司總部、幾十家交易所、保險公司、大銀

行聚集在這裡，作為金融 CBD 區，提供幾十萬就業崗位，是世界上就業密度最高的地區。

要吸引更多的企業將總部搬至深圳，我們需要完善中心商務區環境，政府應繼續努力創造更加優美整潔、更加舒適便利的人居環境，可以採取的做法包括：

一是建立完善的中央商務區內部交通網絡，建設、完善步行交通系統，並改善中央商務區的步行感受，同時加強步行道路交通系統與公共交通，如地鐵和公共汽車站點的接駁；注重中央商務區的公路交通分級規劃建設，保證內部主幹道的暢通及其與城市快速交通網絡連接的暢通。

二是努力實現中央商務區的功能多樣化。在中央商務區同時引進會展、商務酒店、高檔娛樂場所等設施，以滿足企業總部的商務需求和員工的個人需要，並且保證中央商務區的區域活力。

三是建設生態社區。在中央商務區邊緣建設生態化社區，讓自然、清潔、舒適、健康的最佳生活環境被逐漸創造出來。

四是做好城市交通系統的建設工作。智能城市交通系統逐步發展，加大交通系統管理和建設的力度。

2. 改善總部企業發展所需的認證、人才等配套服務

一是在總部企業中實行綠色通道，做好總部在深圳的企業的服務工作。對於入駐的總部企業，由管理機構制定和執行「綠色通道」制度，代表政府認定入駐總部企業，簡化各類程序，頒發「綠卡」證

書，協助總部企業辦理各種審批、辦證手續及享受各種優惠和獎勵政策。對總部在深圳企業設立專門服務機構，定期上門服務，解決和協助解決企業存在的問題。

二是加大對總部企業的人才培養和引進、交流。加快培養和招納與總部經濟產業特徵相匹配的高級項目管理人才、高級國際商務人才，以及會計、審計、法律、諮詢、會展、策劃、物業、網絡等其他方面的專門人才，更好地為總部經濟建設服務。幫助企業熟悉深圳環境，建立人脈、業務關系等，幫助聯繫高等院校，對有需要的企業員工進行培訓等。同時制定相關政策，方便在深圳總部高管人員的入境、居住、赴港澳台、出國的手續辦理，加強和其他地區的人員的經貿往來。

3. 優化公平公正的法制環境

深圳灣區應學習先進灣區的法制環境，加快與國際法規和管理的接軌進程，站在全球化、標準化、規範化的高度，為各跨國公司總部實施其全球競爭與發展戰略提供一個統一公平的法律環境。與違背WTO 規則或與國際管理存在較大衝突的，都應該進行修改和完善。還要加大知識產權保護的執法力度，鼓勵企業總部加快技術創新和成果轉化，組建專門為總部提供服務的知識產權保護諮詢、維權以及產權交易機構。同時，繼續拓寬民營企業在深圳的投資領域，簡化民營企業總部入駐的審批程序，加強對民營企業合法利益的保護，在投融資、稅收、土地使用、外貿出口等方面給予民營企業與其他企業同等的待遇，逐步革除對民營企業歧視性的、不合理的法律和制度障礙，

確保民營企業在深圳發展的公平性和平穩性。相關部門需要進一步加強來深圳投資企業投訴管理工作，定期聽取企業在審批、建設、生產和經營過程中反映的問題。增強服務觀念，改進服務手段，嚴禁行政執法部門將部分權力轉移給中介機構強行收費。

（四）對灣區港口經濟發展的啟示

經過三十多年的發展，深圳港口業已取得長足發展，但相比東京灣區的港口仍存在差距，因此借鑑東京港的發展經驗，有助於深圳港口的進一步發展。

1. 強化區域港口群協調發展，實現集約式開發

落實和推動各大港口間無縫化協作，加快基礎設施、配套工程、港口經營管理和物流服務網絡機制優化等項目的規劃與實施，進一步優化配置港口資源，打造港口集群優勢，集約開發港口、工業、倉儲等生產性岸線。政府部門可以出台專門的調控措施，防止各地惡性競爭，盡量避免重複建設，使各港口形成自己的特色，實現差別競爭、錯位發展。港口的合作能給合作各方帶來明顯的效益，具體包括：提高港口投資收益率；擴大港口的經濟規模，減少其營運成本，增加港口盈利率；協調港口使用平衡，穩定港口運營；加速技術開發和轉讓，提高使用效率；共同投資配備各項服務，如通訊服務、人員培訓、內陸倉儲、市場營銷、運輸連接、資金融通、軟件開發和維護、存貨供給等，從而減少風險，提高服務質量。

2. 區域港口群的發展需要淡化政府行政區劃

區域港口群的發展並不僅僅是為了各港盈利的需要，也是適應國際航運市場競爭，發揮各港特定作用的需要。在世界主要區域港口群的港口資源的整合過程中，區位優勢和產業集群優勢發揮效果明顯。港口經濟的發展需要打破行政區劃限制，用港口群的自然屬性和經濟規律來協調發展，在市場競爭中對港口進行資源整合，鞏固樞紐港的主導地位，充分發揮支線港和喂給港的輔助作用，制定和完善岸線利用規劃和港口群發展規劃，進一步加強港口群內部的分工協作，促進港口整體的協調發展，在互補中形成規模效益。

3. 區域港口群的科學發展需要建立一個合理的組織管理模式

可以探索設立粵港澳港務局，統籌管理區域港口群的協調發展。該機構設立的前提是合作各方形成「共贏互利」的競爭觀念，以合作代替對抗，以共享代替專有，以柔性護理代替剛性競爭。在此基礎上形成一個逐步演化、不斷擴大的利益共同體。該利益共同體需要以合作各方共同的長遠利益為目標，以此為契合點，將外部對抗性轉化為共同體內部相互利益的交換，如美國的紐約－新澤西港務局在一定程度上就屬於此類利益共同體組織。

4. 大力發展多元化海港經濟高層級業態

相比東京灣多元化的海港經濟，深圳港應該學習東京港的優勢發展經驗，依託海陸空港的轉型發展，大力發展國際貿易、臨港物流、遠洋航運等多元港口經濟，並且需要進一步提升國際中轉能力，強化國際集裝箱樞紐港地位。與此同時，深圳港要加快發展供應鏈管理、

跨境電子商務等新型貿易，推動研發外包、軟件外包、數據服務等服務貿易發展，大力增強貿易控制功能，更多地輸出資本、管理、服務和技術。

三、粵港澳大灣區與世界三大灣區的產業競爭力對比

產業競爭力，亦稱產業國際競爭力，指某國或某一地區的某個特定產業相對於他國或地區同一產業在生產效率、滿足市場需求、持續獲利等方面所體現的競爭能力。以下從國內外多個領域和角度設定指標評價體系，系統分析粵港澳大灣區在國內外一線領域產業競爭力發展的總體地位。

（一）粵港澳大灣區與國外典型灣區產業競爭力比較觀察

按照粵港澳大灣區經濟的總體政策導向，粵港澳大灣區經濟建設的重點是與港澳合作，打造粵港澳大灣區，基於此，下文重點將粵港澳大灣區與國際知名灣區的產業競爭力進行比較。

1. 占地面積比較：粵港澳大灣區最大，東京灣區最小

紐約灣區的面積為 21481 平方公里，舊金山灣區陸地面積為 17932 平方公里。東京灣區陸地面積最小，為 13548 平方公里。比較而言，粵港澳大灣區的陸地面積最大，為 56500 平方公里。

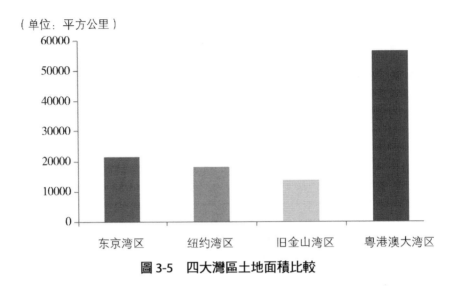

（单位：平方公里）

圖 3-5　四大灣區土地面積比較

2. GDP：東京灣區最大，舊金山灣區最小，粵港澳大灣區增速最大

　　GDP 常被公認為衡量國家經濟狀況的最佳指標。從 GDP 總量來看，東京灣區的規模最大，舊金山灣區最小；從 GDP 增速來看，粵港澳大灣區的增長率最高，東京灣區最低，出現了負增長；從灣區 GDP 占全國 GDP 的份額來看，東京灣區的份額最大，舊金山最小；從 GDP 的集中度來看，東京灣區的集中度最高，舊金山灣區最低；從人均 GDP 來看，東京灣區、紐約灣區和舊金山灣區比較接近，粵港澳大灣區相對較小，但增速較大；從地均 GDP 來看，粵港澳大灣區地均 GDP 及其增速均名列首位。從這些指標可以發現，粵港澳大灣區屬於新興的灣區經濟體，正處於快速成長的階段，經濟實力相對較弱。

　　東京灣區的 GDP 規模在四個灣區中最大。二〇一二年，東京灣

區的 GDP 為 19876 億美元。從灣區 GDP 總量的構成來看，東京都 GDP 占灣區總量的比重最大，達到 58%，而神奈川縣、千葉縣和琦玉縣的所占比重分別為 18%、12% 和 12%。

紐約灣區的 GDP 僅次於東京灣區。二〇一二年，紐約灣區的 GDP 為 13584 億美元，是東京灣區的 64.35%。

舊金山灣區的 GDP 規模遠遠落後於東京灣區和紐約灣區。二〇一二年，舊金山灣區的 GDP 為 5564 億美元。從灣區 GDP 的構成來看，舊金山一奧克蘭一海沃德大都市統計區的 GDP 為 3664 億美元，占灣區總量的 64.77%，是灣區經濟的核心組成部分。同東京灣區和紐約灣區相比，舊金山灣區 GDP 分別只有前兩者的 27.99% 和 40.96%。

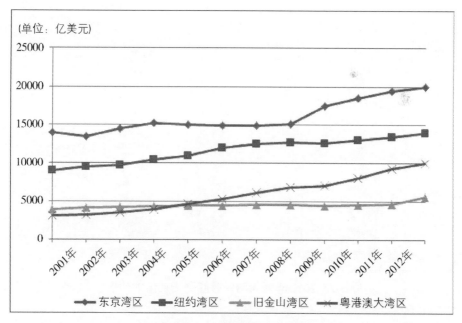

圖 3-6　四大灣區 GDP 比較

二〇〇五年以前，粵港澳大灣區的 GDP 與舊金山灣區 GDP 規模比較接近，之後超過舊金山灣區，位居第三。二〇一二年，粵港澳大灣區的 GDP 為 10095 億美元。因此，可以將趕超紐約灣區作為粵港澳大灣區經濟增長的短期目標，而趕超東京灣區作為長期目標。

3. 產業結構比較：紐約灣區高級化程度最高，粵港澳大灣區最低

　　在一個國家或地區當中，在不同的經濟發展階段、發展時點上，組成國民經濟的產業部門是不同的，對經濟增長的貢獻大小也不同。因此，可以利用產業結構指標來衡量一個國家和區域的經濟發展階段。從總體來看，四大灣區的 GDP 均主要由第三產業構成，第三產業增加值的比重均在 75% 以上，而第一產業的增加值比重很小。

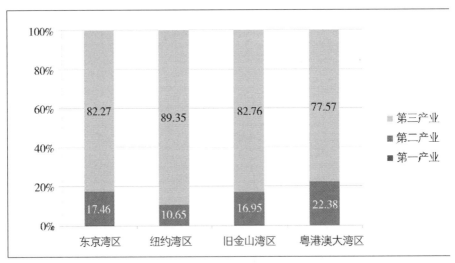

圖 3-7　2012 年四大灣區各產業增加值的比重

在四個灣區中，紐約灣區第三產業的比重最大。二〇一二年，紐約灣區第一、二、三產業增加值的比例為 0:10.65:89.35。紐約灣區是四個灣區中最早開始工業化革命的地區，並在二十世紀初完成工業革命，此後不斷地進行產業結構調整和升級，到二十世紀後半葉，服務業已經成為經濟發展的主要驅動力。其中，房地產業、金融保險業、專業和科技服務業、醫療保健業、批發零售業是紐約灣區最主要的產業。

　　舊金山灣區以服務業為主，同時高科技製造業具有重要地位。二〇一二年，舊金山灣區第一、二、三產業增加值的比例為 0.28:16.95:82.76。在二十世紀八〇、九〇年代，經濟增長背後主要的驅動力是電腦硬件的研發和製造。到二十世紀九〇年代後期，增長動力轉移到更多地依賴提供服務而不是產品生產上，特別是很多服務業都通過互聯網信息服務業來提供。灣區主要的行業包括房地產業、專業和科技服務業、製造業、金融保險業、批發零售業、信息產業和醫療保健業等。

　　東京灣區形成了以第三產業為主導、以高科技製造業為支撐的產業結構。二〇一二年，東京灣區第一、二、三產業增加值的比例為 0.27:17.46: 82.27。第二次世界大戰之後，灣區內部的東京都、橫濱、川崎和千葉大力發展重工業，通過出口貿易推動經濟快速增長。在經歷石油危機之後，東京灣區的產業結構逐漸由資本密集型產業向技術密集型產業轉移，高科技產業和服務業成為灣區經濟的主要驅動力。進入新千年之後，灣區經濟主要由服務業、批發零售業、製造業、不動產業和金融保險業等構成。從二〇〇二年到二〇一〇年，製造業增

加值比重呈現出不斷下滑的趨勢，從 2.％下降到 13%，而不動產業、通訊業和服務業保持持續上漲的趨勢。金融保險業則保持相對平穩的狀態，占產業增加值的 8%-10%。

粵港澳大灣區第二產業比重較大，具有明顯的區域化特徵。二〇一二年，粵港澳大灣區第一、二、三產業增加值的比例為 0.04:22.38:77.57。相對而言，第二產業比重較大，第三產業比重較小。這主要是由於深圳第二產業增加值比重較大，為 44.30%，第三產業增加值相對較小，僅為 55.60%。粵港澳大灣區內部產業結構差異明顯，源於兩個城市的比較優勢的差異。深圳從改革開放至今四十年，主要依靠製造業的大量出口來推動經濟增長，第二產業增加值占 GDP 的比重一直超過 50%，其次是金融業、批發零售業和房地產業等。而香港憑藉其獨特的地理優勢，依據比較優勢大力發展進出口服務業、交通運輸和倉儲業，以及憑藉自由的投資環境發展金融保險業和資訊行業。

從主要產業來看，紐約灣區、舊金山灣區和東京灣區的產業結構比較相似，而粵港澳大灣區的產業結構具有比較明顯的工業化和區域特色。產業結構的差異反映了經濟發展階段和發展模式的差異性。紐約灣區和舊金山灣區、東京灣區依次通過產業轉移和產業結構升級，已經走完了以製造業為主要增長動力的工業發展階段，產業結構日趨成熟。它們的經濟發展以房地產業、金融服務業、高科技產業和批發零售等產業為主要的驅動力。而粵港澳大灣區最重要的產業為工業和進出口貿易，其中深圳以工業為首要產業，香港以進出口貿易服務為首要產業。

表 3-2　四大灣區的主要產業

灣區	主要產業
紐約灣區	房地產業、金融保險業、專業和科技服務業、醫療保健業、批發零售業
舊金山灣區	房地產業、專業和科技服務業、製造業、金融保險業、批發零售業、信息產業和醫療保健業
東京灣區	服務業、批發零售業、不動產業、製造業、金融保險業和通信傳媒業
粵港澳大灣區	工業、進出口貿易、金融業、批發和零售、房地產業、交通運輸、倉儲和郵政業、信息傳輸、計算機服務和軟件業

資料來源：美國勞工統計局、美國商務部、灣區協會、灣區普查、日本內閣府、深圳統計局和香港統計局

4. 勞動力素質比較：舊金山灣區的勞動力受教育程度最高

舊金山灣區是美國受教育程度最高的地區之一，僅次於北卡羅納州、波士頓和華盛頓。舊金山灣區的勞動力中，受教育程度為本科及以上的比重為 46%，而紐約灣區的比重為 42%，美國的平均水平為 28%。從受教育程度可以看出，舊金山灣區的勞動力素質具有很大的優勢。這種優勢源於兩種因素：首先是風險資本在舊金山灣區的高度集中。二十世紀九〇年代末，美國有超過 30%的風險資本投資在舊金山灣區，目前上升到 40%以上。風險資本的集中促進了技術及密集型產業的發展，增加了對高素質、科技型人才的需求。其次，該地區的公共和私人研究機構都加大了對研發的投入，對受過良好教育的人才產生了更大的需求。

根據《泰晤士高等教育》發布的「2012-2013 年世界大學 100 強排行榜」顯示，有二所位於紐約灣區，三所位於舊金山灣區，一所位於東京灣區。

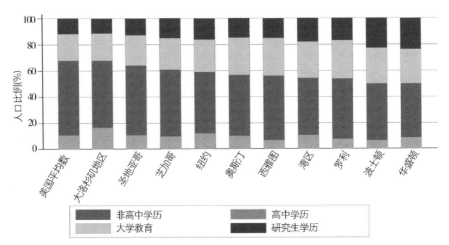

資料來源：《舊金山灣區區域經濟評估報告》，《舊金山灣區委員會經濟協會報告（2012 年 10 月）》

圖 3-8　美國都市統計區僱員受教育程度情況

表 3-3｜2012-2013 年世界大學 100 強在四大灣區的分布情況

灣區	212 年全球 100 強大學數（所）	大學名稱
粵港澳大灣區	0	無
東京灣區	1	東京大學
舊金山灣區	3	斯坦福大學、加利福尼亞大學伯克利分校、加利福尼亞大學戴維斯分校
紐約灣區	2	紐約大學、羅格斯大學

資料來源：《泰晤士高等教育》發布的「2012-2012 年世界大學 100 強排行榜」

5. 企業創新優勢：東京灣區最強，粵港澳大灣區最弱

　　全球科技創新公司主要分布在東京灣區和舊金山灣區，紐約灣區和粵港澳大灣區數量較少。根據湯森路透發布的「2012 年全球創新力企業（機構）100 強」顯示，位於東京灣區、舊金山灣區、紐約灣區和粵港澳大灣區的企業分別有二十二家、八家、一家和零家。全球創新力企業在四個灣區的差異非常明顯，在一定程度上反映了各個地區的科技創新實力。

　　東京灣區是世界重要的創新發源地。創新企業主要集中在機械、汽車、電子產品領域，其中以三菱重工公司、豐田汽車公司、索尼公司和佳能公司為代表。

　　舊金山灣區內的硅谷是世界科技創新中心。二十世紀七〇年代起，這裡便成為全球電腦和互聯網企業的集聚區。全世界最著名的企業，如谷歌、蘋果、英特爾、惠普等企業的總部都位於舊金山灣區。從專利授權數量來看，舊金山灣區是美國所有都市統計區中獲得專利授權最多的地區，遠遠超出紐約灣區和洛杉磯大都市統計區，其專利數量占美國所有專利數量的15.2%，這足以證明舊金山灣區強大的科技創新實力。舊金山灣區是美國科技引領全球所依賴的核心力量。

表 3-4 | 2012 年全球創新力企業（機構）100 強在四大灣區的分布

灣區	企業數量（家）	企業名稱
粵港澳大灣區	0	
東京灣區	20	富士膠片公司、富士通公司、兄弟工業株式會社、理光公司、佳能公司、發那科株式會社（FANUC）、奧林巴斯株式會社、日立公司、本田汽車公司、捷特科株式會社（JAT-CO）、三菱電機有限公司、三菱重工公司、信越化學工業株式會社、索尼公司、TDK 公司、東芝公司、NEC 公司、豐田汽車公司、新日鐵住金株式會社、電話電報公司（NTT）
舊金山灣區	8	美國超微、Altera 公司、蘋果、谷歌、英特爾、美滿科技（Marvell）、閃迪公司（SanDisk）、賽靈思公司
紐約灣區	1	美國亞美亞（Avaya）公司

資料來源：湯森路透發布的「2012 年全球創新力企業（機構）500 強」

紐約灣區是美國僅次於舊金山灣區的科技創新中心。從專利數量及其占全國的比重來看，紐約灣區的科技創新實力在美國都處於非常領先的地位，是美國強大科技創新力的重要組成部分。

粵港澳大灣區之所以沒有企業上榜，主要是因為香港經濟以服務業和國際貿易為主，技術密集型產業並不是主要產業。而深圳企業的創新能力相對於其他發達地區而言，也處於比較薄弱的階段，技術創新主要是功能性創新和外觀性創新，基礎性和突破性創新比較缺乏。

6. 總部經濟規模：東京灣區最強

海灣地區在全世界都是最重要和最多樣化的商業中心或總部經濟的集聚地。許多最大和增長最快的國際企業將總部設在灣區，並依靠總部經濟的帶動效應，逐步發展為一系列新的產業鏈，包括能源、食品、服裝、消費品和技術。海灣地區的公司充分利用強大的區域連接的便利，承載全球財富 500 強的財富聚集和占全球 GDP 增長越來越大的份額。在舊金山灣區有三十家公司屬於美國財富 550 強，十家公司屬於全球財富 550 強，包括世界聞名的蘋果、谷歌、甲骨文、英特爾等。紐約灣區有一家全球 550 強、四十五家全美 500 強、一家福布斯最大私企、二十四家增長最快企業。東京聚集了四十七家全球財富 500 強公司，包括東芝公司、本田汽車公司、索尼公司等著名企業。

7. 風險投資份額：舊金山灣區最高，粵港澳大灣區最低

二〇一七年六月二十二日，在綜合開發研究院舉行的「全球創新增長極：深圳與硅谷」報告會上，舊金山灣區委員會經濟研究所總裁肖恩・倫道夫表示，舊金山灣區近三年來吸收了全美 45%-50%的投資，大量的風投都位於舊金山以及它周圍的灣區，舊金山灣區和波士頓－紐約－華盛頓走廊在全球風投總額中的占比超過 40%。風險投資資本培育推動了科技創新企業的發展壯大，可以看出，舊金山灣區豐富的風險投資資金與科技金融體系保障了硅谷的繁榮，相比之下，中國的人均風險投資較為落後。

總體來看，總部在東京灣區的世界 500 強企業，無論營業總額還是資產總額都高於其他三大灣區，但是總部在舊金山灣區的世界 500

強企業則以較低的資產總額創造了更多的營業額，以蘋果、谷歌和英特爾等高科技互聯網公司為代表。與通訊設備和車輛工程等行業相比，互聯網公司對固定資產各項比率的依賴性要低得多，盈利模式也更趨於多樣化，廣告收入、搜索排名、軟件應用分成乃至技術專利都是營業利潤的渠道來源。

（二）粵港澳大灣區與國外典型灣區的產業競爭力綜合評價

通過前文的數量對比分析，可以發現四個灣區經濟體在不同指標方面各有優勢。為綜合評價各灣區的競爭優勢，下文建立評價體系，將粵港澳大灣區與國外典型灣區進行比較。

1. 灣區經濟的評價體系設計

基於對灣區經濟的內涵，結合數據的可得性和可比較性，灣區經濟的發展維度可歸結為規模影響力、效益影響力、開放影響力和創新影響力四大體系。四大評價維度解釋如下表所示：

表 3-5 ｜ 評價灣區經濟的四大維度

評價維度	維度解釋	相關指標
規模影響力	主要是產業發展規模總量和要素規模總量。結合數據的可得性，要素規模總量主要是土地和人口規模。	各大灣區的 GDP 總量；土地規模；人口規模；輻射區域的產業規模等。

評價維度	維度解釋	相關指標
效益影響力	主要包括結構高級化和投入產出效率指標。	第三產業所占比重； 人均產出； 地均產出。
開放影響力	主要包括灣區貿易開放度、政策環境開放度等。	外貿依存度； 跨國公司數量； 外資吸收數量等。
創新影響力	主要包括科技創新和產品研發等 指標。	研發投入占 GDP 的比重； 發明專利數量； 新產品出口總額等。

2. 評價方法和指標選擇

綜合評價採用層次分析法評價。層次分析法（Analytic Hierarchy Process,簡稱 AHP）是將與決策有關的元素分解成目標、準則、方案等層次，在此基礎之上進行定性和定量分析的決策方法。層次分析法的特點是在對複雜的決策問題的本質、影響因素及其內在關係等進行深入分析的基礎上，利用較少的定量信息使決策的思維過程數學化，從而為多目標、多準則或無結構特性的複雜決策問題提供簡便的決策方法，尤其適用於對決策結果難於直接準確計量的場合。

基於上述對灣區經濟四大維度的衡量尺度，結合數據的可獲得性，設定粵港澳大灣區與全球三大知名灣區比較的指標體系如下表所示。

表 3-6 │ 灣區評價指標體系

序號	指標
XI	GDP（億美元）
X2	人口總量（萬人）
X3	占地面積（平方公里）
X4	人口密度（人/平方公里）
X5	人均GDP（美元）
X6	GDP增長率（%）
X7	第三產業比重（%）
X8	全球金融中心指數
X9	100強大學數量（所）
X10	世界500強企業（家）
XII	最具創新力企業（家）
X10	海外旅客人數（萬人）

3. 評價過程及結果分析

主成因分析的具體步驟是：

（1）標準化原始數據；

（2）公因子提取。根據碎石圖（見圖 3-9），前三個公因子特徵值都顯著大於後者，從第四個公因子開始特徵值變化平穩。前三個公因子的累計貢獻率達到 100%，因此，提權前三個公因子比較合適。

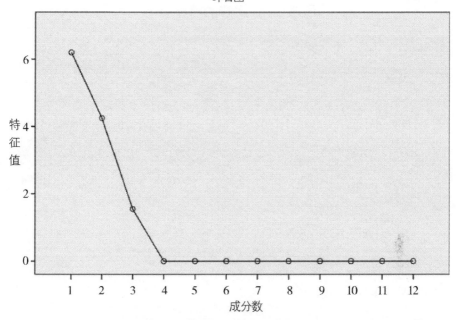

圖 3-9　主成因分析的碎石圖分析

　　從表 3-7 可以看出，GDP、人口總量、人口密度、GDP 增長率、世界 500 強企業、最具創新力企業在第一個公因子上有較高的載荷，這些是灣區經濟發展的核心因素，可以說是灣區經濟的競爭實力；第三產業比重、全球金融中心指數、海外旅客人數在第二個公因子上有較高的載荷，這些是灣區產業發展的外圍競爭實力，可以說是灣區經濟的競爭潛力；占地面積人均 GDP、100 強大學數量在第三個公因子上有較高的載荷，這些因素是灣區產業發展的配套環境，可以說是競爭環境。

表 3-7｜解釋的總方差

成分	初始特徵值			提取平方和載入			旋車專平方和載入		
	合計	方差的%	累積%	合計	方差的%	累積%	合計	方差的%	累積%
1	6.202	51.685	51.685	6.202	51.685	51.685	4.320	35.99%	35.966
2	4.249	35.409	87.095	4.249	35.409	87.095	3.976	33.129	69.125
3	1.549	12.905	100.000	1.549	12.905	100.000	3.705	30.875	100.00
4	.000	.000	100.000						
5	.000	.000	100.000						
6	.000	.000	100.000						
7	.000	.000	100.000						
8	.000	.000	100.000						
9	.000	.000	100.000						
10	.000	.000	100.000						
11	.000	.000	100.000						
10	.000	.000	100.000						

表 3-8｜旋轉成分矩陣

	成分		
	1	2	3
Zscore (X1)	.914	.281	.294
Zscore (X2)	.977	-.014	-.213
Zscore (X3)	-.045	.622	.782

	成分		
	1	2	3
Zscore (X4)	.109	-.405	-.908
Zscore (X5)	.279	.678	.680
Zscore (X6)	-.094	-.268	-.959
Zscore (X7)	.055	.879	.474
Zscore (X8)	.136	.971	.194
Zscore (X9)	-.964	-.035	.264
Zscore (X10)	.966	-.042	.253
Zscore (X11)	.718	-.426	.551
Zscore (X12)	-.173	.956	.236

提取方法：主成分分析法。

旋車專法：具有 Kaiser 標準化的正交旋轉法。

a.旋轉在 6 次迭代後收斂。

表 3-9｜成分得分係數矩陣

	成分		
	1	2	3
Zscore (X1)	.209	.061	.008
Zscore (X2)	.244	.069	-.139
Zscore (X3)	-.037	.053	.185
Zscore (X4)	.065	.061	-.292

	成分		
	1	2	3
Zscore (X5)	.047	.107	.112
Zscore (X6)	.023	.120	-.335
Zscore (X7)	.010	.227	-.010
Zscore (X8)	.046	.330	-.154
Zscore (X9)	-.245	-.100	.171
Zscore (X10)	.216	-.051	0.64
Zscore (X11)	.131	-.275	.293
Zscore (X12)	-.030	.307	-.116

提取方法：主成分分析法。
旋車專法：具有 Kaiser 標準化的正交旋轉法。
構成得分。

（3）計算公因子，根據公因子得分係數矩陣，可以計算得出各因子得分的表達式：

$$F_1 = 0.209X1 + 0.244X2 - 0.037X3 + 0.065X4 + 0.047X5 + 0.023X6 + 0.010X7 + 0.046X8 - 0.245X9 + 0.216X10 + 0.131X11 - 0.030X12$$

$$F_2 = 0.061X1 + 0.069X2 + 0.053X3 + 0.061X4 + 0.107X5 + 0.120X6 + 0.227X7 + 0.330X8 - 0.100X9 - 0.051X10 - 0.275X11 + 0.307X12$$

$$F_3 = 0.008X1 - 0.139X2 + 0.185X3 - 0.292X4 + 0.112X5 - 0.335X6 - 0.010X7 - 0.010X7 + 0.154X8 + 0.171X9 + 0.064X10 - 0.293X11 - 0.116X12$$

將四大灣區的指標值代入上述方程，計算出各因子得分。運用總方差解釋表中三個公因子方差的貢獻率，可以構造出綜合評價模型：

$$F = 0.35996F_1 + 0.33129F_2 + 0.30875F_3$$

將各因子得分代入上式，可以得到四大灣區的綜合得分，結果如表 3-10 所示。

表 3-10｜粵港澳大灣區與國際三大灣區競爭力對比圖

	競爭實力	競爭潛力	競爭環境	綜合得分
紐約灣區	-0.05512	1.49899	-0.0015	0.476296
東京灣區	1.38528	-0.44904	0.35966	0.460928
舊金山灣區	-0.97596	-0.53522	1.00551	-0.21817
粵港澳大灣區	-0.3542	-0.51473	-1.36367	-0.71906

從表 3-10 可以看出，粵港澳大灣區與國際三大灣區競爭力比較來看，紐約灣區綜合得分最高，東京灣區居第二位，舊金山灣區位居第三位，粵港澳大灣區位居最後，這與《全球城市競爭力報告（2011-2012）》對四個都市、都市的中心城市及其產業的綜合競爭力的排名基本一致，說明粵港澳大灣區的競爭力較國際三大灣區之間還有較大的距離。

從構成綜合競爭力的三大指標來看，國際三大灣區的競爭優勢各有側重，其中，東京灣區的綜合競爭實力最強，紐約灣區競爭潛力最大，舊金山灣區的競爭環境優勢較為明顯。

第四章

粵港澳大灣區經濟與
國內城市群經濟的比較

京津冀城市群具有明確的功能定位和顯著的發展潛力。而長江經濟帶沿線的三大城市群分別為長三角城市群、長江中游城市群以及成渝城市群，它們是自東向西承接我國產業結構轉型升級的重要橫向路徑。作為海上絲綢之路的關鍵區域，長三角城市群以及粵港澳大灣區城市群地處沿海區域，是我國海上對外開放的窗口，同時承擔著我國技術革新和產業升級的關鍵任務。

粵港澳大灣區是包括港澳在內的珠三角城市群融合發展的升級版，是從區域經濟合作上升到全方位對外開放的國家戰略。本章將重點對比分析粵港澳大灣區與京津冀城市群、長三角城市群、長江中游城市群、成渝城市群四大國內主要城市群在發展規劃與政策定位、人口規模與經濟、交通網絡布局、產業發展特點與產業結構等方面的發展情況，總結粵港澳大灣區經濟發展的獨特優勢。

一、中國城市群發展概況

　　城市群在各個國家經濟發展過程中都起著龍頭作用。隨著中國城市化進程的不斷加快，以核心城市為中心的城市群正在逐漸形成，經濟聚合和輻射外溢效應不斷凸顯，是引領中國經濟可持續發展的不可或缺的力量。

　　「十三五」規劃將城市群的發展與創設納入到重點實施項目中，對於東部沿海已經形成並且發展相對成熟的城市群，將會利用其先發優勢，進一步發展成為具有區域特色的城市群，通過強化其功能優勢並借鑑國際灣區發展經驗，使其成為國際化、世界級的城市群。與此同時，將東部沿海城市群的先進發展經驗傳導致中西部地區，帶動中西部地區區域經濟功能的完善與創新，協調東中西部地區經濟發展不平衡的局面，全面促進我國經濟的長期可持續發展。根據「十三五」規劃的指導意見，未來將重點發展京津冀、長三角、珠三角三個世界級城市群，對於山東半島和海峽西岸城市群兩個臨海但發展相對不成熟的城市群，利用其港口優勢，提高對外開放及貿易水平。而中西部

地區城市群的發展重點在於以多增長極為支撐，輻射中西部落後城市，以點帶面逐漸形成輻射圈，帶動中西部地區整體經濟的長期穩定增長，進一步促進東北地區、中原地區、長江中游、成渝地區、關中平原城市群的發展，同時對於北部灣、晉中、呼包鄂榆、黔中、滇中、蘭州—西寧、寧夏沿黃、天山北坡城市群的形成及發展進行積極引導。

截至二〇一八年二月，國務院共先後批覆了八個國家級城市群，分別是：京津冀城市群、長江中游城市群、成渝城市群、哈長城市群、長江三角洲城市群、中原城市群、珠三角城市群以及關中平原城市群。除了已經獲批的八個城市群以外，待批覆的還包括遼中南城市群、山東半島城市群、海峽西岸城市群。

二〇一七年三月五日召開的十二屆全國人大五次會議提出，要推動內地與港澳深化合作，研究制定粵港澳大灣區城市群發展規劃，發揮港澳獨特優勢，提升在國家經濟發展和對外開放中的地位與功能。[1]

粵港澳大灣區包括「二區九市」，即香港特別行政區、澳門特別行政區以及廣州、深圳、珠海、佛山、江門、東莞、中山、惠州和肇慶。粵港澳大灣區總面積約 5.65 萬平方公里，占全國面積不足 1%，常住人口 6600 萬，占全國人口的 5% 左右，而二〇一六年 GDP 總量達到 9.3 萬億，占全國 GDP 總量的 12.5%，是全國經濟發展水平最

1　第十二屆全國人民代表大會第四次會議關於國民經濟和社會發展第十三個五年規劃綱要的決議。

高的地區之一。其中香港、廣州、深圳三個地區的 GDP 總量分別是 2.2 萬億、1.96 萬億和 1.94 萬億，占粵港澳大灣區經濟總量的 65.6%，是粵港澳大灣區經濟發展的中堅力量，代表了粵港澳大灣區經濟總體經濟發展水平。

二、中國城市群的發展現狀與格局

（一）中國城市群的發展現狀

根據經濟增長理論，經濟增長主要是資本、勞動力等生產要素以及知識創新引起的技術進步所決定的。縱觀中國產業結構的演變與發展，可以發現兩方面的特點：一方面是勞動力密集型產業正在從發達城市向落後城市進行橫向轉移，另一方面是在發達城市正在形成依靠知識革新帶來的技術進步與生產創新，從而達到產業優化與升級，形成新的經濟增長點。傳統的以工業化為主導、依賴粗放型經濟發展方式帶來的經濟增長邊際效應正在減弱，而以技術創新為主導的集約型經濟發展方式正在成為主流。隨著東部沿海發達城市的勞動力成本不斷上升，人口增長速度逐漸放緩，產業結構正在向以創新和改革為特點的高端產業升級，而東部城市原有的勞動密集型的低端製造業正在向國內城市進行橫向轉移，既包括核心大城市向周邊衛星城市的經濟外溢，也包括向中西部城市的產業轉移。城市群內部與不同城市群之間的產業結構調整引起了資本流動與勞動力的跨區域轉移，發達城市與周邊城市的聯繫更加緊密，東部城市與西部城市的互動更加頻繁，

形成了國內不同城市與不同城市群之間的經濟聯動發展效應。

衛星技術的進步使我們得以通過晚上城市燈光亮度觀測城市的人口密度和經濟發展水平。根據美國國家航空航天局和美國國家海洋和大氣管理局的蘇奧米國家極地軌道夥伴衛星（Suomi NPP）的觀測，二〇一六年地球「夜燈」圖像顯示，在中國範圍內，長三角地區、海峽兩岸地區和粵港澳城市群的燈光最集中，並且亮度明顯高於其他地區，在京津冀城市群區域，北京和天津的燈光亮度比較顯著，遠高於河北其他城市，「雙核」特徵非常明顯；國內其他地區僅核心城市的燈光亮度顯著，如長江中游城市群的武漢、成渝城市群的成都和重慶、中原城市群的鄭州、海西城市群的福州和廈門、關中城市群的西安等。從總體來看，我國東部沿海地區人口密度較大，經濟發展水平較高，城市群聚集效應明顯，而中西部地區人口主要集中在主要核心城市，「單核」特徵顯著。

因此，國內東部和中西部城市群呈現出兩極分化的發展特徵，東部城市群以長三角和粵港澳大灣區為代表，經濟發展水平比較高，具有城市群的聚集和協同聯動特徵以及圈層結構；中西部城市群正處於形成和強化發展階段，經濟增長主要集中在單個或幾個核心城市，以京津冀城市群為代表，主要以北京和天津為經濟發展的核心，正在向周邊城市形成經濟外溢並建立起經濟發展關係，初步表現出了城市群特有的圈層空間組織形式；其他城市群包括長江中游、成渝、山東半島等，處於城市群發展的初期階段，以強核發展為特徵，與周邊城市經濟聯繫相對單一，沒有形成協同發展態勢。

（二）中國城市群的發展格局

近年來，京津冀協同發展、長江經濟帶發展兩大區域發展戰略和「一帶一路」倡議先後納入到國家重大發展規劃中，其中「一帶一路」倡議是我國在全球化背景下為實現新型經濟發展關係而做出的重大戰略部署，目的在於形成不同地區和國家之間的經濟協同與政治友好。

絲綢之路經濟帶橫跨中國東部、中部和西部多個區域，通過中西部地區承接東部發達地區的產業轉移，並且作為我國對外開放的重要陸路通道，而海上絲綢之路則著重打造我國東部地區對外開放的重要窗口，旨在通過國內外互通互聯實現東部地區的產業結構優化升級，成為高端技術、高端人才、高端產業的聚集地。

京津冀協同發展旨在實現北京、天津、河北三地產業優勢互補，建成以首都為核心的世界級城市群，同時帶動北方區域的協調發展與產業轉型，平衡南北方的經濟發展差距。

長江經濟帶橫跨九省二市，是東西部產業轉移的關鍵紐帶，同時也是連接南北的重要交通樞紐。依託長江黃金水道，長江經濟帶處在我國核心腹地，將承擔著我國東部地區的產業轉型升級帶動中西部地區復興的重大任務。

隨著兩大區域發展戰略和「一帶一路」倡議的不斷推進，中國已經形成了沿海沿江沿線經濟帶為主的縱向橫向經濟軸帶，途經經濟帶的五大主要城市群的戰略地位也逐步凸顯。

京津冀城市群作為三大戰略之一，具有明確的功能定位和顯著的

發展潛力，而長江經濟帶沿線的三大城市群分別為長三角城市群、長江中游城市群以及成渝城市群，它們是自東向西承接我國產業結構轉型升級的重要橫向路徑。作為海上絲綢之路的關鍵區域，長三角城市群以及粵港澳大灣區城市群地處沿海區域，是我國海上對外開放的窗口，同時承擔著我國技術革新和產業升級的關鍵任務。

三、粵港澳大灣區與國內主要城市群的比較

（一）三大城市群發展規劃與政策定位比較

由於粵港澳大灣區城市群定位在國內較高水平，是國內城市群定位中僅次於長三角城市群的國際化都市群，因此從功能定位而言，國內城市群中與之具有可比性的有京津冀城市群和長三角城市群，本節在城市群發展規劃與政策比較上，選擇把粵港澳大灣區城市群與京津冀城市群和長三角城市群做比較，以期針對粵港澳城市群的發展定位探索有益經驗。

1. 城市群功能定位比較

城市群的功能定位主要是以政策綱領性文件為指導，結合各個城市群的區域位置、歷史發展特點、資源優勢以及未來的戰略定位形成的。三大城市群的功能定位既相互獨立，各具特點，又相互補充，統一協調。

表 4-1｜三大城市群功能比較

	京津冀城市群	長三角城市群	粵港澳城市群
總體定位	以首都為核心的世界級城市群、區域整體協同發展改革引領區、全國創新驅動經濟增長新引擎、生態修復環境改善示範區。	建設面向全球、輻射亞太、引領全國的世界級城市群。	全國改革開放先行區。發揮經濟特區、國家級新區、國家綜合配套改革試驗區、自由貿易試驗區等體制機制優勢以及港澳在全國改革開放和現代化建設中的特殊作用。
綱領性文件	〈「十三五」時期京津冀國民經濟和社會發展規劃〉〈京津冀都市圈區域規劃〉〈京津冀協同發展綱要〉。	〈〈國家新型城鎮化規劃（2016-2020 年）〉〈長江經濟帶發展規劃綱要〉〈全國主體功能區規劃〉〈全國海洋主體功能區規劃〉和〈長江三角洲城市群發展規劃〉〉。	《粵港澳大灣區城市群發展規劃》《中共廣東省委關於制定國民經濟和社會發展第十三個五年規劃的建議》和二〇一六年廣東省政府的〈〈政府工作報告〉〉。
區域性功	區域整體定位體現了三省市「一盤棋」的思想，突出了功能互補、錯位發展、相輔相成；三省市定位服從和服務於區域整體定位，增強整體性符合京津冀協同發展的戰略需要。北京市是「全國政治中心文化中心、國際	（1）最具經濟活力的資源配置中心。圍繞上海國際經濟、金融、貿易、航運中心建設以及中國（上海）自由貿易試驗區建設，加快制度創新和先行先試成為資源配置效率高、輻射帶動能力強、國際化市場化法制化制度體系完善的資源配置中心。 （2）具有全球影響力的科技創新高地。瞄準世界科技前沿領域和頂級水平，建立健全符合科技進步規	（1）全國經濟發展重要引擎。強化珠三角地區與港澳的輻射引領作用，帶動中南、西南地區加快發展，加強與長江經濟帶發展的有機銜接和統籌協調，在全國創新發展方面發揮重要的示範作用，構建有全球影響力的先進製造業和現代服務業基地，成為促進全國經濟平穩健康發展的重要引擎。 （2）內地與港澳深度合

京津冀城市群	長三角城市群	粵港澳城市群
交往中心、科技創新中心」；天津市是「全國先進製造研發基地、北方國際航運核心區、金融創新運營示範區、改革開放先行區」；河北省是「全國現代商貿物流重要基地、產業轉型升級試驗區、新型城鎮化與城鄉統籌示範區、京津冀生態環境支撐區」。	律的體制機制和政策法規，最大限度地激發創新主體創業人才的動力、活力和能力成為全球創新網絡的重要樞紐以及國際性重大科學發展、原創技術發明和高新科技產業培育的重要策源地。 （3）全球重要的現代服務業和先進製造業中心。加快推進產業跨界融合，重點發展高附加值產業、高增值環節和總部經濟，加快培育以技術、品牌、質量、服務為核心的競爭新優勢，打造若干規模和水平居國際前列的先進製造產業集群，形成服務經濟主導、智能製造支撐的現代產業體系。 （4）亞太地區重要國際門戶。服務國家「一帶一路」倡議，提高開放型經濟發展水平，打造在亞太乃至全球有重要影響力的國際金融服務體系、國際商務服務體系、國際物流網絡體系，在更高層次參與國際合作和競爭。 （5）全國新一輪改革開放排頭兵。加快推進簡政放權、放管結合、優化服務	作核心區。依託港澳兩地國際競爭優勢及內地九省區的廣闊腹地和豐富資源，在內地與香港、澳門〈關於建立更緊密經貿關係的安排（CE-PA）〉及其補充協議框架下，充分發揮內地九省區與港澳山水相連、經濟聯繫密切以及「一國兩制」的優勢，深化各領域合作，拓展港澳發展新空間，提升區域開放型經濟發展水平。 （3）「一帶一路」建設重要區域。立足泛珠三角區域連接南亞、東南亞和溝通太平洋、印度洋的區位優勢，充分發揮建設福建二十一世紀海上絲綢之路核心區以及相關省區作為「一帶一路」門戶、樞紐、輻射中心和海上合作戰略支點的功能，發揮港澳獨特作用，共同推動「一帶一路」建設，打造我國高水平參與國際合作的重要區域。 （4）生態文明建設先行先試區。發揮泛珠三角

京津冀城市群	長三角城市群	粵港澳城市群

改革，統籌綜合配套改革試點和開放平台建設，復制推廣自由貿易試驗區、自主創新示範區等成熟改革經驗，在政府職能轉變、要素市場一體化建設、公共服務和社會事業合作、體制機制創新等方面先行先試。在提升利用外資質量和水平、擴大服務業對外開放、集聚國際化人才、探索建立自由貿易港區等方面率先突破，加快探索形成可複製可推廣的新經驗新模式，形成引領經濟發展新常態的體制機制和發展方式。

（6）美麗中國建設示範區。牢固樹立並率先踐行生態文明理念，依託江河湖海豐富多彩的生態本底，發揮歷史文化遺產眾多、風景資源獨特、水鄉聚落點多面廣等優勢，優化國土空間開發格局，共同建設美麗城鎮和鄉村，共同打造充滿人文魅力和水鄉特色的國際休閒消費中心，形成青山常在、綠水長流、空氣常新的生態型城市群。

區域山清水秀生態美的優勢，加快推動形成綠色循環低碳的生產生活方式，建立跨區域生態建設和環境保護聯動機制，築牢生態安全屏障，全面提升森林、河湖、濕地、草原、海洋等自然生態系統穩定性和生態服務功能，推動經濟社會與資源環境協調發展。

通過表 4-1 對三大城市群定位的綜合梳理，我們可以更加清晰地明確城市群的不同定位：長三角城市群的定位在三個城市群中最高，為引領我國城市群發展的排頭兵，並已成為世界級的城市群；粵港澳城市群的定位是我國改革開放的領跑者，力爭成為世界級的灣區，深化港澳與內地經濟一體化；京津冀的定位偏重於首都功能的疏散，成為東北亞城市群中心。總體來看，粵港澳在城市群定位中的地位弱於長三角城市群，但是由於香港的國際化優勢、市場化制度優勢和改革開放的優勢，粵港澳城市群在非政策因素引導下，有可能最終超越長三角城市群。

2. 城市群發展目標比較

城市群的發展目標是以功能定位為基礎，在符合國家整體戰略規劃的前提下，以現有的城市群發展水平為依據設立的中長期發展目標。

表 4-2｜三大城市群發展目標比較

京津冀城市群	長三角城市群	粵港澳城市群
二〇一七年，有序疏解北京非首都的功能取得明顯進展，在符合協同發展目標且現實急需、具備條件、取得共識的交通一體化、生態環境保護、產業升級轉移等重點領域率先取得突破，	中期到二〇二〇年，基本形成經濟充滿活力、高端人才匯聚、創新能力躍升、空間利用集約高效的世界級城市群框架，人口和經濟密度進一步提高，在全國 2.2% 的國土空間上集聚 11.8% 的人口和 27% 的地區生產總值。（1）集約緊湊、疏密有致的	第一，加強基礎設施互聯互通，形成與區域經濟社會發展相適應的基礎設施體系，重點共建「一中心三網」，形成輻射國內外的綜合交通體系。第二，打造全球創新高地，合作打造全球

京津冀城市群	長三角城市群	粵港澳城市群

深化改革、創新驅動、試點示範有序推進，協同發展取得顯著成效。中期到二〇二〇年，北京市常住人口控制在二千三百萬人以內，北京「大城市病」等突出問題得到緩解；區域一體化交通網絡基本形成，生態環境質量得到有效改善，產業聯動發展取得重大進展；公共服務共建共享取得積極成效，協同發展機制有效運轉，區域內發展差距趨於縮小，初步形成京津冀協同發展、互利共贏的新局面。

遠期到二〇三〇年，首都核心功能更加優化，京津冀區域一體化格局基本形成，區域經濟結構更加合理，生態環境質量總體良好，公共服務水平趨於均衡，成為具有較強國際競爭力和影響力的重要區域，在引領和支撐全國經濟社會發展中發揮更大作用。

空間格局基本形成。空間開發管制和環境分區控制制度全面建立，建設用地的蔓延趨勢得到有效遏制，開發強度得到有效控制，劃入生態保護紅線的區域面積占比穩定在 17%。以上，基本形成與資源環境承載能力相適應的總體格局。城市開發邊界、永久基本農田和生態保護紅線制度得到有效實施，特大城市和大城市建設用地實現由增量擴張向存量挖潛轉變，上海建設用地規模實現減量化。

（2）高附加值現代產業體系和區域協同創新體系全面形成。服務經濟為主導、智能製造為支撐的現代產業體系更加健全，優勢製造領域競爭力進一步增強，形成一批具有較強國際競爭力的跨國公司和產業集群。區域協同創新體系更加完善，科技創新能力顯著增強，引領和支撐國家創新驅動發展的核心作用進一步凸顯。

（3）保障有力的支撐體系和生態格局全面建立。樞紐型、功能性、網絡化的基礎設施體系全面建成，省際基礎設施共建共享、互聯互通水平顯著提升。生態環境質

科技創新平台，構建開放型創新體系，完善創新合作體制機制，建設粵港澳大灣區創新共同體，逐步發展成為全球重要的科技產業創新中心。

第三，攜手構建「一帶一路」開放新格局，深化與沿線國家基礎設施互聯互通及經貿合作，深入推進粵港澳服務貿易自由化，打造 CEPA 升級版。

第四，培育利益共享的產業價值鏈，加快向全球價值鏈高端邁進，打造具有國際競爭力的現代產業先導區。

第五，共建金融核心圈，推動粵港澳金融競合有序、協同發展，培育金融合作新平台，擴大內地與港澳金融市場要素雙向開放與聯通，打造引領泛珠、輻射東南亞、服務於「一帶一路」的金融樞紐，形成以香港為龍頭，以廣州、深圳、澳門、

京津冀城市群	長三角城市群	粵港澳城市群
	量總體改善，區域突出環境問題得到有效治理，一體化、多層次、功能復合的區域生態網絡基本形成，江河湖海、丘陵山地等多元化生態要素得到有效保護，江南水鄉、皖南古村、濱海漁莊的歷史文脈得到有效保護和傳承。 （4）城市群一體化發展的體制機制更加健全。阻礙生產要素自由流動的行政壁壘和體制機制障礙基本消除，統一市場基本形成，戶籍人口城鎮化率穩步提高，公共服務共建共享、生態環境聯防聯治的機制不斷健全，城市群成本分擔和利益共享機制不斷創新，省際毗鄰重點地區一體化步伐加快，多元化主體參與、多種治理模式並存的城市群治理機制建設取得突破。 遠期目標：到二〇三〇年，長三角城市群配置全球資源的樞紐作用更加凸顯，服務全國、輻射亞太的門戶地位更加鞏固，在全球價值鏈和產業分工體系中的位置大幅躍升，國際競爭力和影響力顯著增強，全面建成全球一流品質的世界級城市群。	珠海為依托，以南沙、前海和橫琴為節點的大灣區金融核心圈。 第六，共建大灣區優質生活圈，以改善社會民生為重點，打造國際化教育高地，完善就業創業服務體系，促進文化繁榮發展，共建健康灣區，推進社會協同治理，把粵港澳大灣區建成綠色、宜居、宜業、宜游的世界級城市群。

從表 4-2 發展目標看，三大城市群的發展目標各有側重點，其中京津冀的目標在於縮小區域差距和實現首都圈的資源配置優化，加強市場機制的作用；長三角城市群的目標在於提升區域產業合作優勢，加強創新，成為全球一流城市群；粵港澳大灣區城市群的初步發展目標更多在於集中粵港澳地區的科創和金融優勢，成為科創中心、開放中心和我國南向合作的重要起點。

　　由此可見，粵港澳大灣區城市群的發展目標是以外向型為主，借力灣區優勢，重鑄科創和金融兩大核心競爭力，致力於發展成為世界級灣區。

3. 城市群主導產業規劃比較

　　主導產業決定了城市群經濟發展水平的高低，一般經濟發展水平較高的城市群是以科技創新和服務為主，而以傳統重工業為主的城市群經濟發展水平相對較低，普遍存在產能過剩、產業升級滯後、服務水平不高等特點。

　　主導產業規劃是城市群在現有的戰略規劃框架下實現中長期發展目標的重要著力點，是城市群核心競爭力的體現。通過對三大城市群主導產業規劃的比較，可以更清晰地看到粵港澳大灣區城市群的產業競爭優勢和主導產業未來的發展方向。

　　從表 4-3 三大城市群主導產業規劃來看，京津冀城市群的主要方向在於疏通交通網絡，打造國際一流的航空樞紐和港口群，提高首都服務國際交往的軟硬件水平，同時延伸現有的產業鏈和完善產業集群，偏向於政治服務功能；長三角城市群的主要方向在於傳統產業鏈

的強化與創新以及新興產業的培育，注重發展現代服務業的創新優勢，是全國的經濟導航；粵港澳城市群依託香港和澳門在科技、金融、航運物流、旅遊等領域的發展優勢，注重科技成果轉化以及傳統製造業的轉型升級，未來將形成先進制造業與現代服務業雙輪驅動的產業發展模式。

表 4-3｜三大城市群主導產業規劃比較

京津冀城市群	長三角城市群	粵港澳城市群
在交通一體化方面，構建以軌道交通為骨幹的多節點、網格狀、全覆蓋的交通網絡。重點是建設高效密集軌道交通網，完善便捷通暢公路交通網，打通國家高速公路「斷頭路」，全面消除跨區域國省幹線「瓶頸路段」，加快構建現代化的津冀港口群，打造國際一流的航空樞紐，加快北京新機場建設，大力發展公交優先的城市交通，提升交通智能化管理水平，提升區域一體化運輸服務水平，發展安全綠色可持續交通。「十三五」時期京津冀地區將打造國際一流航空樞紐，構建世界級現代港口群，加快建設環首都公園，打贏河北脫貧攻堅戰，建立健全區域安全聯防聯控體系，全面提高首都服務國際交往的軟硬件水平，加強與長江經濟	強化主導產業鏈關鍵領域創新。以產業轉型升級需求為導向，聚焦電子信息、裝備製造、鋼鐵、石化、汽車、紡織服裝等產業集群發展和產業鏈關鍵環節創新，改造提升傳統產業，大力發展金融、商貿、物流、文化創意等現代服務業，加強科技創新、組織創新和商業模式創新，提升主導產業核心競爭力。依託優勢創新鏈培育新興產業。積極利用創新資源和創新成果培育發展新興產業，加強個性服務、增值內容、解決方案等商業模式創新，積極穩妥發展互聯網金融、跨境電子商務、供應鏈物流等新業態，推動創新優勢加快轉化為產業優勢和競爭優勢。	粵港澳大灣區的產業發展將緊緊圍繞研發及科技成果轉化、國際教育培訓、金融服務、專業服務、商貿服務、休閒旅遊及健康服務、航運物流服務、資訊科技等八大產業。

帶的聯動。建成有創新能力
的產業鏈和產業集群，完善
金融、信息服務和現代製造
業的產業鏈延伸。

資料來源：《京津冀協同發展綱要》《長江經濟帶發展規劃綱要》《中共廣
　　　　　東省委關於制定國民經濟和社會發展第十三個五年規劃的建
　　　　　議》和國務院發布粵港澳大灣區城市群發展規劃。

（二）五大城市群經濟與人口規模的比較

表 4-4｜國內主要城市群經濟與人口規模

五大城市群	城市數量	面積（萬平方公里）	406 年GDP（萬億）	2067 年常住人口（億）	人均GDP（元）	地均 GDP（萬／平方公里）
粵港澳大灣區城市群	11	5.65	8.84	0.67	131940	15785
長三角城市群	26	21.2	14.7	1.5	97454	6949
京津冀城市群	13	21.5	7.5	1.1	67524	3499
長江中游城市群	28	34.5	7.1	1.2	56759	2049
成渝城市群	16	24	4.8	0.9812	49066	2007
全國		963.4	74.4	13.7	53980	772
占比		11%	58%	40%		

數據來源：根據國家及各省市統計局、中國及各省市統計年鑑整理

由表 4-4 可知，國內主要五大城市群面積合計占國土面積的11%，常住人口占全國人口的 44%，經濟總量卻占全國經濟總量的58%，是人口相對集中，經濟最為活躍的區域。二〇一六年粵港澳大灣區城市群人均 GDP 和地均 GDP 均位列五大城市群之首，分別為131940 元和 15785 萬/平方公里; 長三角城市群的經濟總量最高，為14.7 萬億，粵港澳大灣區城市群次之，為 8.84 萬億。

　　由以上數據分析可以知道，長三角、京津冀與粵港澳三大城市群的經濟總量和人均產值排在五大城市群的前列，是未來中國經濟發展的重要引擎。其中京津冀城市群受到行政區域與經濟區域劃分複雜，產業同構等限制，雖然規劃多年，城市一體化進程依然較慢，人均產值僅為粵港澳大灣區城市群的二分之一，隨著相關規劃與政策制度的執行與落實，未來京津冀城市群將與長三角城市群實現聯動，進而縮小與長三角和粵港澳城市群的差距。

　　長江中游城市群和成渝城市群作為中西部城市群的代表，其經濟發展水平與發達城市群相比還有較大的差距，但是從其戰略定位來看，未來將主要承接發達城市群的產業轉移，城市群之間的聯繫將會更加緊密，通過吸取發達城市群的先進發展經驗，帶動中西部城市協同發展，從而實現中西部崛起，縮小東西部地區的貧富差距。

　　圖 4-1 表明五大城市群的人口增長速度差異明顯。其中，京津冀城市群人口增長速度最快，五年人口增幅達到 6.7%，五年累計人口增量近七百萬，超過粵港澳大灣區人口增量的一倍。從圖 4-2 可以看出，京津冀城市群人口的增長主要來源於北京和天津兩市人口的增加。京津冀城市群「雙核」發展的特徵從人口增長的角度，表現為人口不斷向北京和天津兩大城市聚集。粵港澳大灣區城市群人口增長速

度次之，五年人口增長率為 4.7%，

五年累計人口增量近三百萬。圖 4-2 表明，粵港澳城市群人口的增長主要來源於廣州、深圳和港澳地區人口的增加，未來將會充分發揮香港、廣州、深圳三個中心城市在現代服務業和先進製造業領域的優勢，不斷吸引國內外高端人才流入。長三角城市群、長江中游城市群和成渝城市群的人口增長速度比較接近，分別為 2.4%、2% 和 2.5%，但是三者又有區別，長三角城市群雖然人口增速不高，但是人口基數較大，二〇一五年常住人口達到 1.5 億人，為五大城市群之首。人口增速不高的一方面原因是戶籍制度限制，另一方面原因是長三角城市群發展相對成熟，人口流入速度趨於穩定，而長江中游城市群人口基數僅次於長三角城市群，人口增長速度不高主要是因為長江中游城市群跨越的三個省分均屬於主要的人口淨遷出省分，人口流出部分抵消了人口的增長。成渝城市群人口基數略高於粵港澳大灣區城

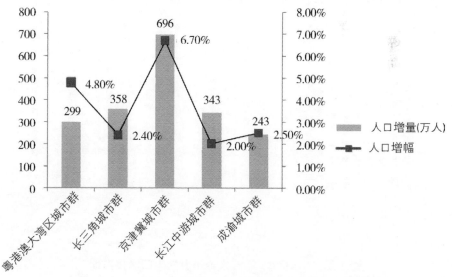

圖 4-1　2010-2015 年五大城市群常住人口增量及增幅

市群，但是人口增長速度卻遠低於粵港澳大灣區城市群，主要原因是人口向東部城市流入比例較大，以及地理原因導致的交通不便限制了人口大規模流動。

從圖 4-2 可以看出，京津冀、粵港澳、成渝城市群雙核或者三核驅動的特徵比較明顯，核心城市的人口增長占整個城市群的比例超過 60%，長三角和長江中游城市群則表現為跨區域多核心發展，各城市人口增長占比表現相對均衡。

從五大城市群內部城市的人口規模分布可以看出，城市間發展的層次結構上，粵港澳城市群和長三角城市群表現出比較明確的層次結構，城市間互動頻繁，具有較強的協同聯動效應；長江中游城市群由於跨越多個省分，多中心的結構特點比較顯著，人口和資源分布也相對分散；京津冀城市群聚集效應比較顯著，資源和人口分布相對集

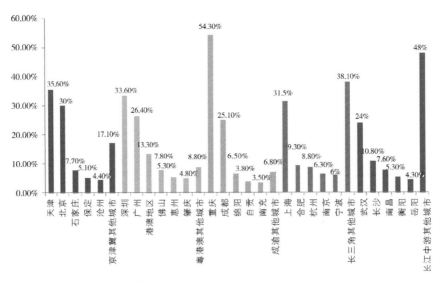

圖 4-2　2010-2015 年五大城市群內人口增長占比

中，短期內難以實現城市間的協同；成渝城市群主要以重慶和成都兩大核心城市為主，雙頭結構顯著，50%以上的人口增量都集中在重慶，資源分布極度不平衡，距離真正意義上的城市群還有一定差距。

（三）五大城市群的交通網絡布局比較

交通網絡布局是否完善直接影響城市群內各個城市之間互聯互通的效率以及城市一體化進程的速度，縱觀國內外發展相對成熟的城市群，都是在發達的交通網絡的基礎上形成的，比較五大城市群的交通網絡布局，可以更加直觀地看到各個城市群的人口、資源分布和產業結構特點。

表 4-5 ｜ 五大城市群交通網絡布局

	交通網絡布局	特點
京津冀城市	京津冀城市群已經形成以渤海西岸港口為龍頭、鐵路為骨幹、公路為基礎、航空運輸相配合、管道運輸相輔助的綜合交通運輸網絡。	一是形成了以京滬鐵路和京滬高速公路為主幹的京滬綜合運輸大通道；二是形成了以大秦、京秦鐵路京瀋高速公路和京秦輸油管道為主幹的京瀋綜合運輸大通道；三是形成了以京廣鐵路、京珠高速公路為主幹的京廣綜合運輸大通道；四是形成了以京蘭鐵路和京銀公路國道為主幹的京蘭綜合運輸大通道五是形成了以京九鐵路和京珠公路國道為主幹的京九綜合運輸大通道；六是形成了以石德、石太鐵路和石太高速公路為主幹的石太、石德綜合運輸大通道。這六大綜合運輸大通道是全國綜合交通體系的重要組成部分，在京津冀城市群一體化建設中發揮著重要作用。

	交通網絡布局	特點
長三角城市群	長三角城市群的交通一體化建設已初具規模，基本建成了包括公路、鐵路、水運在內的「五圈、六廊、十六樞紐」的交通一體化運輸發展格局。在交通信息管理方面，建成了包括上海、杭州、南京、寧波在內的大通關協作區域，實現了區域內的物流一體化發展；在旅客運輸方面，建成了以城際公交為主要運輸方式，以「一卡互乘，零距離換乘」為特點的客運一體化服務網絡。預計在二〇二〇年以前，建成「兩縱六橫」的現代化水運航道網，建成「小時公路交通圈」，建成以上海為中心，以滬寧、滬杭為兩翼的現代化城際軌道交通。	一是注重公路、鐵路與水運的協調發展，加強了各種交通運輸方式的無縫銜接；二是大力發展交通管理服務體系，將交通信息管理一體化與物流管理一體化建成世界領先水平，提高客貨運輸服務的科技水平；三是注重城際軌道交通建設發展，在圈內城際間建設先進的軌道交通，承擔主要的旅客運輸需求，與市內的公路交通運輸相互補充，實現城內外交通運輸的有效銜接。
粵港澳城市	粵港澳大灣區將重點共建「一中心三網」，即世界級國際航運物流中心，建設多向通道網、海空航線網、快速公交網，形成輻射國內外的綜合交通體系。	一是水路運輸發達。由於多數城市都是圍繞著珠江口岸分布，因此其內外航道非常豐富，內河航道裡程有 11851 公里，三級及以上航道占航道總里程的 7.5%，已基本形成「三縱三橫」千噸級骨幹航道網，是目前我國建設最發達的對外航運口岸；二是航空運輸在對外交

交通網絡布局	特點
	通運輸中發揮著重要作用。廣州機場、深圳機場和珠海三灶機場承擔了城市群內近二分之一的客貨運輸任務，與國外五十多個機場有業務往來關係；三是鐵路運輸成為城市群與內陸省分之間交通運輸的主要方式。武廣高鐵、京廣線、京九線廣深線、廣三線等主要鐵路幹線運輸里程占廣東省鐵路總里程的41%。已經實現了多種交通方式互通互聯，構建了城市群交通一體化運輸網絡。
長江中游城市群	長江中游城市群經濟腹地廣闊，擁有一批現代化港口群、區域樞紐機場以及鐵路、公路交通幹線，基本形成了密集的立體化交通網絡，在全國綜合交通網絡中具有重要的戰略地位。	長江中游城市群橫跨鄂、湘、贛三省，涵蓋武漢都市圈、環長株潭、環鄱陽湖都市圈。根據《環鄱陽湖城市群規劃（2015-2030）》、長株潭城市群區域規劃、長江中游城市群規劃，未來將形成以武漢都市圈、環長株潭、環鄱陽湖都市圈三大都市圈為核心的城市群交通網絡。其中，二〇一三至二〇一五年已經實現武咸、武黃、武岡、武孝四條城際鐵路通車，咸寧、黃石、黃岡、孝感四個城市與武漢市之間構成「半小時鐵路圈」，未來將規劃武漢到仙桃、潛江、天門的城際鐵路，擴大武漢向西的輻射力和城市圈的影響力；環長株潭都市圈將形成「一豎兩橫加半圓」的城際交通網絡，其中「一豎」是岳陽－長株潭－衡陽，「兩橫」是長沙－益陽－常德、湘潭－婁底，「半圓」是汨羅－益陽－婁底－衡陽，長株潭城際鐵路已經開通長沙、株洲、湘潭三市之間形成「人」字形的快速便捷的半小時通勤圈；環鄱陽

	交通網絡布局	特點
		湖都市圈將形成「一環八射兩聯通」的城際交通網絡,「一環」為環鄱陽湖城際,「八射」分別為九江方向、奉新－修水方向、奉新－上栗方向、高安方向、豐城－樟樹方向、撫州方向、鷹潭－上饒方向、景德鎮方向的城際鐵路,「兩聯通」為新余-吉安城際、景鷹鐵路。
成渝城市	成渝城市群將以長江上游航運中心和重慶、成都兩大核心,建設以高鐵、城際和高速公路為骨幹的交通路網結構,尤其是高鐵方面將有大動作,無論是城市群內部還是對外,高鐵鋪設密度將大幅提升。	綿遂內宜、成都-新機場-自貢-瀘州、達渝、重慶市域、重慶都市圈環線五條高鐵線已進入二十二年規劃建設表,另外,成都都市圈環線、重萬、成德綿樂等高鐵線路也已進入規劃中。對外方面,成都至西寧西安至成都、成都至貴陽、重慶至鄭州、重慶至昆明也都將開通高鐵。借由這幾條高鐵,成渝與中國東部地區的聯繫將得到極大增強,自貢、瀘州等城市更是首開高鐵,交通通達性明顯好轉,成渝內部核心城市與周邊城市更將形成五小時交通圈。另外,成都新機場將於二○二○年建成,屆時成都將成為全國第三個擁有雙機場的城市,客運、貨運吞吐量將有顯著提升,坐穩西部地區門戶地位,其在西部的輻射能力將進一步增強。與西部其他城市連接度的提高及其經濟的相對優勢,更有利於成、渝吸納西部地區人口,成為帶動中國西部地區發展的領頭羊。

資料來源:《京津冀協同發展綱要》《長江經濟帶發展規劃綱要》《中共廣東省委關於制定國民經濟和社會發展第十三個五年規劃的建議》《長江中游城市群發展規劃》和國務院發布粵港澳大灣區城市群發展規劃等。

由表 4-5 可以看出，五大城市群交通網絡布局基本都包括了港口、公路、鐵路和航空為一體的綜合交通網絡體系。由於各個城市群的發展程度和功能定位不一樣，因此交通網絡布局的側重點也有所差異：京津冀城市群對內以鐵路和公路為重點建設綜合運輸大通道，對外打造一流國際航空樞紐，提高首都服務國際交往的軟硬件水平，城市群特徵還未完全凸顯；長三角城市群重點打造交通管理服務體系，建設一體化的交通服務網絡，城市群發展程度較高；粵港澳城市群依託其豐富的航道資源和毗鄰香港的國際港口優勢，實現了多種交通方式互通互聯，是我國全面實現對外開放的重要窗口，城市群特徵比較顯著；長江中游城市群和成渝城市群正在以鐵路和公路建設為重點，形成都市圈，從而帶動城市間的人口和資源流動，促進相鄰城市一體化建設。

（四）五大城市群的產業發展特點比較

城市群的產業發展是以主導產業為核心，依託交通網絡布局進行資源流轉和人口流動。一般交通網絡越發達，資源和人口流動越頻繁，產業發展越迅速，產業升級和更新換代的能力越強。

通過對五大城市群產業發展特點的比較，可以看到發達城市群和落後城市群的產業發展路徑差異。

表4-6｜五大城市群產業發展特點

產業發展特點
京津冀城市群 京津冀城市群藉著北京、天津核心城市的區位優勢，根據河北省工業轉型升級「十三五」規劃，自北向南依次形成綠色生態產業、高新技術及生產性服務業、沿海產業、先進製造業以及特色輕紡產業。其中，北京的優勢在於人才和研發，當前生產性服務業、高新技術、總部經濟、文創和信息產業構成了經濟的主要組成部分。在現有基礎上，北京繼續優化升級，清理落後產業，集中發展「知識型＋服務型」經濟，成長為國際大都市；天津將在原有八大支柱產業上，利用港口和沿海優勢，發展「加工型＋服務型」經濟，建成高端裝備、新一代信息技術、汽車、現代石化現代冶金、輕工紡織等六大五千億級優勢產業集群，先發優勢將繼續保持；河北省在人口規模和重工業上占據優勢，未來產業發展的主要使命在於培育裝備製造、電子信息等新興產業和改造鋼鐵、石油化工等傳統產業，發展商貿物流業。
長三角城市群 長三角地區作為國內產業發展高地，產業門類齊全，集群優勢明顯，生產力強。未來智能製造和現代服務業成為產業發展方向。城市間已經形成了各自特色的產業體系：目前上海的產業構成中，汽車製造、鋼鐵等加工製造業仍然占據一定比例，未來上海仍將聚焦總部經濟、金融、科創等功能，向外疏解非核心功能；杭州依託阿里巴巴、「五水共治」「三改一拆」，大力發展第三產業，融合科技、金融、旅遊，藉助技術革新實現生活方式創新；蘇州利用緊挨上海的先天優勢，深化與上海的對接，創立了全國聞名的蘇南模式，並善於引進外資，已有九十家世界500強企業在蘇投資，同時藉助製造業基礎雄厚、門類齊全、企業眾多的優勢進行傳統產業改造提升和推動產業價值鏈的上移；南京作為老牌工業基地，其信息技術、智能電網、高端裝備製造業具備優勢；合肥則以工業立市，家用電器和裝備製造是其傳統優勢產業，洗衣機和冰箱產量分別占全國兩成和三成，平板顯示及電子信息從無到有並實現快速增長，已成為合肥支柱產業。

	產業發展特點
粵港澳城市	粵港澳大灣區依託珠三角城市的新興科技創新能力和深厚的製造業基礎，疊加以香港為龍頭的金融核心圈，產業體系主要由科技和金融雙輪驅動。粵港澳城市群的製造業布局主要集中於珠三角地區，從產業結構來看，廣州和深圳兩市第三產業占比均已超過60%，但第二產業仍占據相當比例，製造業仍是廣州和深圳快速發展的重要推動力。同時，金融、信息技術等高附加值產業是未來城市轉型升級的重要方向；佛山城市發展主要靠工業驅動，以「本土經濟，民營經濟，內生式發展」為特點的佛山模式使城市取得了令人矚目的成就。二〇一六年佛山 GDP 達 8630 億元，增長 8.3%，第二產業占比 59.2%，同時，民營經濟增加值 5486 億元，占 GDP 的 60.5%，美的、格蘭仕等 7 家民營企業入圍「二〇一六中國民營企業 500 強」。東莞則是外來投資模式的代表，2016 年 GDP 達 6828 億元，同比增長 85%，在智能終端產業的帶動下，電子信息製造業增長 2% 左右，華為、OPPO、VIVO 手機出貨量均進入全球前六、穩居全國前三。此外，佛山和東莞已經邁過獨立發展的階段，與廣州和深圳形成了關聯產業鏈條。佛山與廣州優勢互補，廣州製造業以基礎工業和重工業為主，佛山優勢則在於輕工業。深莞惠都市圈形成了以電子信息為標誌的產業鏈條，深圳掌握「微笑曲線」的兩頭，負責技術研發與品牌營銷，而東莞成為深圳外溢企業的首選，集中了大量生產製造企業，惠州也在加強與深圳的產業聯繫，深莞惠三市正在形成電子信息的全產業鏈布局。珠中江三市作為珠三角三大都市圈之一，城市間的聯繫程度遠低於另外兩個都市圈尤其是珠海作為都市圈的核心，自身實力與廣深相差較遠，但港珠澳大橋通車後珠海將成為國內唯一陸路連通港澳的城市。
長江中游城市	長江中游城市群以武漢為中心城市，長沙、南昌為副中心城市。包括湖北的武漢都市圈、襄荊宜城市群和湖南的長株潭城市群以及江西的環鄱陽湖經濟圈。武漢作為國家著名的老工業基地和中部地區最重要的經濟中心，具有相對完整成熟的產業體系。目前已經形成了以武漢為中心、以光電信息產業和生物醫藥產業為主體的高新技術產業群，沿長江的「宜昌－武漢－黃石」高新技術產業帶和沿漢江的「十堰－襄樊－武漢」汽車工業走廊。

	產業發展特點
成渝城市	成渝城市群仍以工業為主，除重慶、成都第三產業占比較高外，其餘城市第二產業占比均較高，傳統製造業在區域發展中仍起著支撐作用。未來將以重慶、成都德陽、綿陽、南充、眉山等為重點發展成套裝備，壯大能源裝備、航空航天、數控機床、軌道交通設備、船舶設備、工程機械、環保成套設備、汽摩整車、儀器儀表、機器人等產業集群；以重慶、成都、綿陽、樂山、自貢、德陽等城市為重要支撐，加快培育節能環保、新一代信息技術、生物產業、新能源、新能源汽車高端裝備製造和新材料產業；以成都、重慶為核心，以綿陽、樂山、宜賓、萬州豐都等城市為發展支撐，構建旅遊商務休閒產業體系，培育發展生產性服務外包產業、金融商務等現代服務業。

由表 4-6 可以看出，京津冀城市群在重工業上占有比較優勢，未來主要培育具有較高技術水平的裝備製造、電子信息等新興產業，以及改造鋼鐵、石油化工等傳統產業的發展方式，重點發展商貿物流業；長三角城市群在產業集群方面優勢突出，主要以現代服務業和智能製造為發展方向；粵港澳城市群在第三產業具有絕對優勢，同時具有較強的科技創新能力和深厚的製造業基礎，疊加以香港為龍頭的金融核心圈，產業體系主要由科技和金融雙輪驅動，產業鏈條優勢完善；長江中游城市群在光電、生物制藥領域優勢明顯，以武漢為中心的高科技產業集群將會逐步輻射到沿江城市，帶動周邊城市發展；成渝城市群工業占比較高，以重裝製造業為主導，城市間產業分層特徵明顯，未來將培育發展生產性服務外包產業、金融商務等現代服務業。

（五）五大城市群核心城市三大產業結構比較

產業結構是結合各個城市群產業發展特點，選取各個城市群中代表性城市在第一產業、第二產業、第三產業所占各城市群總體經濟規模的比例。其中，第三產業所占比重越高，說明代表性城市經濟發展水平越高。

粵港澳、京津冀核心城市第三產業比重領先其他三大城市群。北京、天津作為京津冀城市群的主導城市，第三產業在經濟中的比重均超過 50%，北京的第三產業比重更是高達 79%）；深圳、香港和廣州作為粵港澳大灣區的主導城市，第三產業在經濟中的比重更高，香港的第三產業比重為 92%，廣州為 67%，深圳為 58%。由圖 4-3，我們可以更加直觀地看到京津冀和粵港澳大灣區城市群相對於國內其他三大城市群中的核心城市在第三產業中的優勢。

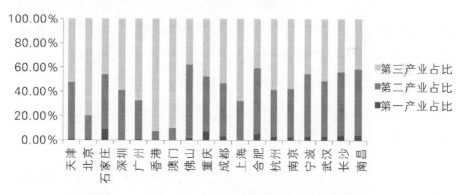

圖4-3　二〇一五年五大城市群核心城市的產業分布

長三角城市群的核心城市產業結構更為均衡。在圖 4-3 中，長三角的核心城市上海、杭州、南京、寧波和合肥在產業結構上有高度的

一致性，第三產業和第二產業的比重較為接近；這點更突出了長三角城市群在產業結構上的高度完整性，也更容易形成上下游產業鏈的集群發展。粵港澳大灣區城市群中的核心城市第三產業發達，第二產業的比重相對較低，因此在產業集群的上下游供給上弱於長三角，尤其是在主要城市群均把智能制造作為主導方向的趨勢下，此項弱勢是粵港澳大灣區在未來發展中可以加強的方向。

（六）五大城市群的經濟發展總結

國內目前僅長三角城市群和粵港澳城市群處於比較成熟的發展階段，城市群層次結構明顯，各城市間互聯互通效果顯著，一體化程度較高，是未來高科技產業和現代高水平服務業發展的聚集地，也是我國產業轉型升級的重要起始地。京津冀城市群雖然經過多年規劃，但是受到行政區域和經濟區域劃分的障礙以及京津的空吸作用，城市一體化進程發展相對緩慢，隨著政策力度的不斷加強，外溢效應開始顯現，周邊城市受到京津地區的輻射，逐步進入一體化發展階段。長江中游城市群和成渝城市群還處於強核發展階段，城市間的輻射效應不明顯，第一產業和第二產業占比較大，產業升級滯後，未來是承接發達城市群產業轉移的重點區域。

長三角城市群經濟發展水平居於五大城市群之首，人均產值最高，具有較強的人才吸引力，是高端人才和高科技企業的聚集地，同時也是我國對外交流的重要窗口和參與國際市場競爭的主要平台。目前，長三角城市群已經形成了以上海為核心，南京、杭州、蘇州、合肥、寧波五大都市圈為動力來源的城市格局，城市間協同效應顯著。

粵港澳大灣區城市群有毗鄰港澳的沿海港口優勢，是承接國際產業轉移的重要平台，同時具有深厚的製造業基礎。由於各城市在行政區域上均屬於廣東省，行政壁壘相比京津冀城市群低，城市間具備高度的協調性，發達便捷的交通網絡也使粵港澳城市間一體化程度處於領先地位。廣州與佛山、深圳與東莞實現了城市間互聯互通，交通網絡便捷通達，產業鏈條優勢互補，廣州與深圳重點在上游的研究與開發，佛山和東莞則承接了中下游的製造與生產，最後消費與服務又回到廣州與深圳等經濟發達城市，形成產業閉環，城市間協同效應顯著。在大灣區的時代，粵港澳城市群將會藉助香港和澳門在金融、貿易、旅遊服務等領域的先發優勢形成獨特的競爭力。

　　京津冀城市群是政策主導型為特徵的城市群，尤其是在「雄安新區」規劃出爐以後，提高了京津冀城市群發展規劃的戰略地位和決心，「雄安新區」的規劃級別與當初的深圳特區和浦東新區相當，未來京津冀城市群一體化的發展路徑更加明確。二〇二〇年，隨著城際高鐵網絡的建成，環繞北京的一小時通勤圈將會使北京人口逐漸向周邊城市擴散，北京的資源和產業也將逐步轉移到附近城市，在交通網絡一體化與產業轉移推動下，天津和河北附近區縣市將會受到經濟外溢影響，實現環京片區城市帶的協調發展，城市一體化程度也會提升。

　　長江中游城市群在地理位置上處於我國經濟腹地和黃金水道的關鍵區域，承接東西的水運通道和南北的陸運通道，是東西部產業轉移的關鍵區域。無論是從人口規模增長水平還是經濟發展程度而言，長江中游城市群中的三大省會城市武漢、長沙、南昌仍然具有較強的虹

吸效應，但對周邊城市的輻射作用有限，隨著環三大都市圈軌道交通網絡的建設，未來長江中游城市群特徵將會逐步顯現，核心城市的經濟外溢將會凸顯。

成渝城市群是西部最發達和城市人口最集中的區域，但是與東部沿海發達城市群相比還存在一定的差距：一方面城市極化效應還比較顯著，重慶和成都的經濟發展水平較高，而其他城市的發展水平較低，城市間的差異明顯，另一方面產業分布不均衡，第一、二產業占比較高，城市間產業協同作用有限。未來成渝城市群作為西部地區承接東中部產業轉移的重要區域，需要儘快實現城市間的交通網絡一體化。

與國內主要的城市群相比，粵港澳大灣區經濟具有獨特的優勢。粵港澳大灣區經濟以海港為依託、以灣區地理區位為基礎，具有開放的經濟結構、發達的國際交通網絡，產業集聚功能顯著，是國家重要的增長極和技術變革的創新地。

第一，從地理位置來看，粵港澳大灣區是貫穿東南亞、南亞、中東、歐洲等四大地區「一帶一路」沿線多個國家的主要通道。以粵港澳大灣區為中心，東面是我國海峽西岸經濟區，西面是我國北部灣經濟區和東南亞地區，北面是則是我國以湖南、江西省會城市為核心的長江中游城市群以及我國中部的主要城市群。它承接了我國內部腹地、開啟了東盟的海陸國際大通道，是「一帶一路」的關鍵戰略樞紐。

第二，從交通布局來看，粵港澳大灣區不僅擁有世界最大的海港

和空港群，而且鐵路和公路交通也十分發達。一方面，天然的灣區優勢和對外開放的歷史經驗是國際貿易發展的主要依託，粵港澳擁有三個全球大港，分別為世界排名第三的深圳港、第五的香港港和第七的廣州港；另一方面，城市九縱三橫的高速公路網和城際輕軌已經在建設完善當中，港珠澳大橋全線貫通後，珠江口東西兩岸將會實現無縫對接。

第三，從要素稟賦來看，粵港澳地區第三產業占比較高，藉助港澳金融和高端服務業的發展經驗，憑藉深圳在高科技和產業創新方面具有的優勢，以及珠三角其他城市製造業的深厚基礎，粵港澳城市群具有得天獨厚的資源優勢。按二〇一七年兩會《政府工作報告》的初步方向，打造粵港澳大灣區經濟要發揮各區域優勢：金融服務在香港、研發在深圳、製造在珠三角，三者協同發展。

第四，從經濟發展所處的階段來看，粵港澳大灣區的經濟總量和人均產值均處於前列。粵港澳大灣區整體面積約 5.65 萬平方公里，占全國土地面積不足 1%；人口數量總和 6600 萬人，不足全國總人口的 5%；二〇一六年粵港澳地區的 GDP 總量高達 9.3 萬億，創造了全國 GDP 的 12.5%，其中，香港、廣州和深圳 GDP 總量分別達到 2.2 萬億、1.96 萬億以及 1.94 萬億，分列粵港澳地區前三，為打造大灣區經濟提供了良好基礎。

第五章

粵港澳大灣區的優勢
及存在的問題

通過國際知名灣區和國內城市群的對比，不難發現，粵港澳大灣區是我國開放程度最高、經濟活力最強的區域之一，部分基礎條件與國際知名灣區比肩，具備建成國際一流灣區和世界級城市群的潛力。但是，粵港澳大灣區也因為「兩種制度、三個關稅區」的原因，在制度包容、互聯互通、資金跨境流通以及產業協調等方面存在障礙，影響粵港澳三地協同發展。

通過國際知名灣區和國內城市群的對比，不難發現，粵港澳大灣區是我國開放程度最高、經濟活力最強的區域之一，部分基礎條件與國際知名灣區比肩，具備建成國際一流灣區和世界級城市群的潛力。但是，粵港澳大灣區也因為「兩種制度、三個關稅區」的原因，在制度包容、粵港澳互聯互通、資金跨境流通以及產業協調等方面存在障礙，影響粵港澳三地協同發展。

一、粵港澳大灣區的優勢

粵港澳大灣區具備得天獨厚的發展優勢，主要體現在國家及地方政策、制度、區位及腹地、經濟、產業、創新、交通體系和國際合作八個方面。與國際知名灣區相比，粵港澳大灣區在經濟、產業、創新、交通體系方面都具備國際一流灣區的基礎，雖然國際合作能級相對較低，但是與國內京津冀、長三角等城市群相比，其依託港澳開展國際合作的優勢是國內其他城市群無法比擬的。再加上國家層面出台政策支持，粵港澳大灣區發展成為國際一流灣區的條件已經齊備。

（一）政策優勢

粵港澳大灣區承載多項國家戰略，既是對外開放的門戶，也是「一帶一路」的重要節點，更是我國自貿區戰略先行先試區。區域合作層面上，《關於建立更緊密經貿關係的安排》（即 CEPA 協議）及其補充協議的簽署為粵港澳三地合作打下了基礎；《珠江三角洲地區

改革發展規劃綱要（2008-2020 年）》的頒布促進了珠三角區域經濟的發展，為珠三角區域上升為粵港澳大灣區打下基石；《泛珠三角區域合作框架協議》為粵港澳大灣區提供了廣闊的腹地，擴展了粵港澳大灣區的輻射範圍。

1. 國家戰略

（1）粵港澳大灣區戰略

從二〇〇八年起，有關粵港澳地區合作發展的政策陸續出台，推動粵港澳地區合作發展從珠三角區域發展戰略到粵港澳大灣區戰略，從地方戰略走向國家戰略。

二〇一七年三月，李克強總理在全國兩會上做政府工作報告，在論述港澳問題時正式提出「粵港澳大灣區」，並要求廣東省政府抓緊研究編制《粵港澳大灣區城市群發展規劃》，旨在充分發揮粵港澳三地的獨特優勢，提升粵港澳三地引領中國經濟發展的作用，強化粵港澳三地在中國對外開放布局中的地位。同時，二〇一七年的全國兩會正式將粵港澳大灣區納入中央頂層設計，把粵港澳大灣區從區域經濟發展戰略提升到國家戰略層面。

二〇一七年十月，習近平總書記在黨的第十九次全國代表大會上的報告指出，「要支持香港、澳門融入國家發展大局，以粵港澳大灣區建設、粵港澳合作、泛珠三角區域合作等為重點，全面推進內地同香港、澳門互利合作，制定完善便利香港、澳門居民在內地發展的政策措施」，明確了粵港澳大灣區的發展方向。二〇一八年三月，李克

強總理在政府工作報告中，將「出台實施粵港澳大灣區發展規劃，全面推進內地同香港、澳門互利合作」納入二〇一八年政府工作建議，為《粵港澳大灣區城市群發展規劃》的出台奠定了基調。

目前，廣東省政府正在抓緊研究《粵港澳大灣區城市群發展規劃》，初步明確了粵港澳大灣區的目標定位、發展方向和重點任務。從中央到地方，粵港澳大灣區的建設發展均有政策支持，且粵港澳大灣區的支持政策還將進一步出台。

（2）對外開放戰略

無論是黨的十九大，還是二〇一八年政府工作報告，推動形成全面開放新格局都是下一階段我國對外開放戰略的主要目標。自我國改革開放以來，在廣東省的深圳、珠海、汕頭，福建省的廈門以及海南省先後建立了經濟特區，其中深圳和珠海均是粵港澳大灣核心城市，承擔著我國對外開放窗口的重大使命。珠三角地區一直以來是我國東部沿海對外開放的示範區，走在全國的前列，粵港澳大灣區以及雄安新區的建立，有利於我國形成北有雄安新區、中有長江經濟帶、南有粵港澳大灣區的區域經濟發展及對外開放的新格局，從而帶動華南地區加快發展，為打造中國經濟升級版提供有力支撐。

（3）自貿區戰略

中國自貿試驗區是新形勢下全方位對外開放的重要戰略舉措，被中央政府寄予厚望並賦予重要歷史使命。第三批自由貿易試驗區成立，將對外開放區域由沿海地區擴展至內陸地區，構建以「1+3+7」自由貿易試驗區為骨架、東中西協調、陸海統籌的全方位和高水平對

外開放的新格局，推動自由貿易試驗區改革開放從「齊頭並進」進入「雁行陣」模式。二○一八年，中國（海南）自由貿易試驗區的設立，進一步加快了我國全面開放的步伐。

粵港澳大灣區包含中國（廣東）自由貿易試驗區，國家出台支持自貿試驗區的政策都可以逐步複製推廣到粵港澳大灣區其他區域，中國（廣東）自由貿易試驗區制度創新的成果也能在粵港澳大灣區內複製推廣。

（4）「一帶一路」倡議

中國經濟進入新常態以來，國內急需破局產能過剩等結構性問題，國際政治經濟形勢也發生了重大變化—TISA、TPP、TTIP 等國際高標準經貿規則阻礙了中國經濟發展，逆全球化勢力再度抬頭。在國內外政治經濟形勢的背景下，黨中央、國務院統籌全局，制定「絲綢之路經濟帶」和「二十一世紀海上絲綢之路」（以下簡稱「一帶一路」）戰略，探索「走出去」新路徑。

福建、廣東是「二十一世紀海上絲綢之路」的重要節點，三條海上路線均有涉及。粵港澳大灣區更是因為其獨特的區位優勢及航運優勢，成為「二十一世紀海上絲綢之路」的核心節點。目前，我國正積極推進「一帶一路」建設，與多個「一帶一路」國家和地區及國際組織簽署了戰略協議，許多重大項目正穩步推進。「一帶一路」倡議為粵港澳大灣區帶來新的發展機遇，不僅國家出台針對「一帶一路」的政策會惠及粵港澳大灣區，「一帶一路」還能帶來新的貿易夥伴，為粵港澳大灣區的資本輸出、商品輸出、服務輸處及標準輸出提供平台。

2. CEPA 協議

《粵港合作框架協議》與《粵澳合作框架協議》分別於二〇一〇年和二〇一一年簽訂，是我國首次由省級行政單位與特別行政區之間簽訂的區域合作協議，不僅是「一國兩制」下跨境合作的實踐發展與創新，也是粵港澳三地經濟協同發展歷程的重要節點。CEPA 協議清晰地確立了粵港澳各自的定位，以及粵港、粵澳之間的分工合作和功能互補，推動粵港澳三地發揮自身優勢，有效整合三地優勢資源，促進粵港澳三地的合作發展，遏制粵港澳三地之間重複建設、資源浪費的情況。CEPA 協議為粵港澳三地的協調合作提供了全新的思路，不僅對粵港澳三地合作體制機制的建設發展與創新、粵港澳三地經濟社會融合等有重要意義，也為粵港澳大灣區的建設發展打下了制度基礎。

作為高標準的自由貿易協議，CEPA 協議及其補充協議是目前為止，大陸簽訂的開放力度最大、覆蓋面最廣的自由貿易協議，既符合 WTO 規則，又符合「一國兩制」的方針。CEPA 協議及其補充協議制定了多項開放性措施，旨在逐步降低和消除粵港澳三地經貿、產業、科創等多方面合作的制度性障礙，推動各項經濟要素在粵港澳三地之間自由流動，助力粵港澳經濟協調發展。同時，CEPA 協議及其補充協議符合目前粵港澳三地經濟合作的實際情況，為粵港澳三地建立經濟共同體探索可行路徑，也為粵港澳大灣區的發展在制度層面上奠定了合作基礎。

3. 珠三角合作政策

二〇〇八年年底，國務院批覆的廣東省《珠江三角洲地區改革發

展規劃綱要（2008-2020）》中，將粵港澳大灣區中的廣東九城與香港、澳門進一步開展緊密合作納入發展規劃綱要文件，支持粵港澳三地在現代服務業等多個領域加強合作。

《珠江三角洲地區改革發展規劃綱要（2008-2020）》不僅促進了廣東省九城對港澳開放，也推動形成了深莞惠經濟圈、廣佛肇經濟圈、珠中江經濟圈，為粵港澳大灣區內產業協同提供了寶貴經驗。

珠三角合作政策的出台，無論是在九城產業協同還是服務業對港對澳開放上，對粵港澳大灣區的建設都會起到促進作用，珠三角合作的發展歷程更是為粵港澳大灣區的建設提供了寶貴經驗。

4. 泛珠三角合作協議

二〇〇四年三月，《泛珠三角區域合作框架協議》由香港、澳門兩個特別行政區和福建、江西、湖南、廣東、廣西、海南、四川、貴州、雲南九個省共同簽署，這不僅是新中國成立以來覆蓋範圍最廣的區域經濟合作協議，也是迄今為止經濟體量最大的跨境合作協議。在框架協議的基礎上，泛珠三角區域政府先後簽署了《泛珠三角區域省會城市合作協議》《泛珠三角區域工商行政管理合作協議》等近三十項合作協議，進一步深化了泛珠三角合作的內涵。二〇一六年三月，國務院印發的《深化泛珠三角區域合作的指導意見》確定了泛珠三角區域的戰略定位，即全國改革開放先行區、全國經濟發展重要引擎、內地與港澳深度合作核心區、「一帶一路」建設重要區域以及生態文明建設先行先試區。

泛珠三角區域的合作模式為粵港澳大灣區應對經濟全球化、區域化，解決區域公共問題提供了參考路徑。粵港澳大灣區作為廣東省的核心區域，將享受泛珠三角區域合作帶來的福利，更有廣闊的腹地納入粵港澳大灣區的經濟輻射範圍，提升了粵港澳大灣區對外開放的能級。

（二）制度優勢

粵港澳大灣區包含香港和澳門實行資本主義制度的特別行政區、作為我國改革開放試驗田的深圳經濟特區以及中國（廣東）自由貿易試驗區，三者在制度上獨具特色，在改革開放及制度創新方面走在中國前列。

1.「一國兩制」的優勢

與內地社會主義制度不同，香港和澳門實行資本主義制度，在制度層面上與西方發達國家相同，保留了原有制度優勢，實行自由經濟政策，港元與美元掛鈎，金融市場開放，出入境相對開放和簡易，採用普通法制度，以中英雙語為法定語言，與國際商業市場完全接軌。香港回歸二十年來，香港的金融、貿易、自由度、競爭力等多項指標走在世界前列，與多個國家經貿合作的廣度和深度都得到了加強，香港的角色也從過去的引資、出口到現在的資金走出去和推廣進口貿易，這些都是「一國兩制」的優勢利用和成功實踐。

目前，內地在金融、貿易、自由度、競爭力等多項指標方面與香港差距較大，對外開放程度有限，與發達國家之間的商務貿易及投資

受到極大的限制。粵港澳大灣區可以藉助香港作為國際金融中心、貿易中心的平台，在國內率先對接國際高標準經貿規則，逐步放寬市場准入，提升投資領域、貿易領域的便利化水平，和世界主要經濟體建立良好的政治、經濟關係，推動與「一帶一路」國家和地區建立利益共同體。

2. 深圳經濟特區的改革試驗田優勢

自一九八〇年獲批建立經濟特區以來，深圳最先搭上改革開放的便車，率先投入市場經濟的懷抱，不斷打破傳統計劃經濟體制對經濟發展的束縛，在全國率先探索建立社會主義市場經濟體制，並在全國推廣實施。雖然中央政府給予深圳的改革開放政策基本用盡，但是，深圳的特區立法權依然能為深圳進一步深化改革開放提供法律保障。

粵港澳大灣區的設立恰逢我國探索構建開放型經濟新體制，需要探索建立適應開放型經濟新體制的社會主義市場經濟體制，減少政策性調控，強化制度性調控的時期。深圳的特區立法權能從體制層面提供強大的保障，及時修訂阻礙開放型經濟發展的法律法規，發揮深圳改革開放的優勢，為粵港澳大灣區構建開放型經濟新體制提供有力支撐。

3. 自貿試驗區先行先試優勢

作為粵港澳大灣區的發展引擎，《中國（廣東）自由貿易試驗區總體方案》提出，要「依託港澳、服務內地、面向世界，將自由貿易試驗區建設成為粵港澳深度合作示範區」。這是中國（廣東）自由貿易試驗區區別於其他自由貿易試驗區的重要戰略定位，也是中國（廣

東）自由貿易試驗區支持粵港澳大灣區大灣區建設的政策基礎。

與過往的產業園區、高新技術開發區、國家新區等獲得簡單的優惠政策不同，作為特定的制度試驗區，中國（廣東）自由貿易試驗區以制度創新為核心，旨在通過制度創新，消除以往阻礙粵港澳三地要素自由流動的障礙，探索對外開放新模式，以深圳前海蛇口自貿片區、廣州南沙自貿片區及珠海橫琴自貿片區為三個支點，推動粵港澳更緊密合作，擴展對外開放新通道，構建粵港澳大灣區。

目前，中國（廣東）自由貿易試驗區為推進粵港澳深度合作制定了港澳投資准入特別管理措施（負面清單），將深圳市前海深港現代服務業合作區納入中國（廣東）自由貿易試驗區，建立與澳門合作的制度，率先嘗試對接香港、澳門服務業的管理制度和行業標準，推動粵港澳三地開展科技創新合作，建立了粵港澳青年創新創業的發展平台。它支持香港、澳門的專業服務人士直接在中國（廣東）自由貿易試驗區就業執業，並進一步擴大內地市場，出台出入境及居留便利措施，促進粵港澳專業人才在中國（廣東）自由貿易試驗區集聚，提升貿易便利化水平，促進各類要素在粵港澳三地便捷高效流動，完善一線口岸監管制度，加強與香港、澳門的協同監管。中國（廣東）自由貿易試驗區以制度創新促粵港澳深度合作，先行先試的措施可逐步複製推廣至廣東九城其他地區。

（三）區位及腹地優勢

粵港澳大灣區地處我國南端，「三面環山，三江匯聚」，地理緯度適宜，具有良好的氣候、漫長的海岸線、良好的港口群、廣闊的海

域面以及森林植被等自然稟賦。粵港澳大灣區背靠內陸，連接港澳，面向東盟，往東是海峽西岸經濟區，往西是北部灣經濟區，可通過南廣鐵路等陸路交通快速連接中國內陸；面向南海，是距離南海最近的經濟發達地區，是中國經略南海的橋頭堡；臨近全球第一黃金航道，是太平洋和印度洋航運要衝，是東南亞乃至世界的重要交通樞紐。此外，粵港澳大灣區處於絲綢之路經濟帶和二十一世紀海上絲綢之路的交匯地帶，擁有世界上最大的海港群、空港群以及便捷的交通網絡。

泛珠三角區域作為粵港澳大灣區的腹地，包含中國華南、東南和西南的九個省分及兩個特別行政區（福建、廣東、廣西、貴州、海南、湖南、江西、四川、雲南、香港和澳門特別行政區），直接或間接地與珠江流域的經濟流向和文化有關，且在資源、產業、市場等方面有較強的互補性。泛珠三角區域覆蓋了中國五分之一的國土面積，擁有全國三分之一的人口，經濟實力雄厚，二〇一六年的 GDP 達 264439.6 億元人民幣，占全國的 38.5%，不僅能承接粵港澳大灣區的產業轉移，還能為粵港澳大灣區提供優質勞動力資源和資金支持。

（四）經濟優勢

廣東省是我國最早實施對外開放戰略的省分，香港更是國際金融中心，經濟實力雄厚，為粵港澳大灣區提供了札實的經濟發展基礎。

1. 經濟總量與世界一流灣區比肩

二〇一六年，粵港澳大灣區的 GDP 總量已超 1.3 萬億美元，這

代表著粵港澳大灣區以不到全國 1%的土地面積，卻創造了占全國 12.5%的經濟總量，詳見表 5-1。對比三大世界級灣區，粵港澳大灣區也完全具備與世界級灣區相匹配的經濟總量：東京灣區 GDP 總量達 2.6 萬億美元，紐約灣區 GDP 總量達 2.4 萬億美元，舊金山灣區 GDP 總量僅 0.6 萬億美元，其中舊金山灣區已被粵港澳大灣區趕超。

表 5-1｜2016 年度粵港澳大灣區各城市 GDP

城市	GDP（億元）
香港	22129.4
澳門	3095.3
廣州	19610.9
深圳	19492.6
珠海	2226.4
東莞	6827.7
佛山	8003.9
江門	2418.8
中山	3202.8
惠州	3412.2
肇慶	1970.0

數據來源：二〇一六年度廣東省及香港、澳門統計年鑑

　　粵港澳大灣區的經濟總量在四大灣區中排名第三，從經濟規模角度來看，粵港澳大灣區有成為國際化灣區的可能性。

2. 香港是中國內地的超級聯繫人

如圖 5-1，從二〇一五年中國內地外商投資來源地前十排名來看，中國內地吸收外商投資的來源地較為集中，前十大來源地占比 92.3%。日本和「亞洲四小龍」是亞洲區域外商投資的主要來源地，占比 78.3%，其中香港占比 68.4%居首，遠遠超出其他外商投資來源地。從中國內地外商投資的歷史來看，香港一直是中國內地的主要來源，二〇〇八年金融危機之後，過半數外商投資來自香港，大量國際資本通過香港，以港資的身分進入中國內地，詳見圖 5-2。

與中國內地外商投資相同，長久以來，中國內地對外投資主要投向香港，再經由香港走向世界。近年來，中國內地對外投資過半投向香港，二〇〇八年金融危機之後，香港在中國內地對外投資占比雖有所下降，但是，已逐步回升到 60%以上，詳見圖 5-3。

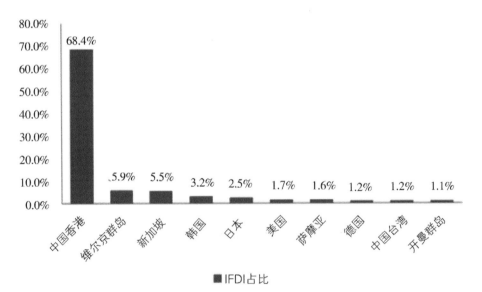

數據來源：國家統計局數據

圖 5-1　二〇一五年中國內地外商投資主要來源地

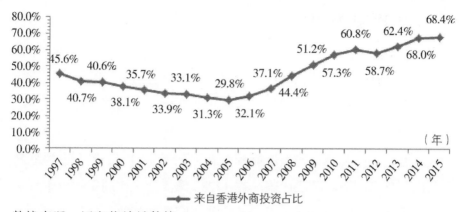

數據來源：國家統計局數據

圖5-2　歷年來自香港外商投資占比

數據來源：國家統計局數據

圖5-3　歷年內地投向香港對外投資占比

　　粵港澳大灣區的建設不僅需要大量外商投資的參與，也要推動大灣區內企業「走出去」，以對外投資的方式參與國際競爭。香港作為中國內地的超級聯繫人，先天具備了服務粵港澳大灣區「引進來」和

「走出去」兩大戰略的條件。

3.世界級出口基地

一九七九年以來，中國內地各級政府在珠三角地區實施大量改革措施，致力發展商品貿易，吸引了大量出口導向的外商投資。從粵港澳大灣區對外商品貿易的發展歷程來看，截至二○一二年底，粵港澳大灣區對外商品貿易總額已經高達 17782 億美元，比同年的日本商品貿易額高出約 938 億美元，等同於全球第四大商品貿易經濟體。

表 5-2｜廣東九城歷年出口總額

（單位：億美元）

城市	2019 年	2011 年	2212 年	2219 年	2219 年	2219 年
廣州	483.79	564.68	589.15	628.07	727.07	811.7
深圳	2041.80	2453.99	2713.56	3057.02	2843.62	2640.40
珠海	208.62	239.77	216.37	265.81	290.15	288.11
佛山	330.38	390.91	40.150	425.23	467.17	482.05
惠州	202.32	231.22	292.04	333.20	363.31	347.75
東莞	696.03	783.26	850.53	908.61	970.67	1036.10
中山	225.04	245.46	246.44	264.75	278.78	280.07
江門	104.09	122.52	129.70	139.99	150.87	153.72
肇慶	25.97	33.08	37.81	48.26	46.05	47.66
總計	4318.02	5064.89	5477.09	6070.93	6137.68	6087.57

數據來源：各城市統計年鑑

由表 5-2 可知，廣東七城出口穩步增加，深圳和東莞是對外出口的主要城市。事實上，即使不考慮香港、澳門的貢獻，廣東九城的出口表現也足以評為世界級出口基地。在二〇一二年，廣東九城的商品出口總額達 5479 億美元，與當年韓國的 5479 億美元基本持平，領先俄羅斯的 5293 億美元，僅次於美國、德國、日本、荷蘭、法國及韓國六個外國經濟體。雖然香港的出口貿易一直保持在較高水平，但是香港產品出口額在持續下降，轉口貿易占商品貿易的絕大部分，詳見表 5-3。

表 5-3 香港歷年商品貿易貨值

（單位：百萬港元）

年分	進口	港產品出口	轉口	整體出口
2000 年	1657962	180967	1391722	1572689
2001 年	1568194	153520	1327467	1480987
2002 年	1619419	130926	1429590	1560517
2003 年	1805770	121687	1620749	1742436
2004 年	2111123	125982	1893132	2019114
2005 年	2329469	136030	2114143	2250174
2006 年	2599804	134527	2326500	2461027
2007 年	2868011	109122	2578392	2687513
2008 年	3025288	90757	2733394	2824151
2009 年	2692356	57742	2411347	2469089
2010 年	3364840	69512	2961507	3031019

年分	進口	港產品出口	轉口	整體出口
2011 年	3764596	65662	3271592	3337253
2012 年	3912163	58830	3375516	3434346
2013 年	4060717	54364	3505322	3559686
2014 年	4219046	55283	3617468	3672751
2015 年	4046420	46861	3558418	3605279
2016 年	4008384	42875	3545372	3588247

數據來源：香港特別行政區政府統計處

（五）產業優勢

粵港澳大灣區具備完善的產業鏈，廣東九城的工業實力強勁，是我國最大的高新技術產業集聚區之一。香港、廣州、深圳三城金融行業發達，香港更是國際金融中心，具備完善的金融體系。此外，香港、廣州、深圳也是世界前十集裝箱運輸港口，航運實力雄厚。憑藉沿海的地理優勢，粵港澳大灣區的海洋經濟水平走在全國前列，與世界一流灣區比肩。

1. 工業鏈條完備

廣東九城形成了深莞惠經濟圈、廣佛肇經濟圈、珠中江經濟圈三大經濟圈，打造了完善的工業鏈條，同時其產業重點的差異化為灣區經濟協同發展提供了良好的基礎。

深莞惠經濟圈包括深圳、東莞和惠州，其中深圳擁有以高新技術

產業為代表的四大支柱產業，在產業發展方面，側重互聯網產業、新一代信息技術產業、節能環保產業、新材料產業、文化創意產業、生物產業以及新能源產業等戰略意義強、增值空間大的新興產業。東莞五大支柱產業包括電子信息製造業、電氣機械及設備製造業、紡織服裝鞋帽製造業、食品飲料加工製造業、造紙及紙製品業；四個特色產業包括玩具及文體用品製造業、家具製造業、化工製品製造業和包裝印刷業。惠州市的兩大支柱產業分別為電子信息和石化產業。

廣佛肇經濟圈包括廣州、佛山和肇慶，其中廣州在現代產業布局上注重產業的相互融合、協調發展，重點發展先進製造業、高新技術產業以及現代服務業。佛山具備獨特的區位優勢，處於珠江三角洲腹地，位於廣東省橫向產業軸的中間位置，西接肇慶、東鄰廣州，自有自身特色產業，也承接省內的產業轉移。佛山的經濟總量在廣東省排在第三位，僅次於廣州、深圳兩個一線城市，產業基礎良好且實力雄厚，重點發展製造業，擁有大量工業園區和專業鎮，以民營經濟為主要發展驅動力，是廣東省獨具特色的現代製造業集聚地。肇慶具備豐富的旅遊資源，因此旅遊業興盛，同時工業基礎也不遜色，主要發展生物製藥、電子信息、林產化工以及汽車配件等新興工業產業，以新型建材和金屬材料為代表的新型材料產業也有良好的發展。

珠中江經濟圈是指由珠海、中山、江門三市地處珠江口西岸的地區，其中珠海作為經濟特區，在工業方面側重發展電子信息、精密機械製造以及生物製藥等戰略新興產業，傳統工業方面則是培育形成了電力能源業、石油化工以及家電電氣為主導的產業鏈，整體工業水平較高，對珠海的經濟貢獻較大。中山是廣東省傳統產業的集聚地，傳

統工業實力強勁，為產業的轉型升級打下堅實的基礎，為新興產業的落地發展提供了保障。目前，中山已經形成了以燈飾光源、五金家電、紡織服裝為主的傳統產業集群和以裝備製造、電子電器、健康醫藥為代表的新興產業集群，產業特色鮮明，工業競爭力較強。江門缺少新興產業，以傳統工業為主，除電子信息產業外，江門側重發展石油化工、交通及海洋裝備等重工業以及食品飲料、包裝印刷及紙製品等輕工業，同時，江門的現代農業發展良好，具備成為廣東省現代農業基地的潛力。整體上，江門的工業基礎尚可，發展空間巨大，可承接粵港澳大灣區核心城市工業轉移，具備較強的後發優勢。

表 5-4 | 二〇一五年廣東九城工業增加值

城市	工業增加值（億元）
廣州	5246.07
深圳	6785.01
珠海	980.76
佛山	4672.53
惠州	1587.97
東莞	2711.09
中山	1566.16
江門	1078.51
肇慶	969.09
總計	25597.19

數據來源：二〇一五年廣東九城統計年鑑

二〇一五年，廣東九城工業增加值達 25597.5 億人民幣，同期全國工業增加值為 282040.3 億元人民幣，占比 9.1%，超越中國大部分省分，在全國處於領先位置。

2. 金融體系發達

香港、深圳及廣州是粵港澳大灣區中金融行業最發達的城市，香港更是以國際金融中心的地位成為粵港澳大灣區的金融核心。根據二〇一七年三月發布的《全球金融中心指數（GFCI）報告》排名，香港位列全球前兩大金融中心的第四位，僅次於紐約、倫敦和新加坡。深圳和廣州的金融產業在全國屬於第一梯隊，僅次於北京和上海，逐步具備成為區域金融中心的資質，開放度不斷提升，整體實力也在穩步增長。

香港背靠當前世界經濟增長最快、最具發展潛力的中國內地，與中國內地的緊密關係不言而喻。同時又由於「一國兩制」的政治安排以及長期殖民的歷史，使得其與世界真正的金融中心有更多的相似之處，主要體現在資金流動的自由、監管制度的國際化等軟約束上。香港的金融機構各具特色，功能多樣，有廣泛的資金借貸、證券買賣、外匯和黃金交易活動，形成了門類齊全的國際金融市場。香港的外匯市場、黃金市場和同業拆借市場比較成熟，股票市場發展迅速。香港金融產業占香港 GDP 的比重逐年上升，到二〇一五年，占香港 GDP 總量的比重已達 17.6%，而就業人口僅占香港就業人口的 6.6%，人均貢獻率遠超其他支柱行業，詳見表 5-5。

表 5-5 | 香港金融產業占比

年分	GDP 占比（%）	就業人口占比（%）
1997 年	10.4	5.4
1998 年	9.8	5.4
1997 年	11.3	5.5
2000 年	12.8	5.3
2001 年	12.1	5.5
202 年	12.3	5.5
2003 年	13.3	5.2
2004 年	13.1	5.2
2005 年	13.8	5.4
2006 年	16.7	5.4
2007 年	20.1	5.5
2008 年	17.1	5.9
2009 年	16.2	6.1
2010 年	16.3	6.2
2011 年	16.1	6.3
2012 年	15.9	6.3
2013 年	16.5	6.2
2014 年	16.7	6.3
2015 年	17.6	6.5

數據來源：香港金融管理局數據

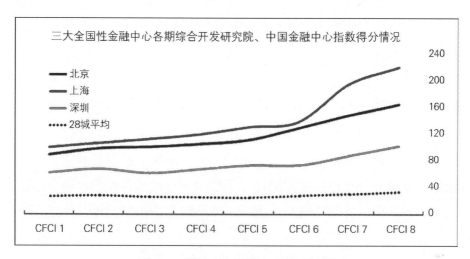

圖 5-4　中國三大金融中心得分情況

　　二〇一六年，深圳的金融業總資產超過十二萬億元，略少於北京及上海，在全國所有城市中排在第三位，以 1%的人口創造了深圳市 6%的 GDP 和超過 20%的稅收。根據第八期「中國金融中心指數」，上海、北京、深圳為三大全國性金融中心，深圳綜合競爭力排名穩居第三。其中，深圳金融市場規模排名第二，金融產業績效、金融機構實力和金融生態環境則排名第三。深圳依託深圳證券交易所，加快發展形成了包含主板、中小板、創業板在內的多層次資本市場體系，黃金夜市市場也繼續保持快速發展勢頭，證券類機構實力超群，證券公司資產總規模排名全國第一。

　　廣州的金融行業雖然與香港、深圳有差距，但是，廣州也已經初步具備成為國際金融中心的基礎條件。經過多年的發展，廣州的金融產業實現了質的飛躍，在國際上的地位也不斷提高，特別是在二〇一六年三月，廣州在全球金融中心中排在第三十七位，這不僅是廣州第

一次被納入全球金融中心指數體系，更是它從區域性金融中心發展成為國際金融中心的重要里程碑，具有重要的歷史意義。由於歷史的原因，廣州是我國最早開始金融市場建設的城市之一，許多領域的發展都走在全國的前列，例如在二〇一六年，廣州新三板掛牌增長率位居全國第一。同年，廣州的保費收入增長率也在全國排在第一位，直接融資比重更是突破性地排在全國第一。截至目前，廣州的保費收入在全國排在第三位，保費總額超過一千億元，直接融資總額位居全國第四位，其中貸款餘額突破三萬億元，本外幣存款餘額接近 5 萬億元。

3. 國際航運領先

過去四十年間的珠三角經濟轉型及區域製造體系的發展，構築了現在粵港澳大灣區樞紐港、幹線港和支線港俱全的綜合港口體系。由本章「區位及腹地優勢」的介紹可知，粵港澳大灣區具備豐富的自然資源，地理條件優越，有廣闊的腹地為粵港澳大灣區的產業發展提供支撐，再加上粵港澳大灣區及泛珠三角區域的經濟優勢，粵港澳大灣區的航運產業必然發達。目前，粵港澳大灣區地區共有大小港口近 200 個，已經建立起了完善的港口群體系，其中，香港、廣州、深圳毫無疑問是粵港澳大灣區港口群體系的核心，三個城市均為國際航運中心，集裝箱吞吐量位居世界前十。近年來，粵港澳大灣區的側翼粵西港口群發展迅速，尤其是湛江港的崛起，帶動了粵西地區的整體發展，對粵港澳大灣區的建設發展形成了支撐，推動了從江門港至惠州港自西向東的輔助港口群支持體系形成。

粵港澳大灣區的集裝箱吞吐量主要來自香港、深圳和廣州。根據

二〇一七年三月世界航運工會公布的統計數據，依照集裝箱吞吐量計算，世界上十大集裝箱港口都在亞洲國家，中國占世界十大集裝箱港口中的七個，以上海為首，二〇一六年吞吐集裝箱三千六百五十四萬標箱。其中，粵港澳大灣區港口占據三席，深圳、香港和廣州分列第三、第五和第八位，詳見表 5-6。二〇一六產年，深圳、香港和廣州三地的集裝箱吞吐總量達六千一百四十九萬標箱，位居世界前列，推動粵港澳大灣區成為世界上最大的港口群之一。

從粵港澳大灣區港口群的整體布局來看，粵港澳大灣區港口群主要為了服務粵港澳大灣區自身的航運需要，也為廣東省內不歸屬粵港澳大灣區的城市以及泛珠三角區域其他省分提供便捷的航運中轉服務。根據航運服務的面向對象劃分，可以將粵港澳大灣區的航運服務劃分為外貿航運服務及內貿航運服務。其中，香港和深圳兩個城市的港口主要面向海外貿易，以外貿航運服務為主，而廣州的港口偏向對外貿易，以內貿航運服務為主。

表 5-6｜二〇一六年度世界十大集裝箱港口

排名	港口	年集裝箱吞吐量（萬標箱）
1	中國上海	3654
2	新加坡	3092
3	中國深圳	2420
4	中國寧波—舟山	2063
5	中國香港	2007
6	韓國釜山	1945

排名	港口	年集裝箱吞吐量（萬標箱）
7	中國青島	1747
8	中國廣州	1722
9	阿聯酋迪拜貝爾阿里港	1560
10	中國天津	1411

數據來源：世界航運工會世界集裝箱港口排名報告

自西向東看，湛江港帶動粵西港口群為粵港澳大灣區建設發展提供支撐，重點服務石油以及乾貨的集散，是華南地區相關航運服務的核心，也是粵港澳大灣區的主要沿海樞紐港口。而粵東港口群則是以汕頭港為代表，主要面向粵東地區以及福建、江西等省分，為這些地區的進出口貨物提供流轉運輸服務。無論是對內航運還是對外航運，粵港澳大灣區港口群的分工明確，航運產業鏈條完善，可以滿足未來粵港澳大灣區航運產業的需要。

4. 海洋經濟強勁

近年來，我國海洋經濟發展迅速，對經濟的貢獻度不斷上升，海洋經濟的整體規模也在不斷上升。根據二〇一五年發布的《中國海洋經濟發展報告》，我國海洋經濟占全國經濟總量的比重不斷攀升，二〇一五年占全國 GDP 的 9.4%，總產值接近 6.5 萬億元人民幣，相較二〇一四年增長了 7 個百分點，同比增速基本持平。與我國 GDP 相比，我國海洋經濟的增速略高於 GDP 的增速，說明我國海洋經濟對 GDP 的拉動作用顯著，對經濟的影響力不斷上升。

由於香港、澳門沒有海洋經濟的相關統計數據，因此，僅介紹分析廣東九城海洋經濟現狀。二〇一五年，廣東九城的海洋經濟總產值高達 1.38 萬億元人民幣，不僅占同期廣東 GDP 總額的 18.9%，還占同期全國海洋經濟生產總值的五分之一以上，持續二十一年占據全國榜首。

總體上看，粵港澳大灣區的海洋經濟平穩發展，內部海洋經濟產業協同率高，區域經濟合作高效有序，新興海洋產業和海洋服務業都迅速崛起，整體產業結構得到優化，發展趨勢良好，將持續穩步增長。

（六）創新優勢

粵港澳大灣區的創新實力強勁，與國際一流灣區相比毫不遜色。經費投入方面，僅珠三角九市的研發經費投入占 GDP 的比重就達 2.7%，已和美國（2.8%）、德國（2.83%）處在同一水平。高新技術產業方面，粵港澳大灣區同樣不遜色於世界三大灣區。例如深圳，作為深圳四大支柱產業，二〇一五年深圳高新技術產業對深圳市 GDP 的貢獻達 33.4%，高新技術產業創造的 GDP 增加值達 5847.91 億元人民幣。同時，深圳市擁有 1.33 萬件專利合作協定，與世界三大灣區比肩，全市研究投入同期 GDP 總額的 4.05%，走在全國高新技術產業集聚城市前列。此外，深圳湧現了許多國際知名且具有國際領先技術的高科技企業，例如華為通信技術在世界廣泛應用、大疆創新的民用無人機在國外受到熱捧。

表 5-7 ｜ 歷年粵港澳大灣區發明專利總數

年分	發明專利總數（件）	增長率（％）
2012 年	61764	-
2013 年	71037	15.01%
2014 年	103610	45.85%
2015 年	155074	49.67%
2016 年	193712	24.92%

數據來源：科技部統計數據

發明專利方面，二〇一二至二〇一六年，粵港澳大灣區歷年發明專利總量呈現逐年穩步遞增趨勢，其中二〇一四年和二〇一五年的增幅最大，接近 50%。五年來，粵港澳大灣區發明專利總量快速增長，累計增幅達 213.6%，翻了一番。

通過與國際灣區的對比發現，近五年粵港澳大灣區的發明專利數量已超越舊金山灣區，且差距有擴大趨勢。二〇一二年粵港澳大灣區超越舊金山灣區 2.76 萬件，到二〇一六年超越 13.82 萬件，差距不斷擴大。與此同時，舊金山灣區發明專利數量從 2014 年起不增反降，開始呈現負增長，二〇一五年增長率下降為-17.96%，而粵港澳大灣區的發明專利量快速增長，平均年增長率達到 33.86%，其中二〇一五年增長幅度最大，較二〇一四年增長 49.67%。

二〇一七年，全球創新指數報告（GII）評選出全球一百個科創中心，粵港澳大灣區就入圍二個，其中深圳—香港地區排名全球第二，超過排名第三的舊金山灣區（硅谷），僅次於東京灣區。東京灣

區和舊金山灣區在消費電子和 PC 互聯網時代引領全球科技，但是到了近幾年的移動互聯網時代，中國和粵港澳大灣區開始追趕上來，並實現部分趕超。

（七）交通運輸優勢

近年來，廣東省及珠三角地方政府為促進珠三角地區的經濟發展，在「十二五」期間完成了多項交通規劃任務，更是在「十三五」規劃中制定多個交通規劃項目，加強與香港、澳門兩地的互聯互通。

軌道交通方面，珠三角地區在「十二五」期間規劃興建了總里程達一千八百九十公里的城際鐵路軌道交通網絡，以滿足珠三角地區城鎮一體化帶來的預期客運需求，建設了廣東省政府在《珠江三角洲地區城際軌道交通網規劃（2009 年修訂）》中提出的「三環八射」快速軌道交通網絡，把粵港澳大灣區中的廣東六城連接至香港、澳門及廣東省其他地區。

到二〇二〇年，將有二十三條最高時速為一百四十公里或二百公里的軌道線路以廣州為核心，把粵港澳大灣區打造成為一小時通勤圈，總里程達一千四百八十公里。

廣東省政府在「十二五」期間，興建了里程達一千六百六十一公里的高速公路，強化了粵港澳大灣區的內部連接，體現了粵港澳大灣區與廣東省其他城市以及泛珠三角區域之間的通達性。為提升珠江口東西兩岸的互聯互通水平，加強珠江口東西兩岸的協同發展，為珠江口輻射區域提供基礎設施保障，強化珠江口東西兩岸對粵港澳大灣區

的輻射帶動作用，廣東省政府在交通運輸「十三五」規劃中規劃了三十三條出省高速公路通道，其中通香港四條、通澳門二條，將大力完善「外通內連」網絡。

粵港澳大灣區擁有香港國際機場、澳門國際機場、廣州白雲國際機場、深圳寶安國際機場四個國際機場，還有擁有珠海機場、惠州機場等支線機場。未來，粵港澳大灣區將形成以香港國際機場、廣州白雲機場、深圳寶安機場三個國際化空港為核心，澳門機場、惠州機場、蓮溪機場為配套的「三核三輔」空港體系，承擔中國乃至國際的航空運輸需求。

橋樑建設方面，中國第一座跨海大橋港珠澳大橋主體工程已經於二〇一八年二月完成交工驗收，港珠澳大橋的跨界通行政策也正在抓緊制定中。港澳珠大橋飛架珠江口，是加強香港與珠三角西岸城市聯繫的重要紐帶，虎門大橋飛架珠江口，連接灣區東西翼，使東莞、深圳及粵東地區到珠海、中山江門粵西地區的交通無須繞道，大大縮短了兩地的空間距離。

粵港澳大灣區的立體交通體系已經初步建立，未來還將進一步加強與香港、澳門兩地的基礎設施互聯互通，支撐粵港澳三地的協同發展。

（八）國際合作優勢

粵港澳大灣區不僅國際化水平全國領先，而且，居住在東南亞國家的大部分華僑祖籍在廣東、香港和澳門，還擁有與英語系、葡語系

國家的文化紐帶，這些都將促使粵港澳大灣區比國內其他城市群更易於融入國際環境，參與國際合作。

1. 國際化水平高

相比於國內其他城市群，粵港澳大灣區的國際化水平在全國位列第一，為粵港澳大灣區參與國際合作創造了優勢。在粵港澳大灣區十一個城市中，香港是國際化程度最高的城市，是世界最開放的自由港，不僅國際貿易位居全球前列，金融服務在國際的影響力也很強。香港集裝箱碼頭是全球數一數二的繁忙港口，香港機場也是世界上最繁忙、運作效率最高的航空港。香港每年舉辦上千個會展，被稱為「會展之都」，更有五十多萬外籍人士常住香港，讓香港呈現多元融合的社會氛圍。

深圳是我國第一批改革開放的城市，在全國最先探索國際化道路，其國際化水平與北京、上海、廣州同屬於一線陣營。近年來，深圳不斷推進深港合作，對接香港的市場經濟環境，在各領域不斷擴大開放，已形成了獨特的對外開放體制。

此外，中國（廣東）自由貿易試驗區的建立，又為粵港澳大灣區探索國際化道路提供了制度支持。中國（廣東）自由貿易試驗區的核心是制度創新，主要從投資便利化、貿易便利化、金融創新、事中事後監管、法制建設及體制機制創新六個維度全線推進，其中投資便利化和貿易便利化的目的就是為對接國際高標準經貿規則作探索，將進一步提升粵港澳大灣區的國際化水平。

2. 粵籍華僑華人影響力廣

東南亞是華僑華人最大的集聚區，超過 85%的華僑華人在東南亞國家和地區定居，其中泰國、馬來西亞以及印度尼西亞是華僑華人最為集中的國家，華僑華人人數分別為 465 萬、509 萬、600 萬，三個國家的華僑華人總計達 1574 萬，接近世界華僑華人總人數的 2/3。從華僑華人的祖籍看，廣東籍的華僑華人最多，大約占世界華僑華人總人數的 54%。

近年來，東南亞華僑華人在東南亞社會地位不高的問題逐漸得到改善，一方面得益於華僑華人對東南亞經濟的影響力，另一方面得益於東南亞華僑華人積極主動融入東南亞國家和地區的生活。東南亞華僑華人逐漸摒棄民族觀念和門戶之見，不斷提升與當地居民的商貿水平，允許華僑華人與當地居民通婚，逐步融入東南亞國家和地區的日常生活。目前，華僑華人與新加坡、泰國、印度尼西亞以及馬來西亞等華僑華人數量較多的國家保持良好的合作關係，不僅商務貿易蓬勃發展，與當地居民相互融合的程度也處於較高水平。此外，新加坡、泰國、印度尼西亞以及馬來西亞等東南亞國家和地區保證了華僑華人的政治權利，准許華僑華人從政。

東南亞華僑華人與當地民居及國家的良好關係，不僅能降低東南亞國家和地區對粵港澳大灣區的民意阻礙，還能減少粵港澳大灣區與東南亞國家和地區之間的貿易爭端，為粵港澳大灣區爭取優惠，助力粵港澳大灣區在東南亞國家和地區實現「走出去」的目標，有效支撐「一帶一路」倡議。

3. 有英語和葡語作為文化交流的紐帶

由於香港和澳門被殖民的歷史原因，香港和澳門的發展分別體現了英語系文化和葡語系文化，使得香港與英語系國家保持著良好的關係，澳門也具備與葡語系國家攜手發展的文化基礎。自改革開放以來，香港一直是我國與西方英語系語言國家聯繫的門戶樞紐，一方面是因為香港是國際金融中心，世界經濟最發達的城市之一，另一方面是因為香港與英語系國家文化相通、制度相通、理念相通。

與香港類似，澳門的葡語文化紐帶優勢，有利於澳門建立中國與葡語系國家合作的平台。中國與葡語系國家在生產要素、商品市場等多方面具有極強的互補性，同時，葡語系國家面向龐大的市場，與多個國家和地區建立了良好的經濟合作關係，其輻射範圍不僅包括歐盟、拉丁美洲等葡語文化影響力強的國家和地區，還包括歷史上因為殖民而帶有葡語系文化的國家和地區。從合作前景來看，葡語系國家具有中國開拓新市場新平台所需的條件，有利於中國「走出去」戰略在葡語文化影響區域內落地。

香港、澳門與英語系、葡語系國家的文化紐帶，有利於粵港澳大灣區加強與英語系、葡語系國家的聯繫，藉助香港、澳門的合作平台，深化粵港澳大灣區與英語系、葡語系國家的投資貿易合作，推動粵港澳大灣區在英語系、葡語系國家實現「走出去」，同時也為粵港澳大灣區引進英語系、葡語系國家的資本、人才、技術創造條件。

二、粵港澳大灣區存在的問題

　　粵港澳大灣區包含「兩個制度，三個關稅區」，不僅在行政制度方面存在衝突的地方，而且在經濟制度方面也標準不一。粵港澳三地的協同發展要求各種要素能自由流動，但是，內地出於安全問題的考慮，對港澳開放有限，阻礙了粵港澳三地的融合發展。由於缺少統一規劃，粵港澳三地的產業存在競爭過於激烈的情況，造成了一定程度的內耗。

（一）「一國兩制」的包容性問題

　　「一國兩制」是粵港澳大灣區的獨特優勢，也是粵港澳大灣區協同發展的制度障礙。資本主義制度與社會主義制度的差異，不僅造成了行政制度上的障礙，還產生了不同的市場經濟制度和法律體系。

1. 行政制度

　　「一國兩制」下的粵港澳三地合作面臨著不可踰越的行政制度壁壘，特別是香港內部面臨著「泛政治化」和「立法亂象」等問題，導致很多旨在先行先試、推動制度創新的合作領域被阻撓甚至擱置。如廣深港高鐵的「一地兩檢」制度歷時七年才剛破冰，原因就在於香港立法會的拖杳和紛爭。

　　港英時期，香港政治制度屬於權威獨裁製，不存在立法會或者特首選舉，香港政府的最高總督由英國政府直接任命，管理制度和法律體系也照搬英國。隨著香港回歸前「選舉制度」的引進，不同利益團

體為選票明爭暗鬥、相互掣肘，嚴重影響了粵港澳三地的合作推進。依舊以廣深港高鐵為例，原定香港段於二〇一五年竣工及通車，但因為各種利益團體參與其中，二〇一五年十一月底被迫將目標完工期修訂為二〇一八年第三季度，並且預算還追加了一百九十六億港元，而一河之隔的深圳段早已完工，等候通車多時。廣深港高鐵香港段的困境只是幾年來粵港澳合作工程頻頻遇阻的冰山一角，近年來香港在多項粵港澳合作基建工程方面出現嚴重超支或者延誤的情況，比如港珠澳大橋香港段工程由原定的二〇一六年底完工延誤至二〇一九年，大橋的香港口岸造價也由原定的三百零四億港幣增至三百五十八點九億港幣。

粵港澳大灣區上升為國家戰略，要求粵港澳三地在制度上嘗試突破創新，但是，涉及不熟悉領域的制度創新，對傳統政府部門和公務員提出了難題。目前，粵港澳大灣區的制度創新主要集中在中國（廣東）自由貿易試驗區。中國（廣東）自由貿易試驗區的制度創新很多為新領域、新議題、新突破，這就對傳統政府部門架構和職能，也對公務員的綜合素質和能力提出了更大的挑戰。基於改革的風險性以及政府免責機制的不完善，很多領域的制度改革不了了之。同時，香港公務員體系沿用港英時期的架構和管理模式，擅長執行，不擅長設計，而且香港政府一直奉行「小政府、大市場」的不干預理念，對制度和政策設計的重要性認識不足，嚴重妨礙了粵港澳三地合作制度的創新。

中國（廣東）自由貿易試驗區一直在推動粵港澳大灣區發展，率先探索粵港澳深度合作新制度、新模式，但是，即使是粵港澳大灣區中制度創新最積極的中國（廣東）自由貿易試驗區，也不具備全面推

進粵港澳合作制度創新的實力。深圳前海蛇口自貿片區管委會引進了一批專業人員從事制度創新研究，亦設置對港合做事務處，但仍處於發展的初級階段。廣州南沙自貿片區沿用之前的區一級政府管理架構，公務員隊伍的考核和知識儲備與粵港澳大灣區制度創新需求不匹配。

總體上，國際金融領域、新興業態領域等湧現的新問題，不是粵港澳三地一般職能部門和工作人員可以簡單解決的。想要進一步促進粵港澳深度合作，需要在粵港澳三地行政體制方面做出突破。

2. 法律制度

由於粵港澳「一國兩制三法域三法系」的現狀和政治制度、經濟條件、社會環境的迥異，使得三地在法律理念、法律體系、法律解釋、法律淵源以及立法和司法等方面存在著較大差異。

在法律體系方面，目前粵港澳大灣區並存著內地以憲法為主的社會主義法系，以普通法係為基礎、依據英國的海外屬地法律制度的模式建構起來的香港特別行政區法律體系，以及以內地法係為基礎、依據葡萄牙的海外屬地法律制度的模式建構起來的澳門特別行政區法律體系三種法律體系。

在具體法律內容方面，既有規制側重點的不同，又有一般法律適用上的不同，還有國際條約適用上的差異。如香港一直十分強調通過經濟立法來規範市場經濟，僅經濟類法規就達兩百多項，幾乎占現行五百多項成文法例的一半。

粵港澳三地法律對權限規定的差異較大。在行政管理權限方面，港澳特別行政區政府依據基本法的規定，享有自行處理行政事務的權力，而廣東不具備這方面的權力。在立法權限方面，港澳特別行政區均享有高度立法權，全國性法律基本都不在特別行政區實行，而廣東無權進行創製性立法。在司法權限方面，港澳享有獨立司法權和終審權，除對國防、外交等國家行為無管轄權外，對特別行政區所有案件均有審判權，而在廣東則情況不同。

粵港澳之間法律差異的實質是不同立法權來源導致的差異，是單一制的主權國家內部的區域法律差異，是特定時期內中央法律與享有高度自治權的特別行政區內地方法律之間的差異，是能夠在差異中尋求合作，通過協調解決的。可以按照既維護國家主權尊嚴，又維持港澳「一國兩制」下法律獨立性的原則，通過平等協商簽訂區域法律協議等方式來加以解決。

3. 經濟制度

粵港澳三地由於利益博弈，在經濟制度方面設置了制度壁壘，導致粵港澳大灣區內部要素不能自由流動。金融開放方面，一些基於宏觀審慎的金融領域無人敢於先行先試，改革思想稍顯保守。人才流動方面，香港對內地高端人才的引進力度甚小，儘管出於保護本地人才不受外來優秀人才衝擊的考慮，但長遠來說對香港有百害無一利。合作園區建設方面，港澳地區的出發點在於對土地的開發權和使用權，而內地的出發點在於發展經濟。粵港澳三地利益訴求的差異，使得制度設置更為固化，合作推進速度較慢。

此外，為了保護地方產業，部分香港傳統的優勢服務業為保持其行業權威和經濟地位，長期不對內地開放。如執業醫師和執業律師等專業服務業領域的人才引進力度相對較小，不僅限制了香港本地醫療服務和法律服務的人才供應，還限制了香港專業服務對內地的輸出。

另一方面，雖然廣東九城及中國（廣東）自由貿易試驗區為打破粵港澳三地之間的經濟制度壁壘，規劃出專門的區域對接粵港澳合作，但是如果香港、澳門的產業對廣東九城及中國（廣東）自由貿易試驗區造成較大衝擊，為了保護重點產業的發展，亦會採取限制的政策措施。

4. 監管制度

中國（廣東）自由貿易試驗區基於海關和金融兩個領域高風險、難監管的特徵，依據宏觀審慎監管原則，實施「一線放開，二線高效管住」的監管模式，在這兩個領域以「試點」的方式進行壓力測試以積累監管經驗。中國（廣東）自由貿易試驗區與香港在貨物檢驗檢疫和互認、金融業雙向開放方面，仍有較大的改革空間。相較中國（廣東）自由貿易試驗區對金融和海關監管的不斷開放，香港對金融業和海關的監管卻顯得更嚴格、更保守。

香港很多管制措施沿用港英政府時期頒布的政策，未能與時俱進，及時修訂。除了不合時宜、阻礙經濟發展外，還間接引致政治和民生問題。如郊野公園和荒地灘塗的開發有利於解決香港土地房屋造成的社會撕裂問題，但是由於香港土地開發一直沿用港英時代頒布的《法定圖則》，一塊土地從生地到熟地要花費五到十一年的時間，嚴

重影響著民生工程的進度。開發最容易的落馬洲河套地區，由於香港土地和建築開發的僵化規制，從土地平整到落成要經過重重論證，耗時七年，這樣的低效率會對粵港澳三地的項目合作與經濟往來造成極大的負面影響。

（二）缺少法定性聯盟機制

雖然有利於促進粵港澳大灣區深度合作的制度安排已經開展多年，如一九九八年成立的「粵港合作聯席會議」二〇〇四年在廣州簽署的《泛珠三角區域合作框架協議》等。但粵港澳大灣區正式上升為國家戰略之後，粵港澳三地政府在聯盟機制的設立上仍未有重大突破。由於「一國兩制」的原因，粵港澳三地的協調發展受到制度因素的影響，而且，粵港澳大灣區涉及三個省級行政單位，分不出主次，也就沒能確立領導權。目前，尚未成立能統一調配粵港澳三地資源、協調三地產業發展的法定性聯盟機制，若繼續以粵港澳三地政府談判、協商的形式推進粵港澳三地合作的話，原先的制度障礙將不會削減。

目前，粵港澳三地的合作以自發性的產業和投資貿易合作居多。香港政府方面，與內地合作的議題和「一帶一路」的議題備受關注，但是香港與中國（廣東）自由貿易試驗區的議題卻關注甚少，重視度不高。澳門政府方面則是側重和珠海的通關和投資合作兩個方面，對整合粵港澳大灣區資源的機制設計探索研究也比較少。

從粵港澳合作的格局來看，深圳與香港開展較為緊密的市場合

作，澳門與珠海開展比較緊密的政府主導合作，廣州與香港、澳門的合作則較為鬆散。正是由於粵港澳大灣區缺少法定性的聯盟機制，使得粵港澳三地合作沒有得到整體性和一致性的思考與頂層設計，導致目前粵港澳合作規劃不足，合作相對鬆散。

（三）要素流動受限

由於粵港澳三地監管制度不同、對各產業的政策差異較大等原因，粵港澳大灣區生產要素沒法在三個地區自由流動。一方面是因為各項基礎設施尚未對接，另一方面是因為行業准入門檻不同、檢驗檢疫標準差異、關稅制度不同。

1. 基礎設施互聯互通程度低

內地金融市場與香港金融市場是相互隔離的兩個市場，缺少統一的交互平台。雖然股票市場「深港通」已經落地，港交所前海聯合交易中心也在前海深港現代服務業合作區落戶，但是，粵港澳大灣區的債券市場、黃金市場、銀行間市場等金融市場組成部分尚未實現與香港對應金融市場的對接，缺少統一的交易平台。

中國內地出於信息安全的考慮，在電信和互聯網領域對港澳均是有條件開放，不僅港澳地區的居民難以登陸內地的重要網頁獲取準確的信息，內地居民獲取的港澳信息也不完善。粵港澳三地之間的數據傳輸體系還不完善，數據傳輸效率較低，電信領域對港澳開放度也有限，與港澳對接的國際通信通道效果有限，不利於粵港澳三地的信息交流。

粵港澳三地的交通體系還未全面對接，交通基礎設施還需要進一步完善。由於港澳政府的管理制度等問題，多項有利於粵港澳合作的重大工程項目遭到拖延甚至擱置，廣深港高鐵香港段就是鮮明的例子。同時，能夠自由往來粵港澳三地的機動車數量有限，導致地鐵相連的各口岸人員擁擠，過關時間較長，不利於人員在粵港澳三地流動。

2. 人員不能自由往來

粵港澳大灣區的居民不能在粵港澳三地自由往來，需要辦理簽證才能往來粵港澳三地，且往來次數有限，廣東九城居民即使辦理了香港、澳門自由行，一週也只能去一次香港，一個月去兩次澳門。

其次，香港、澳門實施人才准入措施，部分專業服務產業不對內地開放，也就不允許持有內地牌照的專業服務者在香港、澳門直接提供專業服務。香港、澳門的產業保護政策，雖然減少了產業遭受內地的衝擊的可能，但是也妨礙了優秀專業人才在香港集聚。

3. 貨物通關問題

香港是世界上最自由的港口，開放程度最高，但是事中事後監管也最嚴格，擁有與國際高標準經貿規則相適應的檢驗檢疫標準和稅收安排。目前，內地許多商品仍達不到香港檢驗檢疫的標準，不利於粵港澳三地的貨物通關。粵港澳大灣區擁有三個完整的關稅區，而且，三地的關稅制度差異較大，導致貨物在粵港澳三地流轉時面臨納稅標準不一的局面。

（四）資金往來受限

雖然香港是中國內地的超級聯繫人，無論是外商投資還是對外投資，主要都是通過香港進行，但是，由於內地外匯管制較為嚴格，人民幣國際化水平較低，限制了粵港澳三地資金的自由往來。

1. 外匯管制

與香港、澳門允許本外幣自由流動相比，內地嚴格限制外匯流動，對外匯的監管十分嚴格。其中，在出口外匯管理方面，內地要求企業必須在規定時間內按照官方公布的結售匯率，將出口貿易賺取的所有外匯結售給指定銀行。在進口外匯管理方面，企業必須徵得外匯管理局的批准，方能在外匯管理局指定的銀行兌換規定額度的外匯，用於購買進口商品。在對非貿易外匯收入管制方面，與出口外匯管理的模式大同小異，也是規定企業或者個人須按照外匯管理局的有關規定，按照官方公布的結售匯率，將所有或者部分外匯結售給指定銀行。同時，禁止個人和企業攜帶、托帶或郵寄黃金、白金或白銀出境。

由於內地要求強制結匯，使得外匯不能在粵港澳地區內自由流動和使用，從資金流動的角度看，內地的外匯管理制度增加了資金流動的流程，只有將外匯換成人民幣才能在粵港澳大灣區中的廣東九城自由流動。

2. 香港離岸人民幣中心地位減弱

長久以來，香港是內地最大的人民幣離岸市場，是國際人民幣結

算的核心之一，在人民幣的國際化進程中有不可磨滅的功勞。但是，近年來香港作為中國離岸人民幣中心的地位有所下降，對粵港澳大灣區的人民幣跨境流動而言，造成了一定負面影響。

　　從香港人民幣存款和存款證總量上看，自二〇一四起，香港人民幣存款和存款證總量開始逐步下降，從過 1 萬億元人民幣減少至近 6000 億元人民幣，詳見圖 5-5。在人民幣匯率前景尚未明朗的情況下，香港人民幣存款和存款證總量於二〇一六年底，比六個月前進一

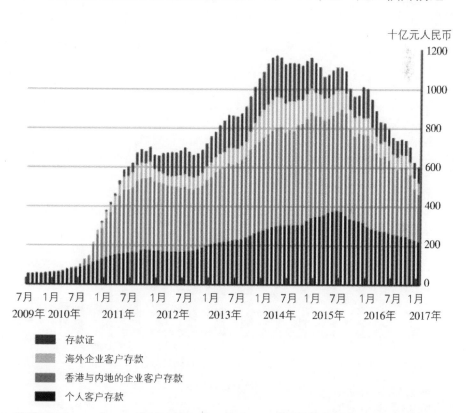

數據來源：二〇一六年度香港金融管理局《貨幣與金融穩定情況報告》

圖 5-5　香港人民幣存款和存款證總量

步下跌了 21.5%，至 6251 億元人民幣。其中，人民幣客戶存款下跌 23.2%，企業客戶存款的下跌幅度超過個人客戶存款。另一方面，存款證餘額的跌幅由二〇一六年上半年的 46.8% 收窄至下半年的 7.5%。

儘管人民幣流動資金池收縮，銀行的人民幣流動性管理依然健在，資金池的規模足以支持大量人民幣支付及金融交易。人民幣即時支付結算系統的日均成交金額於二〇一六年高企於 8636 億元人民幣。人民幣貸款餘額在二〇一六年上半年出現調整後，於下半年恢復增長 2.6%。另一方面，香港銀行處理的人民幣貿易結算金額於二〇一六年下半年降至 21769 億元人民幣，較上半年下跌 8%。雖然由香

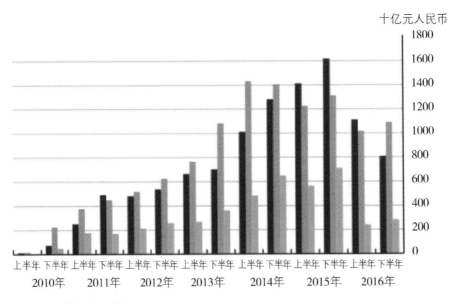

圖 5-6　香港人民幣匯款

港匯出至內地的匯款繼續下跌，但是，包括由內地匯入香港的匯款及離岸市場之間經由香港的匯款等其他貿易匯款恢復溫和增長，詳見圖5-6。

預期香港人民幣流動資金池仍會受到人民幣匯率走勢的不確定性影響對粵港澳大灣區的跨境人民幣使用造成障礙。

（五）產業合作不均衡

粵港澳三地的產業合作正穩步推進，但是，由於缺少頂層設計，粵港澳三地缺少戰略層次的合作，各城市產業合作不協調。

與香港產業合作方面。在經歷兩次金融危機和 SARS 衝擊後，香港產業分化、固化、單一化和空心化趨勢明顯。一邊是高增值、低就業的金融業、房地產業、專業服務業，另一邊是低增值、高就業的旅遊業、餐飲住宿業、零售業等傳統服務業，具有知識科技含量的智能製造產業長期缺失。一直以來，香港金融、貿易、會計師、律師及醫療等優勢服務業產生的「虹吸效應」擠占了科技產業的發展要素，令其起色不大，香港創新科技發展的氛圍一直缺失。

在「小政府、大市場」的不作為、難作為的雙重理念影響下，香港政府的扶持效果甚微，當其他經濟體紛紛發展知識經濟時，香港已錯失向知識經濟轉型的窗口期。目前，粵港澳大灣區中與香港合作最為緊密且效果顯著的是前海深港現代服務業合作區，但合作產業依然絕大部分為金融、貿易和物流業。

與澳門產業合作方面。博彩旅遊業的「一業獨大」依舊是澳門產業結構的硬傷。各界亦對澳門經濟多元化發展長期關注，提出了許多寶貴意見，但微小的經濟體和土地的先天制約令澳門的經濟多元化發展願景淪為「談得多，實現的少」。目前，澳門與珠海的產業合作相對緊密，但也僅限於旅遊業的單向投資，雙方互動投資和多元化投資仍有很大的拓展空間。

第六章

粵港澳大灣區的經濟空間結構

所謂區域，是一個客觀存在的空間概念，但在其具體內涵上，不同學者還是給出了稍有不同的界定。從地理學角度，區域是一個抽象客觀存在的空間概念，地球表面上的任何一個部分、一個地區、一個國家或幾個國家都可稱為一個區域。

在區域經濟發展的進程中，經濟空間結構的變化與經濟發展本身是相輔相成的，兩者之間呈現出互為反饋促進的關係。正如美國區域經濟學家艾薩德（Clark Edwards）[1]提出的「經濟增長發生於空間，它要受到空間經濟的影響，並反饋於經濟增長」。隨著人類空間經濟活動向廣度和深度發展的推進，對空間經濟結構形成與發展變化規律的研究就顯得愈發有意義。[2]在對粵港澳大灣區經濟的分析中，對其空間經濟結構問題的解析自然成為一個無法迴避的問題。

粵港澳大灣區以改革開放先行區的珠三角灣區九城為核心，以國際化的香港、澳門特別行政區為橋樑，以泛珠三角城市群落為依託，在我國改革開放的進程中取得的發展成就舉世矚目。時至今日，區域內各城市的地區分工、產業結構等已發生翻天覆地的變化，港澳的國際都市地位進一步鞏固，廣深躋身世界一流城市行列，珠海、佛山、東莞的地區次中心地位悄然形成，其他區域產業升級之路正快速打開。但灣區內經濟發展仍多有差異，區域協同發展的目標仍待進一步實現。各區域之間差異雖在不斷縮小，但並不能掩蓋差異存在的客觀事實。因此，對區域經濟發展差異的程度及變化趨勢進行測算，對差異形成影響原因進行探究，以及對影響因素展開思考，無疑構成了粵港澳大灣區經濟空間結構分析的主要內容。下文以理論簡介、差異解

1　*Spatial Aspects of Rural Development, Agricluture Economics Reseach* 第 33 卷，第 3 期，1981 年 7 月，第 11~12 頁。

2　實際上，傳統西方經濟理論長時間忽略了對經濟行為空間問題的關注，正如經濟學家沃爾特・艾薩德和帕納基斯・雷歐賽特斯（911）相信的：「那些有關發展的理論、增長理論、進化理論、過渡和變革理論，總之，在社會動態理論方面，都存在著主要缺陷」，而其緣由正是忽略了對空間因素的考慮；所以，「應在經濟模型中引入空間、距離、區位這些外生變量以擴充模型」。

析、原因探究、優化思考層層遞進，對粵港澳大灣區空間經濟結構進行探討，為進一步強化灣區內經濟發展與空間結構的互動效應進行理論支撐。

一、區域、空間效應與區域經濟空間結構

（一）區域和空間效應

1. 區域

所謂區域，是一個客觀存在的空間概念，但在其具體內涵上，不同學者還是給出了稍有不同的界定。從地理學角度，區域是一個抽象客觀存在的空間概念，在地球表面，任何一個國家、地區、部分或者幾個國家皆可被稱為某一區域[3]。從經濟學視角來看，區域可以理解為一個轄區完整、功能明確，且具有強大內聚力的經濟地域單元[4]。成為一個區域，應該具有五大要素：內聚力、結構、功能、規模以及邊界。在這五大要素中，內聚力促使區域的形成和演變，決定區域內部結構的形成和功能分區，並進而影響區域規模和邊界的實現，最終形成一個相互依存、具有共同區域利益趨向的經濟單元[5]。在經濟區

3　安虎森：《區域經濟學通論》經濟科學出版社，2004 年版。

4　孫久文：《區域經濟學》首都經貿大學出版社，2007 年版。

5　魏後凱：《現代區域經濟學》經濟管理出版社，2006 年版。

域內，其存在形式包括兩種：同質化和極化。前者即同質化現象，是指區域內當以某一特定標誌進行劃分時出現相似性現象；後者即極化現象，是指由於區域間要素相互流動的作用，最終形成強內聚力的區域劃分。

本書所研究的區域——粵港澳大灣區，主要包括廣東省的廣州、深圳、東莞、佛山、珠海、中山、肇慶、江門、惠州九個城市，加上香港和澳門兩個特別行政區，即所謂的「9+2」區域。

2. 空間效應

一般而言，空間效應包括空間相關性和空間異質性兩個方面[6]。空間相關性（或依賴性）是指不同空間區域在經濟增長中表現出關聯特性，即空間位置作為影響因子進入到決定區域經濟發展的相關要素之中。在不同空間位置之間所形成的相關關係中，可從正、負兩個視角將其分為正相關和負相關。所謂空間正相關，即相鄰近區域的經濟發展表現出趨同現象；空間負相關則說明不同空間位置的經濟增長之間沒有相似特性。空間異質性在現實經濟活動中以空間差異為表現形式，即指經濟活動在不同區域呈現出非均勻特性。空間異質性和相關性共同決定了區域空間結構，進而產生空間經濟效應。

空間相關性是由於不同區域各單元主體之間的空間相互作用而形成的一種截面相關。不同區域之間，由於各種經濟要素流動、創新擴散、技術溢出等因素的作用，會形成區域間經濟發展、創新差異等空

6 張可雲：國外空間計量經濟學研究回顧、進展與評述》《產經評論》2016 (1)：第 5-21 頁。

間結構格局的演化，比如勞動力、資本流動等形成區域經濟發展差異，研發投入不同在不同區域空間上形成示範效應等[7]。

（二）區域經濟空間結構

1. 區域經濟空間結構內涵

目前，學術界對區域空間結構的定義並不盡相同。如認為區域經濟空間結構是指社會經濟客體在空間中的相互作用和相互關係，以及反映這種關係的客體和現象的空間集聚規模和集聚形態[8]；如認為區域經濟空間結構是指在一定地域範圍內，經濟要素的相對區位關係和分布形式[9]；如認為其是人類的經濟活動在一定地域上的空間組合關係，是區域經濟的中心、外圍、網絡諸關係的總和[10]；或認為其指經濟現象和經濟變量在一定地理範圍中以分布和位置、形態、規模和相互作用為特徵的存在形式和客觀實體[11]；或認為其是人類經濟活動作用於一定地域範圍所形成的組織形式[12]；或認為其是一定區域範圍內，經濟空間現像在集聚力和分散力的相互作用下所形成的結構[13]。

---

7 孫久文、姚鵬：《空間計量經濟學的研究範式與最新進展》《經濟學家》2016 (7)：第 27-35 頁。

8 陸大道：《區域發展及其空間結構》科學出版社，1998 年版。

9 崔功豪、魏清泉、劉科偉：《區域分析與區域規劃》高等教育出版社，2006 年版。

10 陳才：《區域經濟地理學》科學出版社，2009 年版。

11 曾菊新：《空間經濟：系統與結果》武漢出版社，1996 年版。

12 陸玉麒：《區域發展中的空間結構研究》南京師範大學出版社，1998 年版。

13 聶華林、趙超：《區域空間結構概率》中國社會科學出版社，2008 年版。

2. 區域空間結構理論

區域空間結構理論包括區域空間結構演變理論和區域空間結構模式理論。美國著名經濟學家弗裡德曼和國內學者陸大道等在區域空間結構理論上的論述具有較強代表性。

表 6-1｜弗裡德曼區域空間結構演變理論

發展階段	空間特徵	地域組合	區域聯繫	經濟特徵
前工業化階段	區域空間均質無序，沒有等級結構分異	若干個地方中心＋廣大農村	相對封閉，彼此少聯繫	生產力水平低下，經濟極不發達，呈低水平均衡狀態
工業化初期	空間極化現象凸現，區域空間結構日趨不平衡	某個區域經濟中心＋落後的外圍地區	中心不斷吸引外圍地區經濟要素的集聚	某個地方獲得發展的動力，經濟快速增長，外圍地區更趨落後
工業化階段	區域空間結構趨向複雜化和有序化	多個區域經濟中心＋外圍地區	不同等級的中心—外圍之間的聯繫較為緊密、頻繁	產生新的經濟中心，形成區域的經濟中心體系，區域空間結構對區域經濟增長有著積極影響
後工業化階段	空間結構體系功能上的一體化最終走向空間一體化	中心—外圍界線逐漸消失，終將達到區域空間一體化	各地區之間的經濟交往日趨緊密和廣泛，不同層次和規模的經濟中心與外圍地區的聯繫也越來越緊密	經濟發展達到了較高的水平，區域經濟發展水平的差異在縮小

表 6-2｜陸大道區域空間結構演變理論

發展階段	空間特徵	地域組合	區域聯繫	經濟特徵
農業占絕對優勢階段	低水平均衡狀態且比較穩定	居民點呈散布狀態	城市與鄉村之間在人員、物流、信息等方面的交流不多	城市逐步出現，區域性基礎設施水平低
過渡階段	區域空間不平衡，邊緣地區極不發達	單一中心—邊緣結構	城市與鄉村的聯繫得到加強，農村人口大量流入城市	區域經濟較快增長，區域商品生產與交換規模不斷擴大
工業化和經濟起飛階段	城市等級體系開始形成，邊遠落後地區得到開發	多核心結構	城鄉之間、城市之間的交流日趨活躍	區域經濟進入強烈動態增長期
技術工業和高消費階段	較高水平均衡狀態	高度融合	城鎮居民點、服務設施及其影響範圍都已形成了各自的等級體系	社會生產力高度發展，現代交通運輸和通訊網絡形成，區域差異逐步消失

二、粵港澳大灣區經濟差異的時空分析

（一）測算方法

對區域經濟差異進行測算的指標有多種，如基尼係數、極差係數

及泰爾指數等，本書選擇運用泰爾指數對區域經濟差異進行量化測度。之所以選擇該指數，主要是考慮其可分解特性，以便對區域內和區域間差異進行深入解析。泰爾指數數值越大，即表現出區域單元之間的經濟差異越大，其計算公式如下：

$$T_d = \sum_{i=1}^{n_1} \sum_{j=1}^{n_2} (\frac{y_{ij}}{Y}) \log (\frac{y_{ij}/Y}{p_{ij}/P}) \tag{6.1}$$

上式中，$N(n_1, n_2)$ 為區域個數，y_{ij} 為 i 特徵區域 j 市域的國民生產總值，p_{ij} 表示 i 特徵區域 j 市域人口數，Y、P 分別表示區域內的國民生產總值和總人口數量。

為了進一步對總差異的形成原因更多是區域內差異還是區域間差異進行解析，需將泰爾指數進行分解。

定義 $T_{di} = \sum_{j}^{n_2} = 1[(\frac{y_{ij}}{Y_i}) \log (\frac{y_{ij}/Y_i}{p_{ij}/P_i})]$，則有：

$$T_d = \sum_{i=1}^{n_1} [(\frac{Y_i}{Y}) T_{di}] + \sum_{i=1}^{n_1} [(\frac{y_{ij}}{Y}) \log (\frac{y_{ij}/Y}{p_{ij}/P})] = T_{wr} + T_{br} \tag{6-2}$$

其中，$T_{wr} = \sum_{i=1}^{n_1} [(\frac{Y_i}{Y}) T_{di}]$ 為特徵區域組內差異，即地帶內差異；$T_{br} = \sum_{i=1}^{n_1} [(\frac{y_{ij}}{Y}) \log (\frac{y_{ij}/Y}{p_i/P})]$ 為不同特徵區域之間的差異，即地帶間差異。

（二）粵港澳大灣區經濟差異演變過程

本文以二〇〇一至二〇一六年粵港澳大灣區內十一個城市的人均 GDP 作為區域經濟差異的測度指標，計算泰爾指數，並繪製成曲線圖，以此來分析粵港澳大灣區內近十餘年來的經濟差異變化態勢。

從圖 6-1 可以看出，二〇〇一到二〇一六年的十六年來，粵港澳大灣區經濟差異呈現逐步下降的態勢，泰爾指數從最早的二〇〇一年的 0.599，下降到二〇一六年的 0.129，下降幅度達到 78.46%。在經濟差異回落的過程中可以明顯分為兩個發展階段：

二〇〇一至二〇〇九年，粵港澳大灣區經濟差異快速縮小，幾乎呈現單邊下降的趨勢。泰爾指數從二〇〇一年的 0.599 快速下降到二〇〇九年的 0.179，下降幅度為十五年來總體經濟差異縮小幅度的

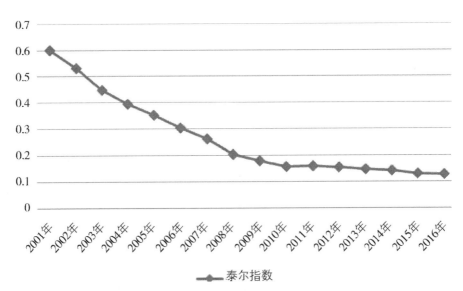

圖 6-1　粵港澳大灣區二〇〇一至二〇一六年人均 GDP 相對差異變動曲線

89.5%，年均復合差異縮小幅度達到 8.31%的水平。

二〇〇九至二〇一六年，區域經濟差異仍逐步縮小，但收縮速度明顯下降。泰爾指數從二〇〇九年的 0.179 逐步下降到 2016 年的 0.129，絕對指數下降了 0.05，占十五年來總經濟差異縮小的 10.5%，年均復合差異縮小幅度僅為 1.26%。

總體來說，在二〇〇一至二〇〇六年間，粵港澳大灣區經濟差異整體快速下降，尤其二〇〇九年前正值國內經濟發展出現一輪高漲期，隨著內地經濟的快速發展，整體區域經濟差異明顯縮小；在二〇〇九年後，隨著全球經濟進入「後危機時代」以及中國經濟逐步邁入「新常態」，區域經濟差異縮小步伐明顯放緩。但在供給側結構性改革的大背景下，在廣州南沙、深圳前海、珠海橫琴自貿區設立的推動下，在粵港澳 CEPA 等一系列區域合作機制持續作用的促進下，本區域內各經濟要素開始有效流動與整合。所以，即使在宏觀經濟增速從「高速」轉入「中高速」的新發展階段下，區域內的整體經濟差異仍保持逐步縮小的發展態勢。

（三）粵港澳大灣區經濟差異地帶間分解

粵港澳大灣區的「9＋2」經濟單元中，包括了不同的經濟體制單元、不同發展程度的經濟單元。為進一步分析區域內地帶間的經濟差異，將十一個市域單元分成一組。其中，考慮到經濟體制，將港澳劃為一組，在內陸九個市域單元中，考慮到廣州、深圳兩城市的經濟總量及事實上的核心地位，將其歸為一組，餘下的七個市域單元分為一組。依照上述公式，基於市域單元對粵港澳大灣區進行泰爾指數分解。

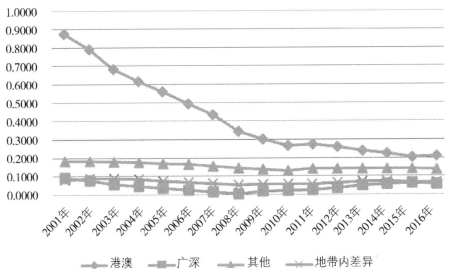

圖 6-2　粵港澳大灣區人均 GDP 差異地帶內分解

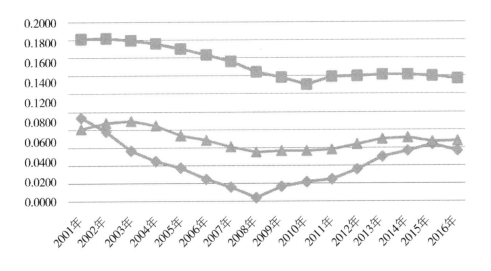

圖 6-3　粵港澳大灣區人均 GDP 差異地帶內分解（排除港澳區域）

從上圖 6-2、圖 6-3 可以看出，粵港澳大灣區內，粵港區域的經濟差異在二〇〇一至二〇一〇年間迅速縮小，在二〇一一年出現微弱擴大趨勢，之後直至當前又呈現逐步縮小的趨勢，但縮小的速度已大幅下降；廣深區域的經濟差異在二〇〇一至二〇〇八年間保持逐步縮小的發展趨勢，二〇〇九年以後兩地的經濟差異有逐步擴大趨勢，直至二〇一六年差異出現微弱減小，整體呈現出「U」型結構；其他區域經濟差異在二〇〇一至二〇一〇年逐步減小，其後在二〇一一至二〇一六年間則呈現基本穩定的狀態。從圖中三個區域的曲線位置來看，港澳區域一直位於廣深和其他區域的上方，說明港澳間的經濟差異還是相對較大。而區域內其他經濟單元的差異值則始終大於廣深經濟差異，說明廣深兩城的發展可謂齊頭並進，並沒有出現較大分化，這也與現實中兩城作為廣東經濟領頭羊的地位相對應。

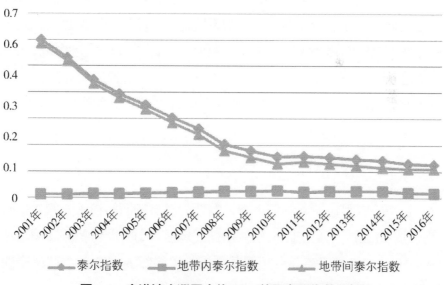

圖 6-4　粵港澳大灣區人均 GDP 差異泰爾指數分解

從圖 6-4 可以看出，泰爾指數在分解為地帶間差異、地帶內差異後，地帶間泰爾指數的變動趨勢與總差異泰爾指數高度相關，並且其數值遠高於地帶內泰爾指數。通過地帶內泰爾指數可看出，地帶內經濟差異呈現出微弱的倒「U」型結構，即出現了先增大後減少的態勢，但總體數值相對較小。粵港澳大灣區十五年來的經濟差異主要由地帶間差異引致，且經濟差異整體呈現逐步縮小的態勢。這說明自本世紀初以來，隨著區域內合作的增強和經濟聯繫的緊密，港澳、廣深和其他區域地帶間的經濟差異正逐漸縮小。

三、粵港澳大灣區經濟空間結構及其演變

在空間集聚力和擴散力的共同作用下，區域之間必然會由於各種相互聯繫、相互作用而形成一定的區域經濟空間格局。正是基於此，區域空間結構的經濟集聚和極化現象形成了對區域經濟空間差異的主要表達。下文以人均 GDP 及人均 GDP 增長率為實證研究指標，對粵港澳大灣區「9+2」城市經濟發展水平的空間格局演變進行分析。

（一）測算指標

從空間聯繫角度衡量粵港澳大灣區的經濟空間結構，一般包括兩個方面的指標：一是空間結構性指標，包括全局空間自相關莫蘭指數（Moran's I）和局部空間自相關莫蘭指數（局部 Mora's I）；二是空間結構演化態勢的指標，包括 Getis-ord 統計值。

1. 莫蘭指數（Moran's I）

Moan's-I 指數一般被用來對全局空間相關性進行檢測，其具體公式表達為：

$$I = \frac{n}{S_0} \cdot \frac{\sum_i^{n_i} \sum_{j=1}^n W_{ij}(x_i - \overline{x})(x_j - \overline{x})}{\sum_i^{n_i}(x_i - \overline{x})^2} \qquad (6.3)$$

其中，x_i 是第 i 個空間單元上的觀測值；w_{ij} 表示空間權重矩陣；S_0 是空間權重矩陣的所有元素之和；$\overline{x} = \frac{1}{n}\sum_{i=1}^n x_i$。$1 \in (-1, 1)$，越接近於 1 說明空間正相關性越大，越接近於-1，說明空間負向相關性越大。

2. 局部莫蘭指數（局部 Moran's I）

$$I_i = \frac{n(x_i - \overline{x})\sum_i w_{ij}(x_j - \overline{x})}{\sum_i(x_i - \overline{x})} = z_i \sum_j w_{ij} z_i \qquad (6.4)$$

上式中，z_i、z_j 為區域 i 和 j 的考察變量的標準化形式，表示各區域考察變量與均值的偏差程度；w_{ij} 為空間權重矩陣；$\sum_i w_{ij} z_j$ 為相鄰區域的考察變量偏差的加權平均值。區域局部空間結構格局根據 I_i 和 z_i 值的大小分為四個區域：高高集聚區域、低低集聚區域、高低集聚區域和低高集聚區域。

（二）粵港澳大灣區經濟發展水平的空間結構演變

為直觀提示粵港澳大灣區市域經濟發展水平的空間格局分布，把「9+2」城市的人均 GDP 與區域平均水平比值（λ）分為四類：λ < 0.75 為落後地區，λ∈ [0.75 , 1] 之間水平為欠發達地區，λ∈ [1, 1.5] 之間為次發達地區，>1.5 為發達地區。並選取二○○四年、二○○八年、二○一二年、二○一六年為研究斷點，來對粵港澳大灣區十餘年來的經濟發展水平時空變化進行分析。

表 6-3｜粵港澳大灣區四個時間斷點年分經濟單元類型分布對應表

區域	2004 年	2008 年	2012 年	2016 年
發達地區	香港、澳門	香港、澳門、深圳	香港、澳門、深圳	香港、澳門、廣州、深圳
次發達地區	廣州、深圳	廣州	廣州	佛山、珠海
欠發達地區	佛山、珠海	東莞、佛山、珠海	佛山、珠海、中山	東莞、中山
落後地區	東莞、中山、江門、惠州、肇慶	中山、江門、惠州、肇慶	東莞、江門、惠州、肇慶	江門、惠州、肇慶

由表 6-3 可以看出：①在四個時間斷點上，粵港澳大灣區內低水平經濟的經濟單元逐漸減少，從早期的五個城市減少到目前的三個城市，但江門、惠州和肇慶在一直在該區域內處於經濟落後的狀態；②經濟發達區域單元逐步增多，除香港、澳門兩地一直處於發達地區外，深圳、廣州通過多年發展也逐步進入發達地區行列；③經濟次發達地區由原來處於欠發達地區的城市成功補位，在深圳、廣州發展進

入發達地區後，原處於欠發達地區的佛山、珠海進入次發達地區行列；④欠發達地區經濟單元出現較大變化，也出現落後地區成功補位的發展局面，即原來欠發達地區的佛山、珠海進入次發達地區後，處於落後地區的東莞、中山進入欠發達地區。這一進程中，值得關注的是東莞在二〇〇八年進入欠發達地區後，受全球經濟大環境的牽累，於二〇一二年退入落後地區，通過新常態下的發展轉型努力，目前再次進入欠發達地區。

從二〇〇〇年以來的相關數據可以看出，發達、欠發達區域逐步擴大，且在空間布局上欠發達地區主要是鄰近發達地區的周邊區域，而次發達、落後地區則主要是鄰近次級發達地區的周邊區域。由此可說明，粵港澳大灣區內確實存在著增長極化現象，核心灣區的輻射擴散效應非常明顯，對其鄰近地區的經濟發展水平產生了積極作用。這有效地促進了區域內經濟的均衡發展，對區域經濟差異縮小、區域經濟一體化都有極大的推動作用。但區域內的落後地區呈現大面積塊狀分布，一方面自身經濟基礎較薄弱，發展動力不足，另一方面缺乏增長極的經濟影響，經濟發展水平仍處於一種低水平的經濟狀態。

（三）粵港澳大灣區經濟空間結構特徵變化

1. 粵港澳大灣區經濟空間結構相關性分析

下文根據二〇〇一至二〇一六年粵港澳大灣區域「9+2」經濟單元的人均 GDP 相關統計指標，根據上述公式計算出各經濟單元的 Global Moran's I 指數值，對粵港澳大灣區域的空間關聯程度和空間結構集聚狀態進行分析。

表 6-4｜粵港澳大灣區二〇〇一至二〇一六年人均 GDP 指數的 Moran's I 估計值

年分	Moran's I	Z 值	P 值
2001 年	0.4007	3.03	0.02
2002 年	0.4353	3.59	0.01
2003 年	0.4645	3.13	0.01
2004 年	0.4789	2.67	0.02
2005 年	0.4684	3.39	0.01
2006 年	0.4583	2.84	0.04
2007 年	0.4451	2.73	0.01
2008 年	0.4156	3.02	0.02
2009 年	0.3837	2.37	0.02
2010 年	0.3582	2.96	0.02
2011 年	0.3083	2.60	0.02
2012 年	0.2769	2.56	0.04
2013 年	0.2430	2.47	0.03
2014 年	0.2526	2.34	0.02
2015 年	0.3462	2.29	0.02
2016 年	0.3692	2.14	0.05

　　從表 6-4 可以看出，粵港澳大灣區的 Moran's I 的 Z 值均通過顯著性檢驗，且 p 值均小於 0.05，說明檢驗結果皆通過了 5%水平的顯著性檢驗，可以顯著拒絕零假設。首先，Moran's I 值在二〇〇一到二〇一六年間全部為正，說明區域內人均 GDP 表現出了集聚特徵，

經濟單元之間存在顯著的空間正相關。這說明粵港澳大灣區內的經濟發展出現了空間集聚現象，區域內經濟發展相對較好的區域周邊仍是經濟較好區域，區域內經濟出現極化現象；同樣，經濟相對落後的經濟單元周邊則往往是經濟落後區域。其次，從 Mora's I 指數的變化趨勢來看，二〇〇一至二〇一六年間，該指數出現了先增大、後減小、再增大的運行態勢。即說明粵港澳大灣區「9+2」經濟單元在空間相關程度經歷了增大、縮小、增大的發展歷程。二〇〇一至二〇〇四年 Moran's I 值出現逐步擴大，區域內經濟空間集聚程度逐步走高，說明核心經濟區域的吸引效應發揮較大作用，這與世紀之初國內經濟發展弱勢、港澳核心區引領開放與經濟發展有莫大聯繫。二〇〇五至二〇一三年間，國內經濟經歷了一輪經濟發展的高脹期，經濟規模大幅提升、發展結構大幅優化、發展質量較大提升、空間差異大幅縮小，所以 Moran's I 值出現連續九年的下降。此階段，核心經濟區域的輻射效應發揮較大作用，區域內空間集聚程度不斷縮小。二〇一四至二〇一六年，在「後危機」影響與「新常態」指引下，經濟發展絕對速度較大下降，雖經濟結構逐步優化，但優化效應正經歷滯後釋放，同時優勢區域再次顯示相對優勢，吸引效應再次強勢，使得區域內空間聚集程度有所提升。至二〇一六年的全局 Moran's I 仍高達 0.3692，說明雖然區域間空間相關性減少，但區域內的空間自相關程度仍然較高，粵港澳大灣區域的空間「俱樂部」仍然存在，極化地區與非極化地區的經濟差異仍然較大。

　　空間分析方法考慮了地理位置對區域經濟增長的影響，而代表相對差異指數的泰爾指數則沒有考慮地理位置的影響因素，通過對比粵港澳「9+2」經濟單元的泰爾指數和全局 Moran's I 值，可以發現兩者

在二〇〇一至二〇一三年間的變化趨勢存在著較大不同。雖然區域內經濟差異基本呈現逐步下降的趨勢，但從 Moran's I 值來看，二〇〇四至二〇一三年間莫蘭指數值與泰爾指數保持正相關（同步下降），而二〇〇一至二〇〇三年、二〇一四至二〇一五年莫蘭指數值與泰爾指數出現負相關（莫蘭指數昇泰爾指數降）。二〇〇三年之後，莫蘭指數就一直高於泰爾指數值，說明空間因素對經濟差異的影響顯著提升，在考慮空間地理位置後，經濟差異並沒有如泰爾指數表達的那樣小。這說明區域內部的增長極發揮了其擴散作用，但極化現象、空間「俱樂部」同樣存在。這充分反映出在粵港澳大灣區內，經過十餘年的發展，經濟聯繫的加強及交通運輸網絡的構建，使勞動力、資金、技術和信息等要素在區域內增長極地區與周圍地區之間進行了空間轉移，促進了低水平經濟地區經濟逐漸發展，使得「9+2」經濟單元的經濟差異處於縮小趨勢。

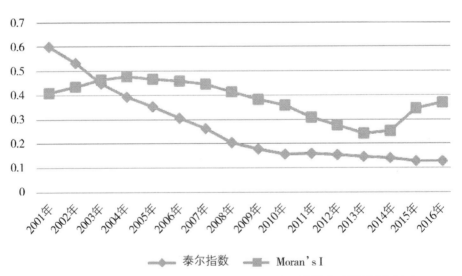

圖 6-5　粵港澳大灣區經濟人均 GDP Moran's I 值與泰爾指數對比圖

2. 粵港澳大灣區經濟空間集聚形態

全局莫蘭指數以整體視角來對總體相關性進行統計檢驗，其目標是說明區域內某經濟單元與鄰近周邊區域空間差異的平均程度，其假定區域是同質的，並不能分析出該地區與周邊地區空間差異變化的具體情況，難以表徵整體內各地區的空間聚集特徵。因此需引入局部莫蘭指數對各經濟單元的空間聚集特徵進行研究。

二〇〇四年、二〇〇八年、二〇一二年和二〇一六年四個時間斷點上的 Local Moran's I 值分別為 0.4789、0.4156、0.2769、0.3692,可以看出，粵港澳大灣區內具有 H-H 集聚現象，即二〇〇一至二〇一三年，香港地區一直是該區域的 H-H 集聚區。但遺憾的是，H-H 集聚區並沒有出現擴大的態勢，這實際反映出香港在大灣區內的單極化狀態，以及與其他經濟單元之間較大差距的現狀。從四個時間斷點上的 Local Moan's I 可以看出，二〇一二年該指數不斷下降，顯示出香港對其他經濟單元的經濟擴散效應較為顯著，有效地縮小了其與其他經濟單元的經濟差異，而二〇一六年 Local Moan's I 再次逐步提升至 0.3692，說明高聚集區的經濟擴散效應出現減弱，對周邊區域的經濟帶動效應下降。另外從相關莫蘭散點圖來看，整個粵港澳大灣區內出現空間二元結構，低經濟水平的「落後」俱樂部成員數據遠大於經濟「發達」俱樂部成員；由於區域內低經濟水平的區域和高經濟水平的區域之間的經濟差異較大，使得粵港澳大灣區域內部整體的經濟差異仍然較大。

四、粵港澳大灣區經濟時空差異影響因素的實證分析

前文已對粵港澳大灣區各區域之間的經濟差異及其空間結構的集聚狀態進行暸解析，但造成這種時空差異的影響因素有哪些，各要素在時空差異形成過程中的作用大小如何，需通過實證檢驗進一步解析。一般來講，形成區域經濟時空差異的影響要素包括自然稟賦、資本勞動、產業結構、交通運輸條件及區域政策等。下文運用空間計量實證方法對粵港澳大灣區域的經濟收斂性和影響因素行實證檢驗。

（一）空間回歸理論模型與變量選擇

1. 空間回歸理論模型

隨著空間經濟學的發展，空間計量經濟模型的發展可謂日新月異。在常態回歸模型基礎上納入單一空間要素，形成對區域經濟時空差異研究較多使用的兩個基本模型，包括空間滯後模型（SLM）與空間誤差模型（SEM）。對於這兩種模型的具體取捨，可參考具體檢驗結果進行甄選。

（1）空間滯後模型

空間滯後模型（SLM）多用來對區域經濟單元是否出現溢出（擴散）效應進行檢驗，其模型可描述如下：

$$Y = p\mathbf{W}_y + X\beta + \varepsilon \qquad (6.5)$$

其中，Y 為因變量；X 為 $n\times k$ 的外生解釋變量矩陣；p 為空間回歸系數；W 為 $n\times n$ 階的空間權值矩陣，一般選擇用鄰接矩陣；W_y 為空間滯後因變量；ε 為隨機誤差項；參數 β 反映了自變量 X 對因變量 y 的影響。

（2）空間誤差模型

空間誤差模型（SEM）可由如下公式表示：

$$y = \beta X + \varepsilon \tag{6.6}$$
$$\varepsilon = \lambda W_\varepsilon + \mu \tag{6.6}$$

其中，λ 為 $n\times l$ 的截面因變量向量的空間誤差係數，μ 為正態分布的隨機誤差向量。參數 λ 衡量樣本觀察值中的空間依賴效應，即相鄰區域的觀測量 y 對本區域觀測值的影響方向和程度。SEM 對空間依賴作用存在於擾動誤差項之中，度量了鄰近區域關於因變量的誤差對本地區觀測值的影響程度，由於 SEM 模型與實踐序列中的序列相關問題類似，也被稱為空間自相關模型。

（3）空間計量經濟模型的估計及選擇

在對模型的估計中，一般人們常使用最小二乘法（OLS）來對實證加以實現。但最小二乘法的缺陷是會出現係數估計值有偏或無效的情景，因此利用其他方法加以替代或改進就成為可考慮的研究路徑。一般可選擇使用極大似然法來對空間滯後模型（SLM）和空間誤差模型（SEM）的參數進行估計。而在進一步具體使用 SLM 或 SEM 的選擇中，需通過對兩個拉格朗日乘子進行 LMERR、LMLAG 檢驗及穩

健的 LMERR、LMLAG 檢驗來判別。盧克·安索林和雷蒙德·弗洛雷斯（1995）給出了一般的判決標準：如果 LMLAG 相比 LMERR 在統計上更加顯著，並且 R-LMLAG 顯著而 R-LMERR 並不顯著，則選擇空間滯後模型進行擬合；如果 LMERR 相比 LMLAG 在統計上顯著，R-LMERR 顯著而 R-LMLAG 不顯著，則放棄對空間滯後模型的選用應更為恰當。如果出現兩者從統計意義上都不顯著的情形，則回退到使用 OLS 進行分析檢驗，實際上以後出現的空間杜賓模型正是這種方法修正發展的結果。

2. 變量選擇

（1）資本和勞動要素

在經典經濟增長理論中，經濟發展主要由資本和勞動兩種要素推動，雖然經濟發展理論層疊更新、不斷完善，但這兩種要素在經濟發展中的基本作用始終被一致認同。從較寬泛的角度看，資本可包括人力資本和物質資本兩個方面，但需要加以明確的是，這兩種資本在經濟發展的不同階段，其作用與重要性程度是不同的。當經濟處於發展初期，經濟增長主要由物質資本的投入多少來決定，整體經濟更多表現出的是粗放型、規模型的發展情境；隨著經濟發展進入成熟階段，物質資本投入不再成為經濟發展的唯一決定要素，而以科技進步和區域創新為表現形式的人力資本替代物質資本投入成為經濟增長的重要動力來源。量化分析中，常用各經濟單元的人均固定資產投資額表示資本要素，以年末從業人員數表示勞動力要素，分別用 X_1 和 X_2 來表示。

（2）產業結構要素

產業結構差異也是造成區域經濟差異的主要原因，以粵港澳大灣區各經濟單元中，其各自的第二產業和第三產業增加值與 GDP 總量的占比來對產業結構要素進行表示。第二產業用 X_3 表示，第三產業用來 X_4 表示。

（3）對外開放程度

考慮到大灣區作為處於我國最早開放的核心區域，開放發展正是這個區域經濟得以騰飛的關鍵因素，所以將對外開放程度這一影響因子引入空間模型就成為必然選擇。具體量化分析中，以區域內各經濟單元的進出口總額與其當期的 GDP 占比作為對外開放程度的代理變量，用 X_5 表示。

（4）城鎮化水平

雖然在大灣區內，香港、澳門已經完全城鎮化，深圳也事實上城鎮化，但考慮如肇慶、江門、惠州等經濟落後地區，此指標的引入還是具有現實意義的。具體以各經濟單元的城鎮人口總數／常住人口數進行表示，用 X_6 表示。

（5）交通因素

交通運輸是經濟發展的重要基本要素，是加強區域間要素流動、強化區域聯繫、減小區域差異、實現區域經濟一體化的重要抓手。隨著交通網絡的逐步構建，區域內經濟差異將逐漸縮小，區域經濟一體

化協同水平將有實質性改善。具體數據上以各經濟單元公路里程數／每百平方公里面積（即公路密度）進行表達，用 X_7 表示。

（6）居民生活

居民生活水平是區域經濟發展的成果體現，同時也為該區域經濟發展提供支持和拉動能力。因此區域內居民生活水平會對區域經濟差異形成直接和間接影響，需考慮引入空間回歸模型。量化分析中，以轄區居民可支配收入作為代理變量進行衡量，用 X_8 表示。

數據來源為《廣東省統計年鑑（2001-2016）》、中經網數據庫、《香港統計年鑑》以及一些公開數據報導。

（二）空間回歸模型選擇與估計

根據相關文獻，模型初步設定如下式：

$$\ln Y = \beta_0 + \beta_1 \ln X_1 + \beta_2 \ln X_2 + \beta_3 X_3 + \beta_4 X_4 + \beta_5 X_5 + \beta_6 \ln X_6 + \beta_7 \ln X_7 + \beta_8 \ln X_8 + \mu$$

$$（6.7）$$

其中，Y 為被解釋變量，選擇人均 GDP 作為代理變量，來對各經濟單元的經濟增長水平差異進行表達。β_0 為常數截距項，β_1，$\cdots$，β_7 為變量系數；X_1，$\cdots$，X_8 作為解釋變量，其含義分別如上所述。

利用 GEODA 軟件將二〇一六年人均 GDP 選入因變量，以人均固定資產投資額、年末從業人員數對數值、第二產業占比、第三產業占比、外貿依存度、城鎮化水平和公路密度等變量組成自變量，並且

加載地理權重矩陣（本文選擇一階 Rook 地理權重矩陣），即主要考慮地緣邊界的相鄰性來構建空間回歸模型。在進行空間回歸前，需先以普通最小二乘法（OLS）進行一般性回歸檢驗，將模型中不顯著變量 X_1、X_6 進行剔除，形成新模型如下：

$$\ln Y = \beta_0 + \beta_1 \ln X_2 + \beta_2 X_3 + \beta_3 X_4 + \beta_4 X_5 + \beta_5 \ln X_7 + \beta_6 \ln X_8 + \mu \quad (6.8)$$

其最小二乘的結果如下：

表 6-5｜市域經濟增長集聚與差異因素的 OLS 估計（2016 年）

模型	係數	T 統計量	a 值
CONSTANT	1.52043	0.811289	0.46271
$\ln X_2$	1.15216	3.89675	0.01759
X_3	2.75235	1.87674	0.13379
X_4	2.26449	1.23916	0.28303
X_5	-0.335769	-3.57068	0.02336
$\ln X_7$	-0.323966	-2.73857	0.05198
$\ln X_8$	0.874644	3.33342	0.02901
R^2	0.985889		
F	46.5785		0.00117233
誤差正態性檢驗	自由度 DF	統計值	P
Jarque-Bera	2	0.4453	0.80033
異方差檢驗	自由度 DF	統計值	P
Breesch-Pagan	6	3.0986	0.79637

模型	係數	T統計量	a值
Koeeker-Bassett	6	2.9707	0.81252
LogL	12.6532		
AIC	-11.3064		
SC	-8.52116		

由表 6-5 檢驗結果可以看出：通過最小二乘法估計的擬合優度達到 0.985889，說明所構建的模型在整體上是顯著的。區域經濟城市經濟增長的最小二乘法估計誤差的正態性檢驗表明，Jarque-Bera 在 10% 顯著性水平下不能通過檢驗，說明擬合估計中的隨機向量是不服從正態分布的。B-B 統計量和 K-B 統計量也都沒能通過 10% 顯著性水平的檢驗，說明所構建的回歸模型存在異方差問題。異方差的存在，說明在最小二乘估計中的隨機誤差因子可能存在空間自相關問題，那麼僅沿用簡單經典線性回歸模型已經不能解釋模型設計的有偏問題，所以考慮將空間位置因素納入回歸模型。

在加載空間權重矩陣後，得出 OLS 回歸的空間依賴性診斷結果（表 6-6）。可見由上述拉格朗日乘數檢驗可看出，LMLAG 相對於 LMERR 在統計上更為顯著，而模型且穩健的 R-BMLAG 較 R-BMERR 也更為顯著。因此應該選擇空間滯後更為契合。

表 6-6│空間依賴性診斷檢驗結果

檢驗統計量	MI/DF	統計值	P 值
拉格朗日乘子（滯後模型）	1	3.2442	0.07168
穩健拉格朗日乘子（滯後模型）	1	4.9376	0.02628
拉格朗日乘子（誤差模型）	1	0.2668	0.60549
穩健拉格朗日乘子（誤差模型）	1	1.9602	0.16149
拉格朗日乘子（薩爾瑪法）	2	5.2044	0.07411

　　加載空間權重矩陣後，使用空間滯後模型再次對公式 6.8 進行回歸，得到如下（表 6-7）的檢驗結果。可以發現考慮了空間相關性的空間滯後模型的滯後項在 1% 的水平上高度顯著，其餘各變量係數都在 1% 的水平上十分顯著，並且擬合優度有所提高，對數似然函數值 LogL 有所增大。同時赤池信息準則 AIC 和施瓦茨準則 SC 都有所降低，綜合來看，空間滯後模型的擬合效果較好。

表 6-7│區域經濟集聚與差異因素的 SLM 估計

模型	係數	Z 統計量	P 值
Lny（-1）	0.301694	2.6346	0.00842
CONSTANT	-1.721	-1.15241	0.24915
$1nX_2$	1.22819	8.43207	0.00000
X_3	4.44043	3.46874	0.00052
X_4	3.71223	3.46874	0.00052
X_5	-0.422706	-7.89057	0.00000

模型	係數	Z 統計量	P 值
$\ln X_7$	0.356746	-6.14499	0.00000
$\ln X_8$	0.725684	5.08503	0.00000
R^2	0.990965		
異方差檢驗	自由度 DF	統計值	P
Breusch-Pagan	6	7.2159	0.30134
空間依賴性檢驗	統計值	P	
LgL	14.9215		
AI/	-13.8431		
SC	-10.6599		
LR	4.5366	0.03318	

（三）實證結果分析

通過空間滯後模型的回歸分析，可得到如下的回歸方程：

$$\ln Y = 0.301694 \ln y\,(-1) - 1.721 + 1.22819 \ln X_2 + 4.44043 X_3 + 3.71223 X_4 - 0.422706 X_5 + 0.356741 \ln X_7 + 0.725684 \ln X_8 + \mu$$

可以發現，基於一階 ROOK 空間權重矩陣的空間滯後回歸係數為 0.301694，顯著性水平達到 1%。這表明在粵港澳大灣區的經濟增長進程中，鄰近區域的滯後衝擊效應非常顯著，即某一區域的經濟增長變化與周邊區域之間存在一種正向互動關係，整體經濟增長在區域內表現出不斷聚集的狀態。

（1）在空間滯後模型中，勞動力於經濟增長水平的回歸係數為1.22819，且通過1%的顯著性水平檢驗，說明勞動力數量對大灣區經濟的增長仍有較大的促進作用。這與大灣區區域內（除香港、澳門）仍有大量人口流入有較大關係。珠三角區域作為中國經濟發展的核心區域之一，尤其是廣深一線城市，對外來勞動力仍然有巨大的吸引力，導致就業人數不斷增加。由於珠三角區域的產業結構相對勞動力來源地而言普遍較高，隨著勞動力的增加，其勞動效率有明顯提升，進而促進了經濟發展。同時，在中國經濟進入「新常態」後，大灣區內「1+2」城市出台了各項產業升級舉措，意圖改變經濟增長過多地依賴於勞動力投入的結構局面，但政策發揮實效仍需時間。所以，勞動力數量的增加仍是影響區域經濟增長的有效因素之一。

（2）產業結構對區域經濟增長的回歸係數皆為正值，即第二產業占比和第三產業占比在空間滯後回歸方程中的影響係數分別為4.44043和3.71223，且均在1%水平上顯著。這說明工業化、三產化都有效地促進了區域經濟增長，產業結構優化成為區域經濟增長的主要路徑，這也為區域政府紛紛提出產業升級、騰籠換鳥、優化布局、調整經濟結構的區域產業政策給予了實證支持。事實上，截止二〇一六年，大灣區區域內核心城市港澳、廣州、深圳的第二、第三產業占比已經普遍達到或超過11%的水平。但從第二、第三產業各自對區域經濟增長的影響來看，工業化相對於三產化似乎是一個更加有效的調整取向。這似乎與一般要求提升第三產業占比的政策取向有不同。形成這種局面的原因在於區域內三產化率存在巨大差異，如港澳三產化率達90%以上，廣深三產化率超過60%以上，但「9+2」其他區域的三產化率多在50%以上。這與珠三角作為中國傳統製造業基地仍

存在莫大聯繫。

（3）外貿依存度對經濟增長影響的係數為負數，且通過 1%水平下的顯著性檢驗。這說明大灣區區域內經濟增長並不依賴於對外貿易的發展，這一實證結果與直覺理解相悖。造成這一數據結果的原因在於區域內核心城市的外貿依存度普遍較高，與灣區其他城市的外貿依存度存在較大差異。具體來講，作為中國改革開放的先行區域，外貿依存度高與該區域發展初期即是通過大力發展外向型經濟的政策取向直接關聯。經濟經過多年發展，區域內經濟單元的外貿依存度絕對水平已然處於高位。當然，對外依存度在區域內部差異上也十分之大，典型如「製造之都」的東莞的外貿依存度達到 167%，而經濟相對落後區域如肇慶，該指標僅為 22%。同時，在推動中國經濟增長的「三駕馬車」中，進出口、投資對經濟的作用已逐步退居次席，內需消費已成為中國經濟增長的主要因素。在這一進程中，尤其是在遭受 2008 年次貸危機影響後，原外貿依存度較高的區域出現經濟增長相對放緩的局面是可以理解的，所以導致了回歸係數為負的實證結果。

（4）交通運輸與區域經濟增長的影響係數為正，且通過 1%水平下的顯著性檢驗。交通運輸的發展對區域經濟的協調化起著重要作用，可有效地影響區域間經濟差異，促進區域協同一體化進程。從區位角度來看，交通運輸不僅促進了地區經濟和社會的發展，也為欠發達地區的經濟發展提供了機遇，在理論上契合佩魯的增長極理論：區域經濟發展是一個不均衡的發展歷程，經濟水平有高有低，經濟發展有先有後。先發展地區由於所在區域各要素成本抬升，進而產生經濟擴散的內在要求，致使擴散效應出現，而在這一擴散過程中，交通運

輸是一個重要的影響因子。原因在於交通運輸的發展可有效地促使勞動力、物資、資本和信息等生產要素在區域內流動，尤其是促使這些要素向經濟欠發達地區轉移，這樣就促使相對落後地區的經濟得以發展，最終達到區域經濟協調發展的目標。

（5）居民生活與區域經濟增長的影響係數為 0.725684，同樣通過 1%水平下的顯著性檢驗。消費正成為拉動經濟增長的主要動力，而消費增長則建立在居民收入水平增長的基礎之上。尤其在大灣區內普遍存在住房、教育、醫療強度更高的剛性支出環境下，居民生活水平提升將直接通過影響消費支出而導致經濟發展出現顯著變化。

五、粵港澳大灣區經濟空間結構優化

區域經濟發展目標不僅有一般性指向的資源最優合理配置，而且還包括更具象的減少區域間經濟發展差異的指向。隨著粵港澳大灣區正式上升為國家戰略，「+2」之間的區域經濟合作將上升為新的發展階段。因此，為加強粵港澳大灣區內的經濟合作與協同，提升區域內經濟總體水平，縮小區域經濟差異，促進區域一體化進程，從經濟空間結構優化的視角下，可從以下幾個方面加以審視。

（一）突破行政區劃障礙，強化區域合作發展

行政區劃是我國進行地區劃分的形式，通過行政邊界的劃分，會形成不同行政區域，執行不同的管理辦法，甚至滲透著不同的管理思

維方式。從經濟層面來講，就形成了很高的正式和非正式制度成本，從而在很大程度上阻礙著區域經濟合作發展，平時俗稱的「地方保護、地方主義」就出現了。在粵港澳大灣區內，這種行政區劃更為複雜，不僅在「9+2」城之間存在不同行政區劃，而且還有香港、澳門兩個特別行政區的不同社會制度、法律制度甚至文化差異。在現行的行政體制下，地方行政主體仍會以地方利益和政績為導向，以行政區為依託，建立貿易壁壘，阻礙市場上資源和要素的流動。這種行政模型會使區域內經濟空間的擴展形成較大障礙，影響「增長極」市域的輻射效應的作用發揮，在帶來政府行政成本和企業成本的上升之際，最終讓區域經濟合作形成負面效應。而且在港澳加入大灣區後，這種傾向甚至更為嚴重。由於不同社會經濟制度、文化衝突的影響，港澳區如何打開「隔閡」，從人才流動、物流、資金流和信息流等方面主動融入區域發展，將成為區域經濟協同發展的重大癥結之所在。簡略地講，行政區劃突破一方面包括內地九城之間的行政壁壘如何突破，另一方面則是港澳與內地九城之間的行政阻隔如何化解。上升為國家戰略的粵港澳大灣區發展規劃正抓緊編制與推動實施，將不同社會制度、法律環境、經濟發展水平的主體蘊含於一個區位之內進行考慮，把外部性進行有效內化，將為區域經濟合作提供有力的制度保證。

（二）發揮增長極擴散效應，強化核心城市輻射作用

通過對粵港澳大灣區內各區域空間格局的變化的分析，可以看到區域內經濟差異已有了大幅縮小，但港澳在區域內的增長極的格局依然保持著。從整個區域來看，廣州、深圳還有一定的發展空間，仍然

沒有進入到增長極的發展階段。但從內地九城來看，廣州、深圳作為增長極的作用已經開始發揮，尤其隨著港澳經濟發展的逐步放緩，這種發展趨勢會更為強化。考慮到區域內已經實施的前海、南沙、橫琴特區的出現，從空間角度看，港澳的經濟發展重心將會向內地進行傾斜，所以廣州、深圳進入增長極序列、發揮擴散輻射效應、促進區域差異縮小的作用會加快實現。因此，一方面內地九城應進一步加區域聚集，充分發揮此增長極的輻射擴散功能，促進邊緣區域的共同發展，防止區域內的差異進一步擴大，另一方面，要積極發揮粵港澳大灣區內核心城市的帶動作用。區域內的核心城市主要分為三個層次：第一核心城市，即香港、澳門這樣具有國際影響力的城市；第二核心城市為廣州、深圳，作為內地區域的行政中心，應該與省內其他城市加強聯繫、互通發展；第三是一些經濟基礎相對較好，經濟發展水平相對較高的其他區域，如珠海、佛山、東莞等。

在未來的發展中，粵港澳區域應該強化港澳一線增長極的輻射效應，強化港澳對內陸區的輻射作用；重點建設二級增長極廣州、深圳，使之成為區域經濟新的增長極，不斷擴大核心空間，使區域從極核發展非均衡階段向擴散發展非均衡階段邁進，並最終達到多核心均衡階段。同時，在此進程中應注重發揮廣深在港澳與其他區域經濟單元之間的中介作用、承啟作用，推動港澳一些合作直接與其他區域對接，從而力促區域內經濟差異縮小，強化區域內協同發展。

（三）優化產業結構，加快共同市場體系的建設和完善

在產業結構優化方面，各個區域單元面臨的發展取向也不盡相

同。第一，香港和澳門應發揮其產業結構優化度較高、資本實力雄厚、管理經驗成熟和接軌世界市場等優勢，加強同內陸區域的合作，拓寬內地市場，引領和推動大灣區的產業合作發展。其次，深圳和廣州應積極發展技術密集型產業，並通過產業升級，將低附加值的勞動密集型和資源型產業向周邊區域轉移。大灣區內其他經濟單元發揮自身資源優勢，積極承接廣深勞動密集型產業的轉移，並同時提高自身的科技水平，促進本地區的產業化水平的提高。另外，粵港澳大灣區內應打破市場障礙，完善共同市場制度環境，統籌區域市場體系的布局和建設，發揮各地優勢，實現區域內要素流動，加速構建泛珠區域市場網絡體系。

（四）繼續推進交通網絡建設

交通是區域經濟聯繫的紐帶，是區域經濟發展的基礎條件，而區域空間內不同層次空間的分工和聯繫也主要依賴於由核心區向邊緣區的輻射通道，交通基礎設施的完善是區域內輻射通道的基礎。不合理的交通布局可能會導致建設重複過剩、抑制地區經濟的增長，而經過區域整合，粵港澳大灣區統一合理規劃的交通布局則會避免重複建設，消除區域差異，促進區域一體化發展。根據目前「9+2」經濟單元的經濟發展狀況，本書認為軸帶發展模式（或軸扇發展模式）仍是應堅持的主要發展思路，通過強化港澳深、港澳珠、深廣等主軸線的走廊效應，帶動多條輔軸及增長軸的建設，以獲得區域經濟發展的快速提升。在輔軸選擇上應堅持「依附軸線，強化中心」的戰略，選擇佛山、東莞、中山等城市作為進一步發展目標。

第七章

將粵港澳大灣區經濟打造
成為中國經濟增長極

「增長極」這一概念最早由法國經濟學家弗朗索瓦・佩魯提出，他認為經濟增長速度在不同的地區、行業或部門具有不平衡性，經濟增長先出現在創新行業，這些行業集聚在空間的某些點上，形成了增長中心或增長極。增長極是圍繞推進性的主導工業部門而組織的有活力、高度聯合的一組產業，它不僅能迅速增長，而且能通過乘數效應推動其他部門的增長。當增長極產出增加時，能夠帶動其他產業產出或投入的增長，形成極強的連鎖效應和推動效應，最終形成「產業群」。

粵港澳大灣區經濟帶將會成為我國最具增長潛力的發展區域，同時也會成為我國經濟的增長極，對全國經濟起著推動作用。

一、增長極形成機制

（一）增長極的概念與內涵

「增長極」這一概念最早由法國經濟學家弗朗索瓦・佩魯提出，他認為經濟增長速度在不同的地區、行業或部門具有不平衡性，經濟增長先出現在創新行業，這些行業集聚在空間的某些點上，形成了增長中心或增長極。增長極是圍繞推進性的主導工業部門而組織的有活力、高度聯合的一組產業，它不僅能迅速增長，而且能通過乘數效應推動其他部門的增長。當增長極產出增加時，能夠帶動其他產業產出或投入的增長，形成極強的連鎖效應和推動效應，最終形成「產業群」。

「增長極」概念在經濟研究和應用中不斷得到修正與完善，包含了經濟空間和地理空間的雙重意義：從經濟空間來看，增長極是指區域內的龍頭企業或主導產業。龍頭企業是指在某一產業部門中具備很強影響力的單一企業或若干核心企業共同組成的聯合體。主導產業是在某地區內具有較強帶動作用的產業。其上下游產業的企業多，對該產業的產品需求量大，市場前景廣闊，具備帶動相關產業發展的能力。從地理空間來看，增長極是指某區域內的核心城市群，在這些城市內部產業形成集聚效應，形成龍頭企業和主導產業，從而帶動區域

經濟快速長。在某種程度上，增長極也可以看作地理區域上經濟發達並具有經濟拉動能力的城市群。區域經濟發展先由某單一城市作為區域中心，經濟快速發展，其影響力逐步擴大，成為區域內的核心城市，並主導產業帶動作用，產業擴散到周邊城市，最終形成相互促進、相互輔助，並且相互制約的城市群。

（二）區域增長極發展動力系統

區域增長極是市場與政府兩種機制共同作用的結果，也是多重因素互相促進、共同制約的結果，有利因素推動區域經濟快速增長，而不利因素制約著區域經濟增長。當區域內關鍵性的有利因素促進作用大於不利因素影響時，增長極則逐步在該區域內形成。這些促成增長極形成的關鍵因素構成了區域增長極發展動力系統，這些關鍵因素之間也相互促進、相互制約。創新能力、產業升級、市場機制健全程度和政府政策通常是增長極形成的最主要的動力。

1. 創新能力

創新是增長極產生和發展的源泉，熊彼特認為創新有五種形式：新產品、新工藝、新市場、新材料、新組織形式。創新意味著新的生產函數建立，它是生產要素重新組合和生產條件重新組合。創新需要承擔較高風險，包括高昂的成本和失敗的可能性。而企業家精神是創新的重要動力。企業家勇於創新、敢於挑戰的精神是創新活動不斷進行的基礎，當外部環境適合企業家發揮其創新精神時，整個經濟容易形成創新氛圍。但並不是每個行業的創新都能促成增長極的形成，創新需要與主導產業相結合，才能成為地區經濟增長的引擎。主導產業

創新不僅能夠推動產業本身的發展，而且具有較強的外向擴散能力，帶動上下游產業發展，從而拉動整個區域的經濟發展，形成區域經濟增長極。主導產業中的企業依託於長期的技術和經驗的積累，通過創新提升效率、降低成本，或提升產品品質，增強企業自身的競爭力，從而占有更高的市場份額，獲取更高收益。而收益增長又增強了企業的抗風險能力，企業創新的意願和能力不斷提升，為保持企業的競爭優勢，創新活動將持續進行，從而推動增長極持續發展。主導產業外溢效應拉動上下游產業發展，當主導產業的技術革新發生後，上游產業的企業為了獲得訂單，下游產業為了提升競爭力，均會根據主導產業創新技術水平，進行與其相匹配的創新，從而推動整個產業鏈發展，這種協同創新機製成為區域增長極發展的重要動力。綜上所述，創新與主導產業的結合成為增長極形成與發展最根本的動力。

2. 產業升級

產業升級在增長極的動力系統中起著紐帶作用。產業升級實質是產業進一步分工，產業分工的加深使得產業更專注於在某個細分領域進行創新，新產品、新服務被推向市場。從微觀角度看，需求的拉動效應可以帶動企業自主創新。產業升級能夠促使企業生產更好的創新產品，進而推動市場規模的擴張和細分，更多的企業進入市場，加劇競爭，促使企業不斷進行技術創新以降低生產成本、提高產品質量，進而搶占市場。從中觀角度看，產業協同效應帶動了產業層面的自主創新。某個產業升級後生產技術和工藝得以提升，對於原材料以及其他配套設施的要求也會越來越高，這就對上下游產業的技術、工藝等有更高的要求，上下游產業為了生存的需要，也會不斷進行創新，以達到推進型產業的發展需求。

3. 完善的市場機制

完善的市場機制使得市場內的主體可以根據自身的利益做出最優的選擇。在完善的市場中，企業與家庭能準確衡量自身的成本與收益，做出最優決策。企業追求利潤最大化，消費者追求效用最大化。在利益的驅動下，企業有動力改進和提升技術水平，以降低成本，提升產品品質，更好地迎合消費者的需求，擴大市場份額，實現規模經濟增加收入，進而推動產業在區域內的集聚，從而拉動區域內經濟增長。作為產品需求方的家庭能根據自身需求，自主選擇最好的產品，從而推動市場中的企業實現優勝劣汰。而作為生產要素需求方的企業為了提升競爭力，需要爭取更多優質資源的支持，它們願意為優質生產要素支付更多的報酬。作為生產要素提供方的家庭，高素質的勞動力更傾向於選擇經濟發達地區，因為這裡有更多的工作機會、更高的勞動報酬。因此高淨值家庭更願意投資經濟發達地區，因為這裡有更多的穩定投資機會，能獲得更高報酬率。同時，經濟發達地區良好的基礎設施和文化氛圍吸引了更多追求高質量生活的高淨值和高素質家庭聚集於該區域。這些家庭給該地區所帶來的資源以及高效率的勞動，反過來又能推動當地的經濟增長。完善的市場機制能推動生產要素實現最優配置，為增長極的形成提供正向循環發展的動力。不難看出，健全的市場是增長得以形成和發展的重要前提。

4. 政府政策

政府政策是增長極形成和發展的另一個重要動力。良好的政府政策制度為增長極提供了健康的外部環境，有效的政策能降低經濟活動的交易費用，從而幫助區域企業節約成本，提升區域內企業的競爭

力。譬如一個高效廉潔的政府能為企業提供更優質的行政服務，從而減少企業在行政審批環節所產生的成本，提升企業運營效率。同時在市場機制不能有效發揮作用時，需要政府調節和改善市場失靈的情況。充分有效的信息和要素自由流動是完善市場的兩個標準，政府可以從這兩方面改進市場。一般說來，增長極在形成之初是需要政府政策支持的，需要適宜其發展的外部制度環境。在發展之初，增長極會受到舊制度制約，需要建立起新的、更有效的制度規範其發展，如網絡支付等新技術產生之初，面臨著諸多舊金融制度的限制與制約，同時其自身發展過程中又有許多不規範的地方，這時需要政府及時更新相關制度，安排指導其健康發展。有效的政府政策能引導市場發展，促進企業創新產品有序發展，消費者理性消費與投資，推動規模經濟形成，實現產業高效聚集，最終促使新的增長極形成。

二、世界經濟增長極培育與發展經驗

（一）科技創新增長極——硅谷

1. 硅谷命名的由來

科學園區」是當代科技創新型經濟增長極，典型代表有位於美國加利福尼亞州北部、舊金山灣區南部的美國硅谷。這裡擁有一流的研究型大學和科研機構，它們為當地高新技術企業發展提供科技人才和前沿技術。高新技術企業集聚產生外溢效應，促成企業間的協同創

新，實現產學研緊密結合，成為全球技術創新的強大引擎。一九七一年一月十一日《每週商業報》電子新聞出現了以「硅谷」為題的一系列文章，之所以稱作「硅谷」，是因為當地的半導體及電腦企業的產品多數是由高純度的硅製造的，而「谷」則是由聖塔克拉拉谷而來的。當時的硅谷就是從舊金山灣南端沿著一〇一公路，從門羅公園、帕拉托經山景城、桑尼維爾到硅谷的中心聖塔克拉拉，再經坎貝爾直達聖何塞的這條狹長地帶。

2. 硅谷的發展

軍事訂單對早期的硅谷發展作用很大。最初美國海軍的一個工作站點設立於硅谷，包括一個海軍的飛行研究基地，後來圍繞著海軍的研究基地，許多科技公司建立起來。美軍由於第二次世界大戰和朝鮮戰爭，對於軍事尖端技術產生了大量需求，硅谷企業自然成為這些軍工訂單的接單者。在產品的創新能力上，硅谷企業能達到軍方滿意的要求。軍工訂單的定價一般採用成本加成的定價模式，成本對企業的約束力相對於民營企業較小，使軍工企業有動力去研發先進但成本相對昂貴的軍工技術。與此同時，硅谷企業能從聯邦資金得到研發補貼，使得硅谷企業的領先優勢更為顯著。

在一九六〇年初，因為美國國防部支出減少，當地軍工企業的發展缺少了國家軍工需求的扶持，造成硅谷出現了短暫的衰退。軍工企業需要尋找新客戶，軍事技術應用於民用方向成為軍工企業發展的新方向，以半導體為主導的產業快速發展，並形成產業集群優勢。而其後半導體、個人電腦、互聯網及綠色科技等革命性技術和新興產業交

替發展，成為全球重要且持續的創新發源地。二十世紀七〇年代，由於微型機發明帶動半導體製造業飛速發展。每隔兩週一家新公司在硅谷誕生，並且多數公司表現出頑強的生命力，75%在六年以上，其存活率遠高於美國公司的平均壽命，也使得硅谷成為美國收入最高的地區之一。二十世紀八〇年代，個人電腦的發明推動了硅谷高新技術企業進一步發展，其高新技術企業的國際化進程提速。一九八一年由 IBM 公司率先發明個人電腦並取得了良好的市場反響，也帶動了和個人電腦相配套的軟件和硬件公司的發展。計算機維修服務業也應運而生，PC 行業成為硅谷發展的新引擎。硅谷單電子製造公司就有約三千家，以小規模公司為主，僱傭工人人數大多在五十人以內。另外為生產者提供服務的公司約有三千家，從事高新技術活動的有兩千家。在此期間風險投資也伴隨著科技創新快速發展，為科技進步提供了強大的資金支持，成為硅谷創業者的主要融資來源。硅谷不僅擁有大量的高新科技企業，並且生成了自我支持的金融系統，形成了良性發展軌道。硅谷創造財富，並以風險投資形式去培育新的企業家。二十世紀九〇年代後期以來，硅谷的技術創新仍在繼續，但技術創新的主體卻發生了重要變化：新興創業公司不再是技術創新主體，相反，一些巨頭公司建立了研究中心，例如 IBM 公司的阿爾馬登研究中心成為硅谷創新的主要動力。但近年來，美國以及硅谷大型公司的科技投入有所下滑，如美國聯邦政府對尖端計算機科學和電子工程研發的投入銳減，一些大型高新科技企業更注重能夠快速盈利的項目，對於科技研究的投入也不斷下滑。

在硅谷發展的過程中，高校與金融業的發展為硅谷的科技創新提供了強有力的支持。以斯坦福大學為例，其在硅谷發展中起到了重要

作用，將科研與技術應用緊密結合起來。它在聘用新興產業界的科技領袖推動學校相關學科發展的同時，向企業輸送大量具有實際操作能力的畢業生。斯坦福大學也推動了科技產業園的發展，其土地資源為大量科技公司提供廉價的租金，降低創業成本，推動創新氛圍的形成。在金融方面，金融創新不僅為科技公司提供了必須的資金支持，也成為企業提升效率的手段。天使投資成為硅谷創新企業的主要資金來源，股權融資是創新企業的主要融資方式，一批全球知名的風投機構如紅杉資本等在硅谷誕生，一些創新性激勵方式也被發明出來。為了留住企業的關鍵性人才，企業讓重要員工參與利潤分成，股權激勵在硅谷企業被廣泛運用，這些金融創新也有力地支持了硅谷高新科技企業的發展。

3. 硅谷發展中的問題

硅谷經過一個多世紀的快速發展，催生了眾多知名的高新科技企業和新技術，成為全球技術創新的增長極。伴隨著硅谷的快速發展，影響增長極發展的一些制約因素也日益凸顯。

首先，不斷攀升的生活成本不僅給企業帶來了較高的成本壓力，也影響了當地居民的生活質量。由於硅谷的高收入水平、更多的就業機會和個人發展的前景，吸引了更多人才湧入，導致基礎設施不足，交通狀況日趨惡化，學校教育資源跟不上人口的增長，繼而硅谷的辦公、住宅等生活成本急遽上升。另一方面，硅谷的收入差距拉大，除開少數高收入人群，大多數人的生活質量出現下滑，高強度的工作占用了個人大部分時間與精力，關心和照顧家人的時間和精力減少，容

易產生家庭矛盾，這直接導致了硅谷的離婚率上升，而生育率則在不斷下降。相對於需要承受的工作壓力以及產生的家庭矛盾，硅谷收入水平和生活環境的吸引力在下降。

第二，創新動力不足。大企業的產品在市場上的份額達到一定比例後，大企業往往不願意研發顛覆現有產品的技術，而新興企業卻又在創新上浮躁冒進，缺乏有效技術支持和長期市場前景的支撐，博眼球、炒概念成為多數創新企業融資的手法，真正沉下心來做有價值的企業的非常罕見，出售股權套利退出成為創辦企業的最終目的。以致於格羅夫認為：今天的新興公司根本不能與硅谷巨頭們相提並論，他們不會變成下一個英特爾、思科、甲骨文、惠普、蘋果、谷歌。當今硅谷的一些企業經營者目光短淺、胸無大志。

第三，初創公司融資難度大。金融危機爆發後，硅谷不少公司破產，加之具有投資價值的企業減少，讓風險投資如今早已沒有了十幾年前的膽魄，投資的標的選擇和投資量變得更加小心謹慎，風投公司用於投向初創型公司的天使投資不斷減少，硅谷的風投專家開始看淡創新公司未來的成長性，甚至是一些互聯網行業的龍頭企業，如臉書社交網絡。不僅是創業與風投環境出現重大變化，在政府政策方面，政府對硅谷的支持力度也在下降。在硅谷，創新型企業獲得美國政府的聯邦基金支持變得非常困難，受硅谷經營環境的變化，很多公司已經遷離硅谷。

第四，環境污染嚴重。高新科技並不等於零污染，在人們通常的觀念裡，高科技的產品污染較少，而污染較重的是傳統的重工業。而硅谷這樣一個高新技術產區仍然面臨著污染威脅，這種威脅源自幾方

面：①高度危險的廢溶劑等化學物質向外洩漏；②高科技產品的生產所產生的有毒廢物；③重金屬（包括鎘和鎳等）污水排放。這些污染造成的後果是地下水中發現了大約一百種化學物質，使附近的濕地蒙受嚴重的環境危害，空氣質量差，產生較重霧霾。

硅谷是美國最重要的科技創新增長極，對美國經濟的發展有很強的外溢作用，是美國經濟增長的重要動力。硅谷發展遭遇瓶頸，美國整體技術創新能力減弱，所影響的不僅是該區域的經濟，由於其外溢效應減弱，更將影響美國整體經濟的發展。這些不利因素影響雖然存在多年，被經濟快速增長所掩蓋，但當經濟增速下滑時，它們對硅谷發展的制約作用就會日益凸顯。

（二）產業綜合體增長極——法國西南部拉克地區

1957 年 4 月，法國西南部發現了一個大天然氣田，該氣田在下比利牛斯省的拉克地區，開發之初日產量可達 100 萬立方米，此後產量快速上升，4 年後達到了 2000 萬立方米。該地區總計開發了 9 口平均深度超過 4400 米的礦井。工廠建立在天然氣層上，占地達 2200 公頃，而整個從礦井到天然氣加工廠的運輸網絡都在地下。整個歐洲只有一家這種類型的工廠，其脫硫裝置在世界上占有最重要的地位。961 年，拉克產業綜合體正式建成，擁有 1 個熱電中心、3 組發電機組，發電量達 9.5 萬千瓦時；與此同時，與天然氣相關的化學品製造廠，如乙炔、氨、甲醇、聚乙烯和硝酸鹽肥料等製造廠也相繼建立起來。9519 年，拉克天然氣被用於熱電站、能源產業，分配給公眾、拉克綜合體的企業、其他化學工業，用作內燃氣，各類比例分別為

31.5%、25.5%、23.5%、16.8%、1.2%、1.5%。不難看出，82%的天然氣主要作為能源使用，其他18%作為投入品使用。天然氣的地區銷售占比依次為：西南地區為38%,巴黎地區為28%,中東部為23%,西部和中西部為11%。

拉克天然氣發現之初，法國希望借此帶動地區產業化發展，從而推動法國西南部經濟發展。單從佩魯式的推進型產業的定義來看，拉克產業綜合體完全滿足推進型產業定義，比如不對稱效應以及高於全國平均水平的增長率等。然而，它對法國西南部經濟的發展帶動作用與最初的預計剛好相反。儘管它也帶動了一些引致性產業發展，但拉克綜合體的擴張被限制在鄰近地區內，對地區就業的影響很小。換句話說，拉克綜合體基本上是一個地區現象，對改善法國西南地區的經濟情況沒有太大的作用。據相關部門調查，一九六四年，綜合體的總產值達11.9億法郎，其中3.37億法郎主要是在區域外部進行的商品和勞務的購買。因此，綜合體帶來的增加值事實上有75%可能離開了這一地區，在其他地區進行收入分配。當地所產的原材料（硫、鋁、化工原料等）無一是就地加工的，大部分是由法國其他地方甚至國外加工的。就天然氣來說，不應用於當地綜合體時，大部分就要遠距離外運，而用於區內工業的多半也是運往波爾多和圖盧茲等大城市，它們在兩百公里外。給當地用戶的低價優惠未能吸引來所指望的新工業，因為拉克生產出來的天然氣不需要當地加工或任何當地的營銷措施，就能夠很容易地出口，這導致天然氣產業對該區域經濟增長的影響非常小。綜合體自身的就業規模並不很大，一九五九年為一萬人，一九六四年為七千五百人，天然氣開發工程竣工後，再就地招工三千五百人。全部或者幾乎全部決策都是巴黎做出的，開發利用天然

氣所得的巨額利潤，全部用於法國其他地區或國外石油或化工研究的再投資。一九六四年，產業綜合體總增加值為 8.57 億法郎，支付的工資（包括對社會安全的僱主貢獻）總額僅有 1.12 億法郎，其餘的是 6.26 億法郎的總利潤以及稅收。因該綜合體而開始的現代產業的發展並沒有取得預期的成效，經濟結構仍然沒有得到改善，相反還對農業產生了不利影響，成為一種典型的二元經濟發展模式。

政府的政策也是拉克產業綜合體未能促進更廣大地區經濟發展的原因之一。因為天然氣被分配到了很多地區，而西南地區自身利用的僅占較小部分，從而喪失了創造一個對整個西南地區有積極影響的增長極的大好機會。這種對政府政策的攻擊似乎是合理的，然而，政府政策並非決定性因素，能否在西南地區利用拉克的天然氣更多地由市場機制決定，天然氣能否帶動引致產業在當地發展，也決定於引致的其他部門的擴張程度。天然氣有兩種工業用途，一是作為工業能源，二是作為化學工業的主要投入品。當天然氣作為能源用途時，引致產業化的可能性決定於兩個基本因素：在各種不同工業的產值中能源成本的重要性，以及這些工業的成長程度。在一九五六年，各種不同的產業部門中能源消費的重要性不一。這些對能源有相對較高的購買需求，並將其作為最終產品價值的一部分的部門有：鋁（16.3%）、電（15.3%）、鋼製品（14.7%）、礦物化學產品（11.6%）、玻璃（10.0%）、建築材料（9.7%）、有機化學產品（9.3%）和合成纖維（6.4.%）等部門。這些數據從另一個角度暗示了被吸引到拉克的主要能源消費型產業的可能性。即使是在這些部門，其非能源支出也占到總支出的84%-93%，這些產業在其他地區設廠可能由非能源支出所決定。比如，與原材料產地之間的距離、狹窄的市場、勞動力特徵、

產業本質，甚至產品的重量，所有這些因素都可能為在能源地設廠造成障礙。

拉克產業綜合體案例說明，產業綜合體增長極的發展必須滿足一定的條件。法國學者佩努伊將這些條件概括為：第一，增長極必須有相關產業和生產要素配套作為支撐。如果經濟活動太複雜，當地無法提供轉包合同產業以及必須的技術人員，那麼大部分的投資就必須通過區域外資源來完成，欠發達地區就是典型的例子。在拉克地區的天然氣產業的發展必須從外部購進必要的裝備和技術力量。偽增長點對當地經濟的實際影響是可以忽略的，而且經驗證明：小製造產業乘數產生的增長激勵比大但不綜合的活動性產業產生的增長激勵還要大。第二，引致產業的當地化是增長極形成的重要推動力。產品的加工越能夠當地化，對經濟發展的影響就會越大。像拉克地區，一旦原材料被出口到區域之外，補償性的引致產業就無法發展。引致產業相關成本的比重決定了是否需要在原材料產地生產。在交通成本不是決定性因素的情況下，加工業和生產成品的廠址選在靠近市場而不是靠近原材料產地的地方（拉克地區就屬於這種情況），輸送天然氣給客戶要比在能源產地建立新產業經濟得多。第三，增長極對當地就業和收入分配的影響程度決定了增長極對經濟的拉動力。增長極拉動經濟增長的另一重要路徑是收入乘數效應，增長極的產業支出被轉換成當地的居民收入，居民收入的增加能產生更多消費需求，反過來拉動了對當地企業的需求。產業僱傭當地勞動力越多，當地勞動力技能水平越高，勞動技術含量越高，當地居民獲得的工資就越多，引致消費需求的效應就越大。然而，以石油業為基礎的天然氣和電力產業的人力成本僅在總成本結構中占一小部分。

（三）增長極發展的先決條件

增長極通過產業關聯帶動上下游產業發展，在推動區域經濟增長的數量上表現出乘數效應，從而帶動區域經濟快速增長。通過科技型增長極美國硅谷和產業綜合體增長極法國西南部拉克天然氣的發展案例探析，我們不難總結出增長極的培育與發展需要具備先決條件。能否利用好這些基礎條件，是增長極能否持續發展的關鍵因素：（1）政策引導。政府政策在一個新增長極的形成中起到了重要作用，但政府過度干預又會影響市場公平競爭，降低效率。一個長期有效的政策在增長極形成過程中尤為重要；（2）良好的市場環境。公平有序的競爭能提升市場運行效率，有效保護企業合法權益，是可持續創新不可或缺的條件；（3）地理、資源優勢。在增長極形成的初始階段，地理位置、資源條件顯得尤為重要，在資源充裕、交通便利的區域，資源使用和運輸成本低，有助於企業降低成本，更容易實現規模經濟，為新增長極形成創造基礎條件；（4）良好的基礎設施。區域內城市內部及各城市間便利的交通，如由高速公路和鐵路、便利內河和海洋運輸以及航空運輸構建起的立體交通網絡體系，有助於區域產業的相互融合，促進區域內產業的聚集與擴散，是經濟增長極形成不可或缺的基礎；（5）產業、技術基礎是增長極發展的關鍵因素。任何增長極的形成都是以一定的產業背景和技術水平作為其發展的基礎，產業分工層次、集聚水平制約著技術創新，現有技術的水平和產業優勢也決定了創新和發展的能力，產業水平越高、創新能力越強，則更適合於增長極的產生和發展。

三、粵港澳大灣區不同時期的增長模式

粵港澳大灣區占全國的土地面積不足 1%，人口數量不足全國的 5%，但是卻創造了全國經濟總量的約 13%。就國際灣區而言，粵港澳大灣區的經濟總量僅排在紐約灣區和東京灣區之後，名列第三位。推動粵港澳經濟增長的動力在不同的時期並不相同。在粵港澳大灣區區域經濟發展的過程當中，不同時期、不同地域增長的動力源自聚焦於某些不同的主要主導部門或有創新力的行業，這個動力源能推動自身區域的經濟增長。

（一）「前店後廠」模式

一九七八年中國改革開放後，毗鄰港台的優越地理位置，給廣東經濟的發展帶來機遇。改革開放初期，廣東經濟發展落後，工業基礎薄弱，資金缺乏，閒置勞動力多。一九七八年廣東全省的 GDP 僅191.14 億元，人均 GDP 不足四百元，比全國的人均還低二十多元。而此時毗鄰廣東的香港工業正處於升級調整的階段，土地、原料、勞動力等價格的不斷攀升，導致香港傳統的勞動密集型製造業成本上升，競爭力逐步喪失。在改革開放政策的推動下，廣東憑藉地理位置和語言文化等相近的先天優勢，成為香港進行產業轉移的首選地區。廣東為香港製造業提供了廉價勞動力，從而降低生產成本。通過港資的注入，廣東開始發展勞動密集型產業，將香港的輕工業承接過來，並初步實現工業化。

粵港澳在經濟發展中優勢互補，「前店後廠」的加工貿易模式逐

步形成。廣東是「廠」，香港為「店」。港澳地區成為廣東海外貿易的窗口，海外訂單承接、市場推廣、對外銷售、原材料供應、新產品和新工藝的開發等環節由香港完成，香港扮演與顧客對接的「店」的角色。廣東則承擔了生產過程，承接了香港製造業的工廠或加工程序，利用土地、勞動力低成本的優勢，加工、裝配產品，扮演生產者「廠」的角色。二十世紀八〇年代，廣東發展的產業主要以食品、服裝、紡織等日用消費品為主，其中食品與紡織服裝迅速發展並成為支柱工業；八〇年代末至九〇年代初，主要發展耐用消費品，如彩電、空調、冰箱三大家電產品，「三來一補」形式成了廣東企業在該階段的主要結構。

同時香港利用其金融優勢，為廣東的經濟起飛提供資金支持。內地金融市場在當時還不健全和完善，融資困難，製造業的發展刺激了廣東的經濟發展，亟須大量資金，香港扮演了為廣東經濟的發展融資的角色，廣東的資金需求也促進了香港金融市場的進一步繁榮。從一九七八年起，香港的資本占據了廣東外商直接投資中的大部分，廣東通過引入香港、澳門的直接投資，推動了初期的粵港澳在產品分工與金融領域的合作。在此階段的粵港澳經濟合作主要表現在以香港、澳門為核心，香港、澳門通過直接投資，向廣東進行產業轉移，輻射帶動廣東經濟發展，廣東省成為港澳對內地經濟外溢的主要地區。

（二）「外向型」模式

二十世紀九〇年代後，隨著中國改革開放深入進行，廣東逐漸形成了良好的投資環境，這時廣東的外資來源更廣泛，成為中國吸引外

資的重要地區。特別是 1992 年鄧小平的南行講話，使廣東省成為全國對外開放的窗口。廣東大力吸引外資，出台了一系列政策。雖然此階段外商直接投資流入的領域依舊以傳統的製造行業為主，但在外資的來源和外資投資的行業上出現了新的變化。在外資來源上，香港、澳門的外資比重有所下降，外資結構更加多元化，東亞國家和地區產業轉移為廣東經濟的增長增添了新動力。在外資投資行業結構上，電子信息行業的外資逐步增加。以台資為例，中國大陸地區開始成為台灣電腦生產的基地，相關行業的台資選擇了廣東的深圳、東莞、惠州等作為其投資的主要區域。二十世紀九〇年代中後期之後，日用品產業繼續保持發展。隨著外資在電子信息、電器機械產業對廣東投資的直接增長，電子信息、電器機械產業的發展將廣東省帶入高精加工制造業發展階段。便利的通關口岸、發達的城市交通網絡推動了廣東地區的產業集聚，各行業在廣東省形成了較為完整的產業鏈。在產業集聚的帶動下，產業特色專業鎮成為廣東產業發展的重要特點，它們具有專業性強的特點，集中於某一產業或某一產品，特色和優勢明顯，在各鎮內形成了某一類產品的規模效應。產業集聚的發展促進了廣東地區製造企業的配套形成，同時也推動了其上下游產業和輔助產業的發展。廣東逐步形成了集中於珠江三角洲地區的三大產業體系：珠江西岸的珠海、順德、中山、江門的產業以家庭耐用與非耐用消費品、五金製品為主，並擁有科龍、格蘭仕等知名品牌；珠江東岸的深圳、東莞、惠州的產業以電子通訊設備製造業為主，是全國最大的電子通信業產業聚集地；中部廣州、佛山和肇慶市則形成了以電氣機械、鋼鐵、輪船、紡織建材產業為主的產業帶。這一時期，廣東發展呈現外向型特點，出口總額連續十幾年在全國排名第一，僅珠三角地區就與全球各國和地區建立了貿易往來。

（三）「內生增長」模式

二〇〇八年以來，受次貸危機影響，全球經濟放緩，各國對外貿易發展均面臨巨大壓力，廣東也不例外。加上勞動力成本、土地資源、環境等多種因素制約，廣東省經濟增長模式面對挑戰，在經濟高速發展的背後，產業結構調整的問題也日益突出。成本上漲的壓力，國內人民生活水平的顯著提升，讓內需對經濟的拉動力呈現出不斷增長的趨勢。利用外資和國內廉價勞動力的出口導向型增長模式變得不可持續，新的增長動力亟待發掘。拉動內需成為推動省內經濟增長的重要手段，廣東省政府實施擴內需穩外貿、環保倒逼等措施以應對金融危機的衝擊，產業結構轉型、經濟發展方式的轉變被提上日程。

在完善相關配套，改善投資環境，注重內需的同時，提升創新能力、服務能力，加強引進外資的質量，成為廣東經濟發展的另一個重要手段。從二〇〇八年至今，是利用外資的新一輪調整階段。廣東在完善投資環境的同時，在吸引外資方面堅持嚴格把控引進外資的質量、主動爭取高質量外資的原則，把握了新一輪服務業、高新技術產業的國際產業轉移，讓新一輪的國際產業轉移助力廣東經濟發展與產業結構的升級。二〇〇八年以來，廣東大力推動產業自主創新，先後製定了《廣東自主創新規劃》等政策文件，實施「十大創新工程」。廣東產業轉型升級的科技創新、資金投入、人才投入等動力正在發生積極變化，高新技術產業的增加值占規模以上的企業增加。二〇一五年，廣東規模以上的高新技術製造業企業數達到六千一百九十四個，比二〇一〇年增加三百六十五個，占規模以上的工業的比重提升至14.7%，比二〇一〇年提高 3.8%；實現工業增加值 7567.36 億元，占

規模以上工業的 25.6%，比 2010 年提高 4.5%；資產總額達 26882.61 億元，比二〇一〇年增長 64.8%；實現利潤總額 2034.14 億元，比二〇一〇年增長 64.1%；上繳稅金總額 919.64 億元，比二〇一〇年翻了一番。二〇〇八年以來，第二產業的比重開始下降，第三產業增加值占 GDP 的比例不斷上升，對經濟拉動的作用不斷增強。二〇〇八至二〇一三年廣東第三產業占比從 44.4%提升至 48.8%，提高了 4.4%。

四、新時期粵港澳增長極的培育與發展

粵港澳增長極正由粗放型外向增長模式向科技化內生增長模式過渡，支撐粵港澳早期經濟起飛的土地、勞動力和資本等傳統要素優勢不再，主要依靠要素投入（即外延式增長）及結構轉換效應所實現的經濟增長難以為繼，簡單的資本和勞動增量投入方式無法得到更高回報時，高成本、低產出就會導致經濟增長不可持續。因此，在科技化內生增長模式階段，依靠技術進步的產業升級成為推動經濟增長的主要方式。經濟增長方式必須轉變為集約式發展。粵港澳要實現經濟增長方式的轉變，須利用好其現有的良好基礎，克服面臨的不利因素。

（一）發展粵港澳增長極的有利條件

粵港澳經過多年的探索與合作，已經逐步建立了合作機制，在科技與基礎設施等方面也取得了長足的發展，這些為新時期粵港澳增長極的培育打下堅實的基礎。

1. 國家層面制度支持

「一國兩制」為粵港澳協同發展提供了堅實的制度基礎。雖然「一國兩制」看上去是為了實現國家統一的政治體制安排，但它實質上為粵港澳經濟發展提供了全新的發展模式，允許香港、澳門保持原有的資本主義制度長期不變，不僅有利於保持香港和澳門的經濟穩定，也有利於香港和澳門發揮各自的優勢，為港澳經濟的穩定提供製度保障，為粵港澳在不同的經濟體制間進行合作提供製度基礎。CEPA 協議是我國國家主體與香港、澳門的單獨關稅區之間簽署的自由貿易協議，協議的簽署和實施從制度上推動了粵港澳間的生產要素自由充分流動，降低了粵港澳不同區域內企業經濟的合作成本，推動了區域資源優化配置。在「一國兩制」和 CEPA 協議的框架下，粵港澳可發揮各自的優勢，融入經濟全球化和區域經濟一體化的世界大潮中去。

2. 政府相關政策和機制支持

二〇一四年獲批的深圳國家自主創新示範區，是我國首個以城市為基本單元的國家自主創新示範區。二〇一四年九月，國務院批覆同意建設珠三角國家自主創新示範區，涵蓋了廣州、珠海、佛山、惠州、東莞、中山、江門、肇慶八個地級以上市，這是全國自創區中涵蓋城市最多的自創區。二〇一六年四月，廣東省政府制定《珠三角國家自主創新示範區建設實施方案（2016-2020 年）》二〇一四年九月，中辦、國辦印發《關於在部分區域系統推進全面創新改革試驗的總體方案》，將廣東列為全國八個全面創新改革試驗區域之一。二〇一六年六月，國務院批覆了廣東省推進創新改革試驗方案，原則上同意

《廣東省系統推進全面創新改革試驗方案》，要求認真組織實施。根據國務院批覆，二〇一六年十一月，廣東省迅速制定了《廣東省系統推進全面創新改革試驗行動計劃》，系統梳理，細化提出了一百一十七項具體改革事項，包括國家授權的改革事項十六項，省屬權限改革事項一百零一項。這些政策安排，為培育粵港澳增長極提供了政策和機制的保障。通過一系列政府政策的推動，廣東形成了以深圳、廣州為龍頭、珠三角七個國家級高新技術產業開發區為支撐、輻射帶動粵東西北協同發展的「1+1 +7」的創新格局。

3. 粵港澳產學研合作具備一定基礎

二〇一六年六月，由香港科技大學牽頭組織，澳門大學、中山大學、華南理工大學、廣州工業大學、廣州大學聯合發起的「粵港澳高校創新創業聯盟」在廣州南沙區香港科技大學霍英東研究院正式成立。為深化粵港澳創新合作，廣東省實施粵港創新走廊行動計畫和粵港科技合作聯合資助計畫，支持高校、科研院所和企業走出去，現已設立了超過兩百四十家海外研發機構。同時，實施國際科技合作提升計劃，支持企業在科技資源密集的國家和地區，通過自建、併購、合資、合作等方式設立研發中心，取得境外技術，並在廣東實現成果轉化。此外還重點加強與以色列、英國、德國等國家的科技合作，中國（廣東）自由貿易試驗區、中以（東莞）國際科技合作產業園、揭陽中德金屬生態城建設德國先進技術推廣中心和德國先進裝備國產化中心等創新平台建設順利推進。

4. 技術創新能力不斷增強

二〇一六年，廣東高新技術企業數量躍居全國第一，達到一萬九千八百五十七家，而珠三角地區所占比重非常高，數量達到六千八百八十家，並且增速很快，同比增長 78.8%。其中，深圳、廣州是廣東高新技術企業集聚地，分別達到八千零三十七家和四千七百四十四家；廣州、東莞、中山等市高新技術企業存量實現 100%以上快速增長，同時建成各類新型研發機構兩百多家，其中省級新型研發機構一百七十四家。在創新創業環境方面，二〇一六年珠三角地區內新增科技企業孵化器一百二十六家，總數達四百九十一家，納入統計的眾創空間三百一十一家，其中國家級眾創空間共一百六十五家，數量居全國第一。珠三角已成為我省創新資源最密集、產業發展最先進、創業孵化最活躍的發展高地，也是廣東省實施創新驅動發展戰略的核心區。在人才引進方面，珠三角實施了「珠江人才計畫」「廣東特支計畫」等重大人才工程，累計引進創新創業團隊一百一十五個、領軍人才八十八人。2066 年，珠三角地區發明專利申請量和授權量增速均超 40%，珠三角自創區內的國家高新區以占全省 0.07%的土地面積，創造了全省 1/7 的工業增加值、1/5 的營業收入、超過 1/5 的淨利潤。

5. 區位優勢及成熟的交通網絡

粵港澳大灣區對外交通運輸網絡逐步形成，形成了海陸空立體運輸交通網絡。在陸路運輸方面，在國內建成了黎湛、京廣、京九、沿海等橫穿東西、縱貫南北的鐵路大通道。廣東已開通了深圳至河內的國際道路貨運線路，隨著廣東到湛江、南寧的鐵路的建設，珠三角核心地區與東盟之間的鐵路運輸能力得到增強，並通過國家鐵路網，經

中部地區、西南地區與西北地區和歐亞大陸橋的鐵路相連接。截至二〇一六年年底，廣東省公路通車總里程達二十一點八萬公里，其中高速公路通車里程達到七千六百七十三公里，位居全國第一。在航空運輸方面，廣東擁有全國三大樞紐機場之一的廣州白雲機場和大型骨幹機場之一的深圳機場，國際航線基本覆蓋全球大部分國家，二〇一五年香港國際機場的總客運量達六千八百五十萬人次，總貨運量共四百三十八萬噸，航線覆蓋全球兩百多個國家和地區。澳門國際機場擁有的貨運和客運設施每年可處理六百萬乘客及十六萬噸貨物，航線主要覆蓋亞洲國家及地區。在海運方面，香港是世界第三大貨櫃港，共有九個貨櫃碼頭、二十四個泊位，二〇一五年吞吐量為二千零一十萬個標準貨櫃；廣東省港口與國外港口結為二十九對友好港口，共開通國際集裝箱班輪航線二百九十一條、港口碼頭泊位二千八百一十一個，其中萬噸級及以上泊位三百零四個。廣東省港口貨物年通過能力達到十六點七億噸，位居全國第二，其中集裝箱年通過能力達到五千九百四十八點一萬標箱，位居全國第一。包括香港、澳門在內，粵港澳已經擁有世界上客貨吞吐能力最大的空港群。

（二）發展粵港澳增長極的制約因素

粵港澳增長極的發展面臨著一些不可迴避的制約因素。從城市發展看，在增長極內存在著重視城市建設，忽視城市化質量的塑造，跨城市間的長期規劃滯後於經濟發展的問題。粵港澳經濟的發展還面臨著勞動力成本上升、土地資源減少、經濟互補性減弱等因素的影響，需要尋找和建立新的發展方式。

1. 增長極的形成過於倚重行政主導

我國增長極的形成過於依賴政府的干預。政府的增長極培育政策多以省級制定和推行，省級制定者未必能清楚地瞭解下屬各個市的經濟情況，同時省內各個市都有其自身的利益。為了獲得更好的政績，各市都試圖為自己爭取更優的省級發展規劃，各市之間利益難以協調，各市級產業相關政策與產業發展規劃都基於自身的利益制定。由於政府在經濟活動中有著較強的影響，導致增長極內產業同構，各市區處於低水平競爭，造成資源浪費，使用效率低下，難以形成各自的比較優勢。另一方面，重視政府的作用必然弱化市場機制的建設，或多或少會扭曲市場機制在資源配置中的作用。

2. 粵港澳三地體制機制對接方面存在不協調

「一國兩制」提供了基礎制度保障，是粵港澳開展區域經濟合作的前提，但粵港澳之間的體制政策差異也為三地的經濟合作增加了難度。雖然市場經濟已成為我國經濟運行的主要方式，但政府對經濟的影響與作用仍然很大，而香港、澳門完全遵循自由市場經濟體制，經濟運行主要通過價值規律、供求關係和競爭機制實現自發調節。粵港澳三地經濟在社會管理體制方面有較大差異，增加了三地合作的協調難度。以廣深港客運專線建設為例，廣深段已於二〇一一年建成，原定二〇一五年完成的廣深港高鐵香港段工程延誤至二〇一八年完工通車。由於粵港兩地決策和諮詢機制的差異，造成兩地建設不同步，香港段的建設成本不斷攀升，高速鐵路專線作用受到很大影響。再如粵港過境私家車一次性特別配額試驗計劃（俗稱粵港自駕游）的推行過程，在香港享有第一階段試驗計劃、可優先駕車北上廣東作短暫逗留

的前提下，廣東政策以行政決策方式推行，速度更快，而在香港方面，香港特區政府政策須進行公眾諮詢，眾多香港民眾不滿內地居民來港擠占香港的公共資源，為區域內民眾提供出行便利的議題難以推行。

粵港澳在行業標準、行業資質上存在較大差異，同行業評估標準差別較大，導致行業內商業來往的成本增加，粵港澳同行業內資質相互不認可影響了人員在區域間流動，致使區域內資源無法自由流動。如港澳與廣東在科技服務行業採用了不同標準，香港與澳門遵循國際標準，廣東採用國內標準，行業標準不統一增加了科技服務合作的難度。又如在職業資格認證方面也同樣存在標準不統一的問題，粵港澳之間還未出台互認政策，高科技人才在粵港澳流動不順暢。粵港澳政府政策間協調難度大，制約了政府政策的統一性和協調性，影響了政府政策的整體性和有效性，也阻礙了粵港澳協調發展。

3. 勞動力成本困境

低成本低價格是過去廣東製造業最重要的優勢，成就了廣東製造業的輝煌，使得廣東省成了世界製造業產品的生產地和出口地。「廣東製造」的崛起和迅速發展離不開「低勞動力成本優勢」。廣東省成為中國用工量最大的地區之一，勞工市場處於供大於求的狀態，來自全國各省市的富餘勞動力成為廣東低製造成本的保障。然而，持續多年的高速增長之後，廣東地區遭遇了大範圍的用工難，特別是技術工人的緊缺，使很多勞動密集型企業發展日益困難。珠三角地區的生產工人缺口主要集中於一些勞動密集型企業，缺口量達百萬以上。用工成本也在不斷提升，在新《勞動合同法》中一些保護勞動者權益的

條款裡，無基本工資、壓縮福利、工作時間等都已成為非法降低成本的手段，加之新增勞動者福利項「無固定期勞動合同」、加班工資加倍、帶薪婚假、病假、年假等規定，使得用工成本大幅增加。此外廣東地區的生活成本不斷攀升，也不斷推動廣東勞動力成本上升，勞動力優勢逐漸喪失。勞動力成本在過去是廣東經濟發展的重要支持因素，而如今卻成為廣東經濟增長的制約因素。

4. 土地供給緊張

廣東製造業經過多年快速發展，大量住宅、商業、工業園區建設已經使用了大部分的廣東省內可建設用地，深圳、廣州、東莞等經濟發達城市可以供應的土地非常少，土地逐步成為稀缺資源，土地成本不斷飆升，地王頻出，租金上漲，企業經營成本、居民生活成本也隨之快速上漲，高昂的成本使得地區適宜投資的項目快速減少。珠三角土地面積僅四點一七萬平方公里，可供開發的土地相當有限，有限的供給制約了新企業和大型項目的發展。

5. 粵港澳三地經濟互補性趨弱

從粵港澳發展的增長模式來看，經過四十年的發展，廣東利用其在土地、能源、勞動力上的優勢，引進外資，在多個製造行業內已建立完善的分工體系，並形成了產業集聚效應，港澳的優勢項服務業也得到快速發展。二十世紀九〇年代後，隨著廣東引進外資的多元化，產業體系的逐步建立，香港、澳門對廣東經濟的輻射作用逐漸減弱，隨著廣東生產、生活成本不斷提升，港澳與深圳、廣州等經濟發達城市的經濟結構趨同現象日益顯現，這也是三方發展中面臨的直接利益

衝突，是粵港澳開展深度有效合作必須解決的重要問題。如果粵港澳間缺乏有效的溝通與協調機制，會直接影響各方的合作動力，導致粵港澳政府間政策缺乏協調和配合，各方進入各自為政的發展局面。這種局面的出現，不利於生產要素在粵港澳間的自由流動，妨礙粵港澳信息共享，不利於區域內的資源有效配置，也導致粵港澳無法發掘自身區域優勢，將直接影響到粵港澳經濟的整體發展。

（三）粵港澳增長極發展應重點突破的領域

粵港澳跨行政區域要實現可持續發展，不能單純以經濟增長為目標，而應以粵港澳三地的科技合作為基礎，從各自為政的發展模式轉向深度融合的產業分工協作模式，實現跨行政區域科技、產業、金融一體化發展，從粗放型發展向集約型發展路徑轉變，實現產業結構的提升。

保持粵港澳持續增長是一個系統、複雜的工程，必須利用好其優勢因素，實現區域內協同發展，即「雙協同」發展、「粵港澳三地」協同發展、「科技、金融、產業」協同發展，實現「1+1+1>3」效應。

1. 持續加強粵港澳溝通體制機制建設

由於粵港澳在體制、文化、法律等諸多方面的差異，要實現粵港澳協同發展，三地間的有效溝通必不可少。粵港澳間的溝通可以分為兩個層面進行：第一，粵港澳三地政府間的溝通，側重於政府政策間的協同，三地高層定期與不定期會晤，著重就重要協做事項進行磋

商，協調事項，統一進度安排表，完善協調製度，提升各方的執行力，保證政策實行效果。第二層面是粵港澳民間合作，促進粵港澳間要素自由流動，實現粵港澳資源最有效的配置，發掘各自的比較優勢，同時協助解決通過政府機制無法解決的問題，特別是在司法和社會管理方面，推動粵港澳融合，發展良好的社會文化環境。建立健全粵港澳行業協會間的合作，建立相關合作平台，在工商界和學術界搭建高層次的對話平台；支持相關城市的聯絡溝通，推動粵港澳大灣區協同發展。粵港澳行業之間經常性交流機制的建立，有助於建立統一規範的行業標準，不同行業具有不同的特殊性，行業間的交流與溝通更有利於實現行業內要素的自由流動，同時在各行業內建立信息共享平台、科技創新服務平台、金融服務平台等，以減少信息的不對稱性。如一般性的信息可以通過公共服務平台來實現，為一般性的企業服務，使整個市場運行更加開放、透明。

2. 促進三地要素自由流動，實現區內資源最優配置

二〇一五年十一月內地與香港、澳門分別簽訂了服務貿易協議，推動內地與港澳服務貿易的自由化，協議於二〇一五年六月一日起正式實施。內地對香港、澳門開放服務部門將達到一百五十三個，占世貿組織服務貿易分類標準的 95.6%，其中六十二個部門實現國民待遇。香港使用負面清單的領域，限制性措施僅一百二十項，且其中的二十八項限制性措施進一步放寬了准入條件。跨境服務、文化、電信等使用正面清單的領域，新增開放措施二十八項。內地全境給予香港最惠待遇，即今後內地與其他國家和地區簽署的自由貿易協定中，只要有優於 CEPA 的措施，均將適用於香港。此外還將進一步建立健全

與負面清單模式相適應的配套管理制度，除了該協議保留的限制性措施及電信、文化領域的公司，金融機構的設立及變更外，香港服務提供者在內地投資該協議開放的服務貿易領域，其公司設立及變更的合同、章程審批改為備案管理，以更加便利香港業者進入內地市場。澳門服務提供者可通過商業存在的形式進入內地市場，享受與內地企業同樣的市場准入條件。服務貿易協議是內地全境以准入前國民待遇加負面清單方式全面開放服務貿易領域的自由貿易協議，標誌著內地全境與香港澳門基本實現服務貿易自由化。

WTO 將全世界的服務部門分為十二個部門、一百六十個分部門。從數量上看，內地對港澳地區已經開放一百五十三個服務部門，已經占 WTO 所列部門的 95.6%，但開放措施在具體實施過程中還存在一定障礙，真正的粵港澳服務貿易自由化程度還沒有達到形式上開放的高度。同時人民幣在資本項下還沒有實現自由兌換，資金還沒有完全實現自由流動，其他包括人員流動、物資流動、機構流動、信息流動等也都受到明顯限制，內地以及廣東與港澳實現要素自由流動還需要繼續努力。

3. 增強科技產業化能力

儘管廣東省科技人才數量處於全國領先地位，但從高新科技產業人才的分布、結構上來看，缺乏頂尖的高新科技技術人才。雖然各區域和地區聚集了大量的科學研究人才，但與企業合作的深度不夠，一般偏向於學術創造的居多，對科技的創造力沒有體現出來，成果轉換率很低，甚至是對資源的浪費，限制著產業的科技發展。

科技知識、技術、信息的大量交換和反覆交流能降低知識、技術、信息的交流成本，共享創新基礎設施，增進科技創新的規模效應和外溢效應，建立健全科研設備和科技信息的共享制度，強化創新平台的公共服務功能，可以解決中小企業研發資源不足的問題，為促進創新和創業提供支撐。

4. 實現粵港澳大區內產業梯次轉移

根據梯度推移理論，包括新產品、新技術和新的管理方法在內的創新活動大多都從高梯度地區開始，然後按順序逐步從高梯度地區向低梯度地區轉移。粵港澳產業梯度可以分為三個層次：（1）香港、澳門、廣州、深圳為高梯度地區；（2）粵中和粵東地區為中梯度地區；（3）粵西、粵北為低梯度地區。廣東省應利用好省內的梯度層級，讓技術與產業在省內各梯度間高效、有序地轉移，增強粵港澳大灣區區域內經濟聯動性，推動粵港澳大灣區區域內經濟循環。提升香港、澳門、廣州、深圳高梯度地區的高新技術產業、服務經濟輻射和帶動功能，積極利用地理、資金、技術等優勢，發展新的產業增長點，推動粵西、粵北承接高梯度地區產業和勞動力轉移。低梯度地區需積極利用自身的比較優勢，形成比較優勢產業的集聚效應，促進自身的經濟發展。在不同梯度內培育和發展有各自特色的經濟增長極。

5. 推動科技、金融、產業協同發展

粵港澳大灣區目前存在的問題是：科技、金融、產業結合程度不緊密，科技、產業間相互轉化不順暢，金融、產業間相互支持不協調。科技產業化過程需要金融系統在資金上予以支持，但在現有的金

融體系下，金融服務與企業創新週期脫節。缺少金融體系的支撐，技術成果產業轉化率低，使得科技停留在科研層面，無法將科技轉變為現實生產力，使之成為經濟推動力。首先，金融機構對科技缺乏有效評估的能力，特別是對於融資主體銀行而言，對風險控制的要求會拒絕大多數科技公司的融資需求。科技成果評估體系的建立將有助於降低金融機構與科技企業間的信息不對稱，增強金融機構對於科技公司融資風險的控制能力。其次，需要建立起多層次的科技融資體系，根據科技研發的不同階段進行金融產品和服務方式創新，使之在各階段內有不同的金融機構和金融產品支持，加大多層次的資本市場建設，發展和完善針對科技類公司的股份轉讓系統，培育科技投資專業機構。再次，科技綜合服務平台讓技術成為一種生產要素，能在各需求方之間高效流動，讓科技資源得到有效配置。

「一帶一路」倡議的深入推進為粵港澳大灣區建設「科技灣區」創造了新的契機，推動「一帶一路」也離不開粵港澳大灣區的支持和配合。粵港澳大灣區以環珠江口區域為核心，背靠內地，面向南海，地處國際航線要衝，是中國與海上絲綢之路沿線國家在海上往來距離最近的經濟發達區域；大灣區的發展面向「一帶一路」大市場，粵港澳三地需搭乘「一帶一路」為科技產業創新帶來新的空間，將粵港澳大灣區打造成全球創新高地。

第八章

粵港澳大灣區的國內
經濟輻射效應

粵港澳大灣區城市群是在原先珠江三角洲城市群的基礎上，加上香港、澳門兩地，形成「9+2」的格局，以珠江入海口為核心，其具體空間格局可以用「一環兩扇，兩屏六軸」來形容。其中最核心的就是一環，該環線上坐落著香港、深圳、東莞、廣州、中山、珠海以及澳門，形成了環珠江口經濟圈。

粵港澳大灣區經濟的基礎主要是以珠江三角洲為核心，加上香港和澳門，形成一個大灣區經濟，所以，粵港澳大灣區首先對珠江三角洲地區產生了推動作用。

粵港澳大灣區城市群是在原先珠江三角洲城市群的基礎上，加上香港、澳門兩地，形成「9+2」的格局，以珠江入海口為核心，其具體空間格局可以用「一環兩扇，兩屏六軸」來形容。其中最核心的就是一環，該環線上坐落著香港、深圳、東莞、廣州、中山、珠海以及澳門，形成了環珠江口經濟圈。以此環線為核心，以廣州為分界，形成珠江口東岸城鎮扇面，該扇面覆蓋廣州東部地區、東莞水鄉經濟區、松山湖高新區、惠州潼湖生態智慧區、環大亞灣新區等，錯落有致地排列著多形態、多功能的產業園區，形成多增長極的空間產業布局，加快推動了東岸地區的產業轉型升級。其次是以肇慶江門為界限、珠江口西岸為核心的城鎮扇面，在保留該區域良好的自然生態環境的前提下，以此為跳板，打通西南地區經濟貿易通道，通過機場、港口、軌道等多種交通方式協同聯運的綜合樞紐，引導人口、產業進一步向我國西南部集聚，打造西岸先進裝備製造業帶。兩屏是指北部連綿山體森林生態屏障＋南部沿海綠色生態防護屏障。六軸是指加強灣區與外圍地區的空間銜接，構建六大城鎮產業拓展軸：（1）香港－珠海－高欄港－大廣海港－陽江－粵西地區；（2）深圳－中山－江門－陽江－－粵西地；（3）廣州－佛山－肇慶－雲浮－西南地區；（4）廣州－清遠－韶關－華中地區；（5）東莞－惠州－河源－粵東北地區；（6）深圳－環大亞灣－汕尾－粵東地區。

一、珠江三角洲地區成為中國最具活力的地區

粵港澳大灣區不僅會對灣區內部以及整個廣東省的經濟產生輻射效應，其輻射還涵蓋了整個泛珠江三角洲區域。泛珠江三角洲區域是二○○三年七月正式提出來的概念，跟粵港澳大灣區一樣，也是「9+2」概念，9 指我國華南、東南以及西南的九個省分，即廣東、福建、江西、湖南、廣西、貴州、四川、雲南以及海南，2 則指香港和澳門兩個特別行政區。整個泛珠三角地區覆蓋了我國近 20%的國土面積以及 1/3 的人口，經濟比重超過全國的 1/3。二○○四年《泛珠三角區域合作框架協議》簽署，泛珠三角區域合作啟動。二○一六年三月，國務院發布《關於深化泛珠三角區域合作的指導意見》，進一步對泛珠三角區域合做作出了深化合作的總體要求，意味著泛珠三角區域合作進入新階段。整個泛珠三角區域依託粵港澳大灣區為重要樞紐，其出海口覆蓋了全部東盟成員國和海上絲綢之路的沿線各國，該區域面對的多是國際經濟規則話語權弱於中國的發展中國家。在整體的經濟定位以及經濟布局上，整個泛珠江三角洲的經濟功能首先是輸出內資，其次是引進外資，再次是供給側改革，對外可以打造成外資進入中國的前哨站、中資走向世界的總後方，對內可以深化區域合作，有利於統籌和提高沿海、沿江、沿邊和內陸開發開放水平。

粵港澳大灣區不僅涉及灣區內部城市群發展的問題，還涉及整個廣東省各城市的協調發展問題，乃至整個泛珠三角區域九省的協同發展，可謂牽一發而動全身。「9＋2」城市群的進一步融合發展將會提升粵港澳大灣區作為泛珠三角地區引擎的發動力和輻射範圍，因此，整個粵港澳大灣區的經濟輻射分析也應該從粵港澳大灣區內部這個小

環到廣東省這個中環，然後進一步推進到泛珠三角這個大環，進行有層次有側重的分析。

考慮到以上原因，本章的研究思路是：

首先，在小環的經濟輻射上，考慮粵港澳大灣區內部。從城市群角度來定位，它存在著多中心的現象，同時又由於存在著不同的經濟制度，「一國兩制」的差異化經濟體制的頂層設計欠缺，導致在大灣區內各中心城市的聯通交流存在一定障礙，嚴重影響大灣區作為泛珠三角發動引擎運轉的效率，同時廣州和深圳作為珠江三角洲的發展兩極，在過去的經濟發展中往往互相視為競爭對手，兩地經濟互動效率以及成果也需要精確評估。

其次，在中環的經濟輻射上，考慮廣東省。整個廣東省由於被珠江三角洲切割形成了兩扇格局，兩扇的發展遠遠落後於珠三角的發展水平。近年來，珠三角地區的 GDP 增速已經超過了粵東西北的 GDP 增速，這就意味兩扇區域與珠三角地區的經濟差異將會隨著時間的推移進一步擴大，這其中到底是因為珠三角區域集聚效應的增強進一步導致生產要素的集聚，使得周邊區域的要素流失，還是整個珠三角的輻射效應減弱，又或者兩者都有，這也是需要深究的問題。

最後，粵港澳大灣區在大環的經濟輻射上，需要從整個泛珠三角區域著手。而泛珠三角區域覆蓋我國整個南部眾省，橫向跨越了東部、中部，一直延伸到雲南、四川等西部地區。我國整體經濟的特徵是經濟水平由東部向西部遞減，因此泛珠三角九省經濟發展各不相同，同時生產要素稟賦各具特點，粵港澳大灣區作為引擎，對於各省

的帶動作用也不盡相同。要反映粵港澳大灣區與相鄰九省的經濟輻射，最主要的就是探討它對九省的產業轉移以及產業升級的作用，分析粵港澳大灣區在產業鏈端的支配地位和生產要素的支配地位對整個泛珠三角區域的影響。

二、粵港澳大灣區內部的經濟輻射效應

　　針對粵港澳大灣區內部經濟輻射的研究，其實更多的關注點落在了香港、深圳和廣州這三座城市的經濟互動以及各自的經濟發展特點上，其核心問題是粵港澳大灣區內部的融合問題。因為「一國兩制」的差異化經濟制度的確實存在，以及內地與港澳地區在人才、資金乃至科技交流上的障礙，導致粵港澳大灣區的發展勢必不同於其他灣區的發展，內部的協同問題和融合問題顯得尤為關鍵。由於歷史的原因以及這些壁壘的存在，阻礙了各項資源要素在節點城市的集聚，因此，粵港澳大灣區城市群與國際各大灣區城市群最大的一個差異，就是沒有一個龍頭城市，而是三城互立，形成一條帶狀區域。因此，多中心城市群的治理是粵港澳大灣區現在急需突破和解決的問題。雖然粵港澳大灣區從地理區位界定符合灣區經濟，但是由於其內部多中心的發展情況，注定了以往單核心的灣區建設理念不能夠適應粵港澳大灣區的規劃發展。因此，需要借鑑城市經濟學中多中心城市群的概念，以此為理論框架，對粵港澳大灣區經濟的特點進行剖析，才更有現實意義。

　　多中心城市群理論（Polycentricity）的現實推進更多在歐洲，自

一九九九年的《歐洲空間發展展望》就開始了對多中心城市群的推進。彼得・霍爾和凱茜・佩因組織了國際課題小組，對歐洲八個多中心城市區進行「多中心網絡」（Polynet）的實證研究，通過出版《多中心大都市：來自歐洲舉行城市區域的經驗》發表了研究結果，這給後續針對多中心網絡的研究提供了案例和思路。該研究成果指出，世界城市的產生源於先進生產服務業（APS，Advanced Producer Services）在不同等級的城市產生出支配網絡，因此城市群間的網絡結構成為研究城市群問題的主要手段。

（一）粵港澳大灣區內部的經濟分布格局分析

針對粵港澳大灣區內部經濟的輻射效應分析，將通過以下研究路徑：首先，對粵港澳大灣區內部的經濟分布格局進行準確測算；其次，在確定粵港澳經濟多中心分布格局之後，分析各中心之間經濟相互影響的效應；最後，在完成粵港澳大灣區區域經濟增長空間關聯性分析的基礎上，建立粵港澳大灣區區域經濟增長空間網絡。通過上述路徑，完成對粵港澳大灣區內部各城市的經濟依存度分析，從而對粵港澳大灣區最核心的經濟輻射小環進行深度的分析解讀。

研究粵港澳大灣區內部經濟的分布格局，首先要從粵港澳大灣區城市規模的分級情況進行分析，這包括對城市的經濟水平、人口以及資金等維度的全方位測評。表 8-9 為粵港澳大灣區城市群的城市 GDP 和人口數據，數據來源於二〇一六年《廣東省統計年鑑》、二〇一六年《香港統計年鑑》以及二〇一六年《澳門統計年鑑》。

從 GDP 數據來看，廣州、深圳兩城的 GDP 增速明顯，名義 GDP 增量率基本上每五年都能夠翻上一番。除了江門市以外，粵港澳大灣區中原珠三角城市在九年間，名義 GDP 基本都能夠增長七至八倍，澳門的經濟增長只有五倍，而香港的 GDP 名義增長水平只有 1.7。香港在二十世紀七〇年代開始崛起，

表 8-1 | 粵港澳大灣區城各城市 GDP 和人口數據

	2000 年	2005 年	2010 年	2011 年	2012 年	2013 年	2014 年	2015 年
城市 GDP （單位：億元）								
廣東	2492.7	5154.2	10748.3	12423.4	13551	15497	16706	18100
深圳	2187.5	4950.9	9773.3	11515	12971	14572	16001	17502
珠海	33.24	635.5	1210.8	1410.3	1509.2	1679.0	1867.2	2025.4
佛山	1050.4	2429.4	5622.6	6179.7	6579.2	7010.7	7441.6	8003.9
惠州	439.2	803.9	1730.0	2094.9	2379.5	2705.1	3000.4	3140.0
東莞	820.3	2183.2	4278.2	4771.9	5039.2	5517.5	5881.3	6275.1
中山	345.4	885.7	1853.5	2194.7	2446.3	2651.9	2823.0	3010.0
江門	504.7	801.7	1570.4	1830.6	1880.4	2000.2	2082.8	2240.0
肇慶	249.8	435.1	1088.4	1328.8	1467.7	1673.4	1845.1	1910.0
香港	13375	14121	17763	19344	20370	21383	22600	23984
澳門	521.0	939.9	1922.9	2307.6	2750.9	3295.6	3536.2	2899.7
城市人口 （單位：萬人）								
廣東	994.8	949.7	1271.0	1275.1	1283.9	1292.7	1308.1	1350.1

	2000 年	2005 年	2010 年	2011 年	2012 年	2013 年	2014 年	2015 年
深圳	701.2	827.8	1037.2	1046.7	1054.7	1062.9	1077.9	1137.9
珠海	123.7	141.6	156.2	156.8	158.3	159.0	161.4	163.4
佛山	534.1	580.0	719.9	723.1	726.2	729.6	735.1	743.1
惠州	321.8	370.7	460.1	463.4	467.4	470.0	472.7	475.6
東莞	644.8	656.1	822.5	825.5	829.2	831.7	834.3	825.4
中山	236.5	243.5	312.3	314.2	315.5	317.4	319.3	321.0
江門	395.2	410.3	445.1	446.6	448.3	449.8	451.1	452.0
肇慶	337.7	367.6	392.2	395.1	398.2	402.2	403.6	406.0
香港	666.5	681.3	702.4	707.1	715.4	718.7	724.1	730.5
澳門	43.0	47.4	53.7	54.9	56.9	59.5	62.2	64.2

一九七〇年之前，它只不過是一個不起眼的殖民地，一九七〇年的香港 GDP 為 231 億港元，此後香港的經濟突飛猛進，到一九八〇年，增長到了 1436 億港元，十九年時間，其經濟規模暴漲了約六倍，實現了不到兩年翻一番的奇蹟。這黃金十年，奠定了香港產業經濟的基礎。一九八〇年後香港經濟仍然高速發展了相當長的一段時間。一九九〇年其 GDP 為 5993 億港元，相對於一九八〇年又增長了 317%；二〇〇〇年其 GDP 值為 19375 億港元，比一九九〇年增長了 123%。這種增速雖然比不上二十世紀七〇年代黃金十年的增速，但也算很不慢了。香港的經濟增速從二〇〇〇年開始迅速放緩，主要原因是香港賴以生存的製造業受到了內地改革開放的衝擊，香港的企業家將產業遷到內地，並滿足於三來一補的優惠，而沒有對本島的產業

進行升級。到一九九〇年，製造業就業人口占總就業人口比值下降到約 30%，到一九九五年就下降到約 20%，二〇〇〇年是 12%，到了二〇一〇年，已經僅僅只有 3%左右，幾乎可以忽略不計。從就業人口的絕對數看，一九八〇年香港製造業工人總數約一百萬，而二〇一〇年僅十萬出頭。製造業的缺失導致了香港經濟的高速增長難以為繼，而其以金融業為代表的高端服務業有著高收入低就業的特性，其產業規模和就業人口無法支撐香港經濟的持續增長。而地處珠三角的深圳和廣州產業升級較為合理，廣州的產業優勢體現在商業商貿上，而深圳的產業優勢則體現在金融和互聯網科技上，兩城不斷升級的經濟推動引擎導致了它們在經濟總量上已經和香港平起平坐，以前香港經濟獨占鰲頭的現象難以再現。為了進一步分析粵港澳大灣區城市發展水平的協調性，需要對現有的城市規模數據進行測算，其中在區域經濟學領域較為常用的分析方法是位序－規模法則，或者稱為齊夫（ZiPf）法則。

位序-規模分布由 G.K. 齊夫於一九四九年提出，是研究一個國家或者地區城市規模分布的理論工具。城市規模分布可以反映一國城市人口在不同層級城市中的分布情況，是考察一個區域城市體系發展狀況的衡量指標。根據巴拉巴希（2002 年）針對規模分布的定義，在規模分布的模式上，分為有特徵尺度的分布和沒有特徵尺度的分布，北京大學的陳彥光（2010 年）通過數學分析中的二倍數法則，證明了沒有特徵尺度的分布都服從齊夫法則。根據齊夫法則，在一定區域範圍內的城市規模與其規模在所有城市區域中的排序乘積為一常數。用數學公式描述如下：

$$P = C/S^{\beta}\beta \quad P = C/S^{\beta}$$

其中，P 為城市規模指標，一般採用經濟水平或者人口分布數據；S 為位序數，即該城市的規模指標在所有區域城市中的排名；C 為常數，β 的取值即為齊夫法則的衡量標準。當 $\beta=1$ 時，說明了該區域中的城市符合位序規模法則；當 $\beta>1$ 時，說明城市發展不均衡，具體表現為其發展多集中於大城市，小城市的發展水平不足。這也就說明該區域的資源以及各項要素都集聚在核心城市，其周邊城市與核心城市發展脫節。核心城市更多的是集聚效應，沒有適當的外溢效應，這將會導致城市發展的兩極分化越來越明顯，核心城市和周邊城市發展無法形成有效聯動，使得整體區域發展出現割裂現象；當 $\beta<1$ 時，說明城市規模分布均衡，大小城市沒有形成兩極分化，沒有特別突出的城市，整體區域發展均衡，但是另一方面體現了該區域缺少核心城市或者核心城市的地位不突出。區域中如果缺少核心城市，難以形成集聚效應，也會降低推進區域發展的核心引擎的動力。用齊夫法則對粵港澳大灣區城市群的人口進行測算，根據經濟發展水平為指標的齊夫法則結果顯示如圖 8-1。

從圖 8-1 可以看到，關於粵港澳城市群，以 GDP 為城市規模指標，測算得到的 β 值在二〇〇〇年的時候為 1.5613，之後隨著時間的推移，該指標開始往 1 逼近，這意味著以 GDP 為城市規模指標來測算粵港澳大灣區的城市群，其均衡程度由發展極不均衡開始逐年遞減。分析二〇〇〇年的 GDP 數據，香港的 GDP 遠遠高於深圳、廣州兩城，在粵港澳大灣區城市群中的占比超過 50%，而廣州和深圳在這十五年間，GDP 增速遠高於香港，一定程度上使得整體粵港澳經濟的發展趨於均衡。但從整體來說，二〇一五年的 β 值為 1.19，但是其他城市的 GDP 占比還是呈現萎縮態勢，這說明當下，粵港澳大灣

圖 8-1　粵港澳大灣區城市 GDP 水平的齊夫測算

區城市群整體區域的均衡化基礎在香港、深圳和廣州這三個城市
GDP 水平基本持平，三地 GDP 占整個粵港澳大灣區城市群 GDP 總
量的 70%左右。從這個角度來說，粵港澳大灣區經濟發展的均衡趨
勢來源於這三座核心城市的 GDP 量級平衡，其本質依舊是不均衡發
展。

　　以人口維度來分析整個粵港澳大灣區城市群的均衡程度，通過齊
夫規則的測算，具體的趨勢圖如圖 8-2。

　　根據齊夫測算，粵港澳城市群人口分布基本符合齊夫法則，R值
雖然在二〇〇五年出現了一個低谷，但是在二〇一〇年之後，其值都

圖 8-2　粵港澳城市群人口齊夫測算

保持在 [0.98, 1] 的區間中，這說明了以人口規模為度量維度的粵港澳城市群發展較為均衡，且發展趨勢也較為合理。

通過對粵港澳大灣區城市規模的測算發現，在經濟水平上，雖然不均衡發展的問題有比較大的緩解，但是深入分析其原因，更多的還是因為香港經濟增速的放緩，導致了廣州、深圳兩城憑藉自身優勢以及國家政策的傾斜，實現了經濟發展的彎道超車。這些造成現在整個粵港澳大灣區城市群三城鼎立，香港、深圳和廣州三城形成了一條縱向的經濟高速發展帶。接下來，就是要針對這三座核心城市分析三城對整個大灣區的輻射效應。

（二）粵港澳大灣區三大金融中心的地位評價

　　大灣區經濟的一大特點是高端服務業發達，尤其是金融服務業。根據英國智庫 Z/Yen 集團在二〇一七年三月發布的最新一期全球金融中心排行榜（GFCI）的測算，粵港澳大灣區的三座核心城市香港、深圳以及廣州都進入了全球金融中心的榜單。全球金融中心排行榜的評估是依據營商環境、金融體系、基礎設施、人力資本以及城市聲譽為主要評價指標進行評判，全球幾大灣區的核心城市都有進入該排行榜。其中，紐約灣區中，紐約以 794 分排在第二位，僅以 1 分落後於第一名的倫敦，東京灣區的核心東京以 734 分排名第五，舊金山灣區的核心舊金山則以 720 分排名第六。粵港澳大灣區城市群的三大核心城市中，廣州市是第一次進入全球金融中心排行榜，以 650 分排在了第三十七位，深圳以 701 分排在了第二十二位，香港則是以 748 分的高分排在了第四位。上榜「全球金融中心指數」發展迅速、潛力巨大、特色鮮明的金融產業是前提條件之一，三座城市金融發展各具特點：

　　①香港全球金融指數為 748，作為我國「一國兩制」特區，享受到了獨特的政策優惠，是世界知名的繁華大都市，是重要的國際金融中心、國際航運中心和國際貿易中心，被稱為購物天堂，擁有鄰近國家和地區不可替代的優越地位。同時香港也是僅次於倫敦和紐約的全球第三大金融中心，與美國紐約、英國倫敦並稱「紐倫港」。

　　②深圳在跨境金融以及金融創新中有其他城市無法比擬的優勢，依託前海自貿試驗區，可以進一步深化深港金融合作，在跨境金融領域有著創新和試錯的機會。深圳金融產業的集聚效應正不斷增強，截

至二〇一六年末，前海深港合作區註冊的金融類企業有 5.09 萬家，占前海人區企業總數的 46.6%，合計註冊資本（含認繳）4.4 萬億元。前海跨境人民幣貸款累計發放 365 億元，惠及前海 171 家企業。

③廣州大力發展直接融資，金融與實體經濟雙向互動，通過直接融資業務的發展，降低企業融資成本，服務實體經濟發展。二〇一六年全市直接融資餘額達 1.35 萬億元，在大城市中僅次於上海（1.48 萬億元），占全省的 60.65%；直接融資占社會融資規模的比重達 52.3%，居全國大城市第一位。圖 8-6 展示了二〇一七年發布的全球金融中心排名前十位的城市得分和深圳、廣州的得分。

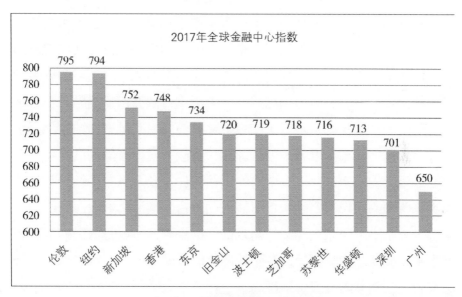

圖 8-3　全球金融中心排行榜

對於金融中心而言，其核心是金融資源的集聚效應和金融業對產業的輻射效應，根據 GFCI 對金融中心的分類，倫敦和紐約屬於全球

性的金融中心，香港、新加坡以及東京屬於國際性金融中心，深圳以及廣州屬於國家性金融中心，台北等金融輻射範圍更小的則為區域性金融中心，而像瑞士的蘇黎世私人銀行中心、芝加哥的商品期貨中心和柏林的基金管理中心則被劃分為專業性的金融中心。因此，本章擬通過金融競爭力水平指標的構建，來全面地分析整個粵港澳大灣區城市群的金融發展水平，並進一步勾畫出粵港澳大灣區的金融輻射能力圖，通過構建金融業的戰略節點識別輻射重疊區、輻射核心區以及輻射外圍區，並有針對性地圍繞整個粵港澳大灣區的金融輻射格局，提出相對應的金融發展建議。

關於金融競爭力指標的構建更多地參考了 GFCI 的一部分核心指標，包括城市的 GDP 水平、第三產業占整個城市 GDP 的比例等。由於除了香港、深圳、廣州三市進入 GFCI 的排名以外，其他城市均沒有進入 GFCI 的排名，針對整個粵港澳大灣區城市群，需要重新設計一套合理的金融競爭力指標體系，來衡量各個城市的金融競爭力水平，以便勾勒出核心金融城市的金融輻射範圍。有針對性地設計衡量粵港澳大灣區城市金融競爭力的影響，應該考慮經濟學的供需關係，即從金融業的需求條件、金融業的供給條件以及金融業相較於其他產業更為明顯的規模集聚因素這三個方面綜合評價城市群內部城市的金融競爭力水平。所謂金融業的需求條件，具體分析就是城市的經濟發展水平、經濟制度的完善以及腹地經濟的範圍等因素，需求越大，勢必導致金融產業的發展水平越高，金融集聚效應越高，相應的金融輻射效應也越強。考量供給方面，則是從金融機構自身的資金供給水平、金融人才儲備水平、金融深化程度、金融創新水平、經濟開放水平以及金融制度完善水平等方面來進行評價。金融集聚水平更多的是

分析城市內部的金融網絡架構情況，例如金融機構從業人數占總就業人數的比例、金融資產增加值占總資產增加值的比例等因素，能夠較好地體現整個金融行業占城市整體經濟發展水平的比例，以此來判斷金融業的集聚程度。基於以上分析，構建了如表 8-2 的金融業競爭力評估指標體系。在數據的獲取上，主要是通過二〇一五年、二〇一六年《廣東省統計年鑑》二〇一五年、二〇一六年《香港統計年鑑》以及二〇一五年、二〇一六年《澳門統計年鑑》的數據，其中部分數據由於二〇一六年的年鑑只顯示了二〇一五年的數據，所以所有數據全部為二〇一五年的數據體現。同時，由於香港、澳門在整個國民經濟核算方法上跟國內的核算方法存在著一定的出入，在指標的選取過程中存在著一定的偏差，因此本文盡量選擇統計口徑相一致的指標，但是仍存在一定的口徑偏差，難免會對真實的金融業競爭力衡量造成一定的誤差。

金融需求水平體現了整個城市的經濟運行系統對金融的需求水平，因此，需要從城市的整體經濟發展程度來衡量。只有經濟發展到了一定規模，金融服務業的集聚效應才能體現，通過金融需求的提升，促進金融行業的集聚和金融資產規模的提升，形成良性循環效應。因此選擇了人均 GDP、人均財政收入和固定資產投資總額這三個指標來作為衡量金融需求水平的二級指標。

表 8-2｜金融業競爭力評估指標體系

金融競爭力水平	
金融需求水平	人均 GDP（X1）
	人均財政收入（X2）
	固定資產投資總額（X3）
金融供給水平	本外幣存款餘額（X4）
	本外幣貸款餘額（X5）
	金融業增加值（X6）
	保費收入（X7）
	金融機構數量（X8）
金融集聚水平	金融從業人數/總就業人數（X9）
	金融業增加值/GDP（X10）
	保險密度（X11）
	上市公司數量（X12）

　　金融供給水平則體現了一座城市的金融業發展水平。最主要的衡量指標就是銀行的存貸業務，這能夠體現金融業對實體產業的支撐能力，從側面反映了金融供給能力，因此本書選擇了本外幣存款餘額和貸款餘額作為研究指標。同時金融業的增加值和保費收入則可衡量城市整體金融業的發展水平。保費收入是用於衡量整個城市的保險業務的，選擇該指標除了因為該指標能夠一定程度地反映該城市的保險產業水平，最主要的是因為該數據的可獲得性好，同時香港、澳門和內地的統計口徑一致。最後，金融機構數量也能夠從側面衡量城市的金融發展水平和金融供給水平。

金融集聚水平更多的是體現城市的金融網絡密度，因此選擇了金融從業人數和整體就業人數的比例作為指標，用于衡量整個城市的金融集聚水平。同時金融業增加值和整個城市 GDP 發展水平的比例也可以很好地說明金融業占整個經濟發展的占比，能夠較好地描述金融業在整個城市中的集聚水平。保險密度和上市公司數量也是在數據獲取上較為容易的衡量金融集聚的數據指標。

　　根據以上指標的設定，使用 EVIEWS 對粵港澳大灣區城市群的十一座城市採用因子分析法進行測算，給出十一城金融競爭力評價。具體的分析結果如下：

　　首先是降維情況，根據碎石圖顯示，經過因子分析後，對於十二個二級指標進行降維，最後合併成兩個公共因子。碎石圖見圖 8-4。

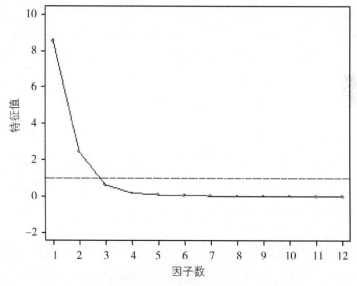

圖 8-4　因子分析碎石圖

從表 8-3 可以看到，從該表中可分析出，旋轉後第一個公共因子的累計方差貢獻率為 71.23%，第二個公共因子的累計方差貢獻率為 91.67%，說明兩個公共因子能夠代表十二個二級指標的大部分信息，跟因子分析碎石圖的結果一致。經過對載荷矩陣進行方差最大化正交旋轉後，第一個公共因子累計方差貢獻率為 64.44%，第二個公共因子的累計方差貢獻率為 91.67%。進一步分析因子旋轉後的兩個公共因子的特徵值，第一個公共因子的特徵值為 7.732，第二個公共因子的特徵值為 3.267，旋轉後的公共因子特徵值都大於.，所以進一步的分析是基於兩個公共因子形成的打分數據來評判的。

表 8-3｜方差貢獻分析表

主因子	初始解			旋車專後		
	特徵值	方差貢獻率	累計方差貢獻率	特徵值	方差貢獻率	累計方差貢獻率
1	8.548	71.23%	71.23%	7.732	64.44%	64.44%
2	2.451	20.44%	91.67%	3.267	27.23%	91.67%

因子旋轉能夠使初始解中所求出主因子代表變量不很突出，通過進行因子旋轉，採取正交旋轉的方法得到的載荷矩陣兩極分化更明顯，主因子其識別更加容易，便於更好地分析主因子所代表的現實意義。旋轉後的因子載荷矩陣見表 8-4。

由表 8-4 可以看出，第一主因子在 X4，X5，X7，X7，X8，X9，X10 等指標上有較大的載荷，而第二主因子在 XI，X7, X2, XII，X12 指標上有較大的載荷，根據分析，第一主因子更能夠代表一座城市的

金融規模指標，而第二主因子則是代表一座城市除了金融指標以外的其他經濟類指標，可以稱為經濟支撐因子。根據以上測算，可以得到粵港澳大灣區城市群金融競爭力排行榜，其中，PC1 和 PC7 分別反映了城市的金融規模指標和經濟支撐指標，Score 則是兩者的加權得分，加權得分越高，說明該城市的金融競爭力越高。具體針對粵港澳大灣區城市群各城市的金融競爭力測算見表 8-5。

表 8-4｜因子分析旋轉後的載荷矩陣

Variable	PC 1	PC 2
XI	0.101516	0.839985
X10	0.866802	-0.381832
X11	0.264844	-0.691591
X12	0.178694	-0.664399
X2	0.177317	0.759865
X3	0.080322	0.815236
X4	0.894807	0.079302
X5	0.765006	0.056039
X6	0.873559	0.216625
X7	0.823393	-0.136928
X8	0.712231	-0.227873
X9	0.917115	-0.145608

表 8-5 | 粵港澳大灣區城市金融競爭力水平測算

城市	因子 1	因子 2	總分（Score）
香港	1.703324	-0.26137	1.441957
深圳	0.580775	0.253873	0.84648
廣州	0.852668	-0.05037	0.802299
佛山	-0.09009	0.1366.36	0.46448
珠海	-0.10168	0.077595	-0.02508
東莞	-0.08909	0.007766	-0.08132
澳門	0.007358	-0.22702	-0.21967
中山	-0.33867	-0.02418	-0.36285
惠州	-0.44094	-0.13914	-0.58008
江門	-0.449	-0.11642	-0.56542
肇慶	-0.48012	-0.1801	-0.66022

由上表可知，具有明顯的金融輻射能力的城市，也就是評分大於零的城市（佛山雖然得分大於 0，但是過於接近，並且主要是源於經濟支撐因子中得分較高，因此不考慮佛山的金融輻射能力），就是香港、深圳和廣州三座城市，總分低於零的城市則是核心城市金融輻射的輻射區域。從表 8-5 可以看出，香港的金融輻射能力遠遠領先，深圳的金融輻射能力稍微優於廣州，因此，在以金融為主要衡量指標的城市網絡結構中，香港屬於整個城市群的核心支配城市，深圳和廣州在金融上則是承載著副中心的職能。其他城市的金融競爭力和這三座城市相比則顯得較弱，更多是受到這三座城市的金融輻射影響。

（三）粵港澳大灣區金融多中心結構錯位發展研究

粵港澳大灣區內部的輻射效應則是研究三座城市的金融輻射能力，也就是測算出香港、深圳以及廣州三座城市間的金融輻射半徑，並以此為依據，勾勒出整個粵港澳大灣區的金融區位優勢圖，在此基礎上有針對性地提出各城市不同的金融服務業發展戰略。

測算香港、深圳以及廣州三座城市間的金融輻射半徑是通過威爾遜（1967 年）創立的空間相互作用模型，該模型解決了在二維空間相互作用套用牛頓模型具有計算發散性的問題。威爾遜模型是基於熵最大化原理嚴格推導出的區域空間相互作用模型，其表達為：

$$T_{ij} = KA_iD_j\exp\left(-\beta r_{ij}\right) \tag{8-1}$$

在模型中，K 是歸一化因子，一般情況下其值為 1；T_{ij} 代表的是區域 i 從區域 j 吸引到的資源總量；A_i 是區域 f 的資源要素的競爭力水平；D_j 是區域 j 的資源要素的競爭力水平；β 是衰減因子，主要受到距離依據區域範圍的影響；r_{ij} 是第 i 個城市和第 j 個城市的空間距離。可以將威爾遜模型進一步簡化，思路是參照王錚（2002 年）的簡化方法，將吸引地區的資源水平要素簡化，主要是研究核心節點的輻射能力。簡化後的公式為：

$$\theta = D_j\exp\left(-\beta r_{ij}\right) \tag{8.2}$$

其中，θ 為閾值，其實際意義為當一座城市的金融競爭水平隨著距離產生衰減到該水平時，則視為其金融輻射能力就到該距離。在該距離以外的區域不受到該金融中心的金融輻射影響。對方程（8.2）

取對數，可以得到：

$$r_j = \frac{1}{\beta} \times \ln \frac{D_j}{\theta} \qquad (8.3)$$

根據方程（8.3）可以知道，只要設定好了閾值，在有了各座城市的金融競爭力評價測算之後，就能夠根據 β 的取值來測算 r_j，也就是城市 j 的金融輻射半徑了。還是參考王錚（2002）的結論，對 β 的取值採取其估算方法：

$$\beta = \sqrt{\frac{2T}{t_{max}\sum D_j}} \qquad (8.4)$$

在方程（8.4）中，T 為區域內相互作用的元素個數，在一個區域內則是用來表示該區域中城市群中的城市個數，因此在本文中，T 的取值為 11。t_{max} 反映的是城市群內部的金融中心的個數。在粵港澳大灣區城市群中，只有香港、深圳和廣州可以算作真正的金融中心，因此，在本文中，t_{max} 的取值為 3。$\sum D_j$ 是對城市群中所有城市的行政土地面積進行的求和，即粵港澳大灣區城市群的總體面積，通過對粵港澳大灣區城市群十一座城市的總體面積進行彙總測算，得出其總體面積為五點六五萬平方公里。在衰減閾值的選擇上，考慮到佛山在金融競爭力上的得分為 0.0465，因此，將閾值設置為 0.05，即將得分在該數值以下的城市都視為不具備金融輻射能力的城市，香港、深圳和廣州的金融輻射能力一旦衰減到該值以下時，也即視為不具備金融輻射能力。根據以上分析，具體測算出粵港澳大灣區城市群三大金融中心的金融輻射範圍為：

表 8-6 ｜ 粵港澳大灣區城市群三大金融中心金融輻射範圍

城市	金融競爭力評分	金融輻射範圍（公里）
香港	1.441957	111.27
深圳	0.834648	93.17
廣州	0.802299	90.86

在此基礎上，勾勒出整個粵港澳大灣區核心金融城市的輻射半徑，可以發現有一個金融輻射的疊加區域，該區域覆蓋的城市包括廣州、佛山、東莞、深圳、香港、中山、珠海以及澳門，基本涵蓋了粵港澳城市群的八座城市。圍繞著這一輻射核心區域，需要有針對性地對該區域城市的定位進行分工，才能使金融和實體經濟相結合，形成兩者之間的良性互動。同時，由於該區域的金融中心較多，如果不進行合理規劃、錯位發展，則會形成較大的區域內部競爭問題，過度的競爭將不利於粵港澳大灣區城市群的整體發展。

在國家的整體規劃中，該區域還涵蓋了廣東省的三個自貿區，分別是深圳和香港交界處的前海蛇口自貿片區、澳門和珠海交界處的珠海橫琴自貿片區以及廣州和中山交界處的南沙新區片區。從三大自貿區的定位也能夠看出我國對整個粵港澳大灣區差異化發展的頂層設計：首先，前海蛇口自貿片區的功能定位是依託深港深度合作，以國際化金融開放和創新為特色，重點發展科技服務、信息服務、現代金融等高端服務業，建設我國金融業對外開放試驗示範窗口、世界服務貿易重要基地和國際性樞紐港；其次，南沙片區的功能定位是在構建符合國際高標準的投資貿易規則體繫上先行先試，重點發展生產性服

務業、航運物流、特色金融以及高端製造業，建設具有世界先進水平的綜合服務樞紐，打造成國際高端生產性服務業要素集聚高地；最後，橫琴新區片區的功能定位是依託粵澳深度合作，重點發展旅遊休閒健康、文化科教和高新技術等產業，建設成為文化教育開放先導區和國際商務服務休閒旅遊基地，發揮促進澳門經濟適度多元發展的新載體、新高地的作用。

三者的差異化定位也是基於三者所依託的金融中心的特點來區別對待的。廣州接壤佛山、中山、東莞，這三市都是以製造業為核心產業，尤其是佛山的製造業。佛山市是粵港澳大灣區城市群中唯一一個第二產業占整體經濟比重高於第三產業的城市。以廣州為核心的金融中心更多的是針對生產性的金融服務。同時，廣州的支柱產業為汽車、電子、裝備製造業等先進製造業和信息服務、商務服務業，金融業在二〇一六年整體拉動 GDP 增長 1.0%，是廣州第五大支柱產業。廣州要依靠總部資源優勢和行政資源優勢，不斷擴充自身經濟規模和放大區域中心城市功能，並繼續鞏固在銀行業、保險業方面的優勢，重點強化區域性的銀團貸款、票據融資、資金結算、產權交易、商品期貨和金融教育科研等中心功能，發展總部金融，建設金融商務區。因此，綜合廣州周邊的金融輻射半徑的城市發展情況，以及廣州自身的產業發展布局，廣州的金融服務產業在發展方向上更應該脫虛向實，針對其經濟腹地中小企業集中的格局，在金融服務上更加針對普惠性的金融服務，促進「脫虛向實」的信貸資金歸位，更多投向實體經濟，有效降低企業特別是小微企業融資成本。

香港和深圳兩大金融中心更多的是合作而不是競爭，因為兩者所

面對的市場有所差異，香港更多的是作為人民幣離岸中心，承擔起我國企業走出去的對外橋樑，憑藉其獨有的人才、法律、經貿優勢，在中國資本開放中具有重要的作用，帶領內地縮小中國與發達國家的差距，為國內外企業和資本的對接搭起平台。離岸市場的存在和壯大會有利於擴大兩地金融機構的互相准入，放寬 QDII 和 QFII 的投資限制和增加規模，允許更多投資者參與跨境金融交易的市場需求，倒向促進資本項目的開放進程。深圳在創新技術以及金融科技上都有著其獨特的優勢，在德勤出具的二〇一七年全球金融科技城市評分中，香港評分居全球第五位，深圳評分居全球第三十位，雙城聯合打造全球領先的金融科技中心具有巨大潛力。二〇一七年一月，兩地聯合簽署了《港深推進落馬洲河套地區共同發展的合作備忘錄》，在落馬洲河套地區合作建設「港深創新及科技園」，推動其成為科技創新的高端新引擎、深港合作新的戰略支點與平台，共同建設具有國際競爭力的「深港創新圈」金融業聯通方面，二〇一六年十二月五日深港通的開通，標誌著深港兩地證券市場成功實現聯通。深港通有助於內地資本市場在風險可控的情況下進一步對外開放，並有助於推動人民幣國際化，讓香港繼續為內地的金融改革貢獻力量。二〇一七年一月，深圳前海金融科技創新取得新突破，招商銀行運用國內首個區塊鏈跨境支付應用技術，讓深圳前海蛇口自貿片區用戶可通過永隆銀行向香港同名賬戶實現跨境支付。二〇一六年七月底推出了深港通。為了強化香港的債券市場，二〇一七年還有望開通債券通。所以，深圳聯通香港資本市場的作用就顯得尤為重要。因此，在整個粵港澳大灣區城市群中，香港作為離岸金融中心、海上絲綢之路的核心地帶，需要承擔我國構建開放型經濟體的重任。而深圳則是香港聯通粵港澳城市群乃至

整個內陸地區的重要橋樑，自身也具備了高水平的金融服務業和創新產業，不僅能夠很好地對接香港，同時作為金融中心、科技創新中心，對整個粵港澳大灣區都具有很好的輻射作用。

橫琴新區沒有核心金融業的存在，更多的是受到金融輻射的影響。但是在金融輻射上，由於珠江入海口的原因，整個橫琴新區受到的深港金融輻射外溢的效益較低。已經建成的港珠澳大橋能夠很好地改善這一問題，形成一個環珠江入海口的半小時經濟圈，以後該區域的經濟發展將值得期待。

從粵港澳大灣區城市群中核心城市的金融輻射半徑來看，在三座核心城市形成了兩條金融交叉帶：一條是以廣州為核心輻射整個粵港澳大灣區製造業城市的「脫虛向實」生產性金融服務帶，一條是以香港、深圳雙城金融疊加形成的跨境雙向金融輻射帶。兩條金融交叉帶就像飛機的兩翼一樣，一條是以推動實體經濟的發展為引擎，一條是以「走出去」戰略發展為引擎。在兩條交叉帶中的佛山、中山以及東莞等製造業城市，能夠充分享受到雙向疊加的金融服務優勢，一方面得到普惠性的金融服務支持，一方面又能夠通過深圳、香港獲取高新技術以及企業「走出去」的金融扶持，在兩翼的帶動下，更好地發展實體經濟。這就需要兩條交叉帶在其金融發展定位上做到真正的差異化發展，減少區域間競爭，形成合理分工，通過城市金融產業的錯位發展，使三大金融中心真正能夠為粵港澳大灣區經濟的發展提供動力。

三、粵港澳大灣區對廣東省各城市的經濟輻射效應

廣東省作為全國第一的經濟大省，其經濟發展一直走在全國前列。廣東省有著全國經濟發展的引擎——珠三角地區，而進一步升級後的珠三角納入了香港和澳門，將會使其作為新的粵港澳大灣區的經濟核心的引擎地位進一步提升。然而縱觀整個廣東省，區域城鄉發展不平衡的問題一直沒有得到很好的解決，整個廣東省除了珠三角區域或者說是粵港澳大灣區之外，還有三塊區域：（1）西翼地區包括湛江、茂名和陽江三市；（2）山區包括雲浮、清遠、河源、韶關以及梅州；（3）東翼包括汕頭、潮州、揭陽和汕尾。

根據《廣東宏觀經濟發展報告（2016-2017）》的數據，粵東西北地區受傳統發展模式影響，經濟發展活力不足，經濟面臨較大的下行壓力。珠三角發展領先，粵東西北相對放緩。分區域看，前三季度珠三角地區 GDP 增長 8.1%，粵東西北地區增長 7.2%；其中東翼增長 7.1%，西翼增長3%，山區 GDP 增長 7.3%。從區域 GDP 增速變異係數看，區域增速差異在長期縮窄後有所擴大。根據廣東省二〇一六年的統計年鑑，珠三角 GDP（不含港澳）為 62228 億元，粵西發展最好，也僅為 6076 億元，粵北為 5430 億元，山區為 4911 億元。粵東西北地區加起來不到珠三角 GDP 的 1/3，區域經濟發展極不平衡。本節接下來就將分析廣東省發展的不均衡現狀以及作為經濟增長極的粵港澳大灣區對整個廣東省其他城市的經濟關聯度和輻射度。

（一）粵東西北地區經濟概況

廣東省不含香港、澳門共有二十一個市，由於資源稟賦豐歉程度差異、地理位置不同和政策推進的時序先後，廣東省區域發展嚴重失衡現象亦十分明顯。這一問題伴隨著市場化的發展，在市場機制下形成的產業、資源、勞動力的集聚進一步加快了珠三角區域和粵東西北地區的經濟差距。二〇一三年，廣東省全方位啟動進一步促進粵東西北地區振興發展戰略，然而幾年過去了，整體的經濟差異仍然存在，根據《廣東宏觀經濟發展報告》顯示，在二〇一二年一季度至二〇一四年三季度，各地市間的季度 GDP 增速變異係數從 31.5% 縮窄到 7.3%，離散程度逐步縮小，各地市經濟發展速度差異縮小。但今年開始，各地市增速變異係數呈擴大趨勢，從一季度的 11.0%，到二季度為 12.4%，三季度又攀升至 13.3%。本文通過《廣東省統計年鑑（2015）》挑選出幾個重要的經濟指標，以此來進行具體分析，詳細數據見表 8-7。

表 8-7　二〇一五年廣東省各市主要經濟指標

	GDP（億元）	第二產業占比（%）	第三產業占比（%）	人口（萬人）	出口（億美元）	實際利用外資（萬美元）	財政預算收入（億元）	規模以上服務業個數	研究與開發支出（萬元）
廣州	18100.4	31.6	67.1	1350.1	811.7	541635	1349.47	6333	2122613
深圳	17502.9	41.2	58.8	1137.9	2640.4	649731	2726.85	4478	6726494
珠海	2025.41	49.7	48.1	163.41	288.11	217787	269.96	561	434013
汕頭	1868.03	51.5	43.3	555.21	67.55	21767	131.26	125	111951

	GDP（億元）	第二產業占比（%）	第三產業占比（%）	人口（萬人）	出口（億美元）	實際利用外資（萬美元）	財政預算收入（億元）	規模以上服務業個數	研究與開發支出（萬元）
佛山	8003.92	60.5	37.8	743.06	482.05	237726	557.55	651	1929893
韶關	1149.98	37.5	49.3	293.15	14.25	4807	85.23	132	114858
河源	810.08	45.7	42.7	307.35	28.33	14425	67.48	51	24141
梅州	959.78	36.7	43.7	434.08	22.72	7130	103.59	40	22510
惠州	3140.03	55	40.2	475.55	347.75	110499	340.02	359	597225
汕尾	762.06	45.8	38.7	302.16	15.78	9958	28.83	38	50323
東莞	6275.07	46.6	53.1	825.41	1036.1	531982	517.97	1175	1267890
中山	3010.03	54.3	43.5	320.96	280.07	45683	287.51	430	692376
江門	2240.02	48.4	43.8	451.95	153.72	87940	199.01	199	387361
陽江	1250.01	45.1	38.5	251.12	24.04	8497	67.93	67	84012
湛江	2380.02	38.2	42.7	724.14	28.07	15717	121.86	319	71764
茂名	2445.63	40.9	43.3	608.08	10.99	17190	113.92	168	133088
肇慶	1970.1	50.3	35.1	405.96	47.66	139447	143.36	114	1921157
清遠	1277.86	37.9	47	383.45	27.09	14201	108.38	141	57931
潮州	910.11	53.2	39.7	264.05	27.64	2044	47.2	46	51109
揭陽	1890.01	59.6	31.5	605.89	67.04	3929	77.4	71	108194
雲浮	713.14	42.6	36.5	246	13.6	5451	58.7	29	25596

根據表 8-7 可以發現，整個廣東省的 GDP 有 79% 來源於珠三角地區，西翼地區只有 7.7%，東翼只有 6.9%，山區為 6.2%。在產業結構上，珠三角第二、第三產業的總占比為 96.1%，只有 3.9% 為第一產業，其中第二產業結構占比為 48.6%，第三產業占比為 47.5%。西翼地區第一產業占比 17.1%，第二、第三產業占比分別為 41.4% 和 41.5%；東翼地區第一產業占比為 9.2%，其中第二、第三產業占比分別為 52.5% 和 38.3%；山區地區第一產業占比為 16.1%，第二產業和第三產業占比為 40% 和 43.8%。人口上，珠三角人口占整個廣東省的 54%，西翼地區占比為 14.6%，東翼地區占比為 15.9%，山區人口占比為 15.3%。在出口、實際利用外資、規模以上服務業以及科研經費支出占比中，珠三角地區占比全部超過 90%，財政預算占比為 86%。由此可見，珠三角區域占據了整個廣東省絕大多數的資金、科研資源，其他三塊區域在資金、服務業以及科研上的分配則遠遠少於珠三角區域，形成了極不平衡的資源分配。

為了進一步論證廣東省各市發展具有地緣上的集中性，本章採用莫蘭指數進行分析。莫蘭指數是通過測量城市自身的某一經濟指標和它相鄰的城市之間的同一經濟指標的關聯性進行分析。Moran'I >0 表示空間正相關性，其值越大，空間相關性越明顯；Moan'I<0 表示空間負相關性，其值越小，空間差異越大；Moran'1=0,空間呈隨機性。廣義的莫蘭指數的加權成比例的向量內積表示：

$$I = \frac{n \sum\limits_{i} \sum\limits_{i \neq j} w_{ij}(y_i - \bar{y})(y_j - \bar{y})}{(\sum\limits_{i} \sum\limits_{i \neq j} w_{ij}) \sum\limits_{i} (y_i - \bar{y})^2} \qquad (8.5)$$

其中 y_i 是一國的某項指標，$\bar{y}$ 是均值，w_{ij} 是加權矩陣。在本章中，加權矩陣的選擇是空間距離矩陣，它是通過定義研究區域內不同單元距離遠近關係來建構空間數據的，具體的賦予權重的方法是通過城市核心之間的測繪距離。莫蘭指數的值越高，表明地理上的聚集作用越強，也就意味著臨近取值的相似性越大。在這裡，本章選取的經濟衡量指標是人均 GDP。

通過分析可知，整個廣東省人均 GDP 高收入地區都集中在珠三角或者說是環珠江入海口區域，而在珠三角區域外圍坐落著中高收入地區，在兩翼和山區更多的是中低收入和低收入地區。整個廣東省在人均收入上空間相關性極高。上一節分析了整個粵港澳大灣區三座核心金融城市的輻射半徑，從上節的結論知道，三座金融中心城市的金融有效輻射半徑是集中在整個粵港澳大灣區城市群內部的，其對整個廣東省的輻射有限，形成一個有層次的環形結構，其濃縮的核心是粵港澳大灣區城市群中的核心城市，第二層是粵港澳大灣區的非核心城市，例如肇慶、江門等，坐落在最外層的是環繞整個粵港澳大灣區城市群的粵東西北地區。測算廣東省的莫蘭指數，具體結果可以見圖 8-5，莫蘭指數為 0.71764，說明整個廣東省的人均 GDP 收人存在著非常強的空間關聯性。

在整個廣東省的經濟發展過程中，政府針對區域內的發展不協調也提出了一系列方案。二〇〇八年提出的「雙轉移」戰略就是從「勞動力轉移」和「產業轉移」兩個層面考量，將勞動密集型產業從珠三角轉出，向東西兩翼、粵北山區轉移，而東西兩翼、粵北山區的勞動力，一方面向當地第二、第三產業轉移，另一方面，其中一些較高素

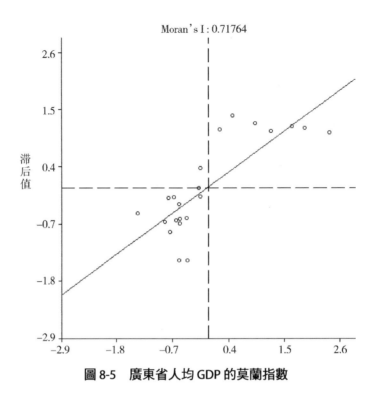

Moran's I : 0.71764

圖 8-5　廣東省人均 GDP 的莫蘭指數

質的勞動力向發達的珠三角地區轉移。在「雙轉移」戰略實施初期，珠三角產業確實得到了進一步優化，產業結構得到了升級，而粵東西北地區也承接了部分從珠三角轉移出來的產業，然而，在第一輪產業轉型之後，由於我國經濟的下滑，在新常態情況下，粵東西北承接的產業面臨著產能過剩和去庫存的壓力，導致了後續發展受到嚴重影響。同時，落後產業較低的生產效率在經濟下行的情況下面臨著無效生產以及關停並轉的局勢，導致粵東西北在後續的產業承接上沒能夠跟上，錯過了產業升級的最好時機。同時，粵東作為重要的能源基地，粵西作為國家級石化能源基地，粵北作為原料加工基地，粵東西北地區產業重型化特徵明顯，「雙轉移」戰略並未使粵東西北三地產

業結構不合理的局面得到根本性轉變和突破。粵東西北地區自身財政收入的弱勢，決定了其經濟發展對外部資金支持的依賴程度較高，外部資金支持效率對其發展影響較大。而粵港澳大灣區城市群的三大金融中心城市對資金有很大的吸引作用，尤其是近年來房地產的投資吸引了大量的資金，導致外部資金對於粵東西北地區難以形成規模性的投資，資金難以形成集聚效應，進一步制約了粵東西北地區的發展。

（二）廣東省內各城市經濟網絡結構分析

　　廣東省經濟發展不均衡，因此，為了進一步分析珠三角乃至升級後的粵港澳大灣區城市群對於周邊城市到底是經濟外溢效應較大，還是經濟受益效應較大，只有建立以經濟為流動導向的網絡結構，來分析粵港澳大灣區城市群讓廣東省經濟的不平衡發展是進一步惡化還是有所改進。本節采用網絡分析法，對廣東省區域經濟增長的空間關聯關係的網絡特徵進行研究。刻畫區域之間的空間溢出效應是勾勒出區域經濟增長空間網絡的關鍵，格羅恩沃爾德（2007 年）就通過構建向量自回歸模型，通過格蘭傑因果檢驗（Granger Causality）來分析我國區域之間的空間溢出效應。本節的研究思路也是在其基礎上，將其省際數據轉換為廣東省內部各城鎮數據，通過構建關於經濟水平（GDP 水平）的向量自回歸模型來考察廣東省內部的經濟關係。由於向量自回歸模型下得出的因果檢驗可能是不對稱的，能夠更好地反映城市間的經濟網絡關係到底是外溢還是吸引，或者是兩者兼備，因此能夠刻畫出雙向網絡，依據該方法構建的模型能更好地給出可行性的分析意見。

關於區域經濟增長空間網絡結構，具體刻畫性的指標包括：（1）網絡密度；（2）網絡關聯度；（3）網絡等級度；（4）網絡中心度。

1. 網絡密度

網絡密度是反映整個網絡的關聯關係的疏密情況，根據斯科特（2007）的定義，網絡密度應該由整個網絡實際所具有的關聯關係數和最大可擁有

的關係數之間的比值獲得。具體公式如下：

$$D_n = L/[N \times (N\text{-}1)] \qquad (8.6)$$

其中，D_n 為網絡密度，L 為整個網絡實際所具有的關聯關係數，$N \times (N\text{-}1)$ 為最大可擁有的關係數。

2. 網絡關聯度

網絡關聯度反映的則是整個網絡的可達性（reachability），即衡量整個網絡存在的孤立點，或者說不可達點的數量占整個網絡最大可擁有的關係數之間的比值，其取值為 [0，1]，具體的計算公式如下：

$$C = 1\text{-}2 \times V/[N \times (N\text{-}1)] \qquad (8.7)$$

其中，C 為可達性，V 為孤立點。

3. 網絡等級度

網絡等級度可以用來測算網絡結構中的核心節點在整個網絡的占

比，用來說明網絡等級度。網絡等級度越高，說明存在具有高度支配要素的節點，其他節點需要接受該節點的外溢效應，其取值為 [0，1]。取值為 1 說明該網絡中存在的節點對所有其他節點都有支配能力，取值為 o 說明沒有核心節點。用 K 來表示網絡中具有雙向效應的節點數，max (K) 為最大可能的對稱可達的點的對數，具體公式如下：

$$H = 1-K/\max(K)$$（8.8）

4. 網絡中心度

網絡中心度則用來測算各網絡節點在網絡中的地位，根據弗裡曼（1979）對網絡中心度的測算公式，可以得出網絡中該節點與其他節點的外溢關聯關係數 n_i^* 與最大可能的直接相關聯的關係數 $N-1$ 之比，該值越大，說明該節點在網絡中的支配地位越高。第 i 個節點的網絡支配中心度計算公式為：

$$De_i = n_i/(N-1)$$（8.9）

同理，網絡中的受益中心度是用來分析該網絡節點通過網絡受益關係受益了其他節點的溢出效應，用受益關聯關係數 n_i^* 與最大可能的直接相關聯的關係數 $N-1$ 之比，該值越大，說明該節點在網絡中越屬於受益節點。第 i 個節點的網絡支配中心度計算公式為：

$$De_i^* = n_i^*/(N-1)$$（8.10）

本書為了測算香港回歸以後，整個廣東省外加香港、澳門的經濟增長網絡關係，以廣東省各城市、香港和澳門的生產總值（1997-2005）作為測算經濟增長空間網絡的變量數據，通過向量自回歸模型（VAR）來建立兩兩城市之間的 VAR 模型。通過 ADF 平穩性檢

驗，發現滯後變量選擇為 1 期時，通過平穩性檢驗，即對生產總值數
據進行一階查分處理後剔除數據本身的記憶性，形成平穩的時間序列
數據，然後進行格蘭傑因果檢驗。本文的閥值選擇為 5%，即拒絕原
假設的顯著性檢驗標準為 5%。詳細測算結果見表 8-8。

表 8-8 | 廣東省（含香港、澳門）經濟增長網絡關係測算

		受益關係	溢出關係	關聯總數	受益中心度	溢出中心度
粵港澳	廣州	9	9	18	40.9%	40.9%
	深圳	6	11	17	27.3%	50.0%
	珠海	5	5	10	22.7%	22.7%
	佛山	6	4	10	27.3%	18.2%.
	惠州	4	2	6	18.2%	9.1%
	東莞	4	5	9	18.2%	22.7%
	中山	4	4	8	18.2%	18.2%
	肇慶	4	3	7	18.2%	13.6%
	江門	4	3	7	18.2%	13.6%
	香港	1	14	15	4.5%	63.6%
	澳門	1	1	2	4.5%	4.5%
西翼	陽江	2	1	3	9.1%	4.5%
	湛江	2	1	3	9.1%	4.5%
	茂名	2	1	3	9.1%	4.5%

		受益關係	溢出關係	關聯總數	受益中心度	溢出中心度
山區	韶關	2	1	3	9.1%	4.5%
	河源	2	0	2	9.1%	0.0%
	梅州	1	0	1	4.5%	0.0%
	清遠	1	0	1	4.5%	0.0%
	雲浮	1	0	1	4.5%	0.0%
東翼	潮州	2	1	3	9.1%	4.5%
	陽	1	0	1	4.5%	0.0%
	汕尾	1	0	1	4.5%	0.0%
	汕頭	2	1	3	9.1%	4.5%

　　最終通過檢驗，存在的經濟關聯關係數總共有一百三十四個。因為總共有二十三個城市，最大可擁有的關係數具有雙向性，因此為 2 x 24 x 22/2 =506 個。因此可得網絡密度為 26%，說明廣東省加上香港、澳門的城市之間整體的關聯程度總體並不高。因為不存在經濟孤立點，即所有城市都或多或少受到其他城市的影響，所以整體網絡結果是通達的，網絡關聯度為 1。網絡等級度的測算為 0.76，說明該網絡的城市之間的溢出效應受到城市等級的影響較大，高等級城市即經濟發展水平較高的城市產生的溢出效應可能更高，也從側面佐證了整個廣東省發展的不均衡，以及其經濟重構所面臨的巨大的經濟發展慣性難以通過簡單的資金補貼對整體經濟進行調整。

　　進一步分析各城市，其中香港最為特殊，其主要表現為經濟外溢效應，只有深圳和香港在經濟上的影響是相互的。香港作為溢出中心

度最高的城市，其經濟受益卻不成正比，這裡面的原因一方面是「一國兩制」差異化的經濟制度導致了香港和內地經濟的聯動有限，而香港的實體製造業整體轉移至珠三角區域，導致了其具有極大的經濟溢出效應。這也解釋了為什麼香港經濟增長的速度跟不上整個珠三角區域經濟增長速度的原因，整個珠三角所帶來的經濟外溢效應由於差異化的經濟形態產生的壁壘也無法傳遞給香港。廣州的外溢效應和受益效應最平均，這是因為廣州正處於香港和深圳的經濟、金融輻射半徑之內，其受益主要來源於粵港澳大灣區城市群，而同時，其接壤的城市佛山、東莞、中山等市又多為重要的製造業城市，因此能夠形成較好的良性互動。深圳更多的是輻射效應，環視深圳接壤的周邊，其接壤的城市有限，不像廣州與多市有所接壤，深圳只是與東莞、香港以及汕尾接壤，因此受到的經濟受益城市少於廣州。但是由於近年來經濟的高速發展和科技水平的快速提升，形成了較大輻射能量，有著較大的輻射半徑，因此深圳的經濟外溢關係僅少於香港，多於廣州。在粵港澳大灣區內部，珠海、佛山、中山以及東莞四市在整個城市群等級網絡中處於第二級別，具體體現在都有一定的受益城市，同時自身也具備一定的外溢效應。然而從整體來說，可以看到整個經濟增長關係網絡還是集中在粵港澳大灣區城市群內部，其延伸有限。相較粵港澳大灣區城市的緊密關聯現象，粵東西北的整個關聯網絡像是依附在粵港澳大灣區，更多的是經濟受益關係，受益的相關聯城市也明顯少於粵港澳大灣區內各市。

（三）推動廣東省城市均衡發展研究

分析粵港澳大灣區難以輻射帶動周邊粵東西北城市群發展的原因，其核心問題來源於兩方面：

一方面是粵港澳大灣區內部多中心的現狀導致在經濟發展上各自謀劃、獨立經營，未實現統籌協調、一體運作，進而在規劃、結構、功能、制度、產業、配套上無法形成整體優勢，難以形成灣區向心力。主要問題可以概括為四個割裂：一是地域空間割裂，難以聚力發展；二是體制機制割裂，難以協調管理；三是政策措施割裂，難以資源共享；四是產業功能割裂，難以優化配套。同時，香港、澳門兩個特別行政區和整個粵港澳其餘城市互動有限，更多是單方面的。隨著內地經濟的崛起，香港產業空心化趨勢越來越明顯，若缺乏製造業的支撐和廣闊的經濟發展腹地，香港的地位可能還會進一步下降。中央在此背景下提出建設前海，強化粵港合作，不僅僅是要借勢香港，實現自身發展，更重要的是要探索出一條實現香港長期繁榮穩定發展的新路子。產業融合是粵港合作的關鍵，也是未來香港的競爭力所在。如何加強兩地間互動，在現有的差異性政治經濟體制下，通過過渡區域形成兩地的對接可能是較為有效的手段。具體表現在以前海蛇口自貿片區和橫琴新區兩個自貿區形成中間地帶，來加快兩地之間的經濟互動推進過程。前海作為深港合作的試驗田，可以在集聚高端人才和優質資本方面發揮重大作用。香港擁有大量金融、法律、會計、航運等專業化人才，是國際資本集散地，但這些生產性服務業人才和國際資本都需要依託龐大的製造業基礎才能有發展空間。實際上，隨著香港競爭力的下降，目前已出現青年上升通道狹窄、職業發展空間不足

的現象。相反，前海連接縱深廣闊的內陸腹地，經濟迴旋餘地大、韌性足，人民幣回流管道暢通無阻，實體經濟支撐力強大，具備許多香港本身不具有或難以具有的優勢，可以為香港的專業化人才和龐大的流動資金提供廣闊的發展空間。

另一方面是粵港澳如何進一步輻射廣東省經濟較為落後的粵東西北地區。粵港澳大灣區和粵東西北在經濟發展上存在明顯的斷層，這既是自然條件和基礎設施上的原因，也是歷史發展過程導致的不均衡發展。要有效推動省域內欠發達地區經濟的持續穩定增長，就要完善欠發達地區的基礎設施和制度規則，同時運用好稅收、財政、信貸、科技扶持等政策手段，在這些常規性的手段落實的同時，加快打通與粵港澳大灣區的經濟通道。「雙轉移」戰略提出的初期收到了很好的效果，也說明了承接粵港澳大灣區的產業轉移是行之有效的方式。然而，簡單的承接產業轉移一旦受到經濟波動的衝擊，勢必會導致重新走上無力承接後續產業的道路，然後導致產業聯動的經濟鏈條斷裂，進一步地減少粵港澳大灣區的經濟輻射半徑。考慮到以上問題，應該打通的不僅僅是粵東西北與粵港澳大灣區的產業經濟通道，更應該利用粵港澳大灣區的科技、高端服務業等已具備較高水平的生產性服務業。在這一方面，廣州在生產性服務業的龍頭效應需要更好地加以利用，不僅要通過工業園區的方式承接產業轉移，還需要在周邊形成配套的生產性服務業。除了能夠承接產業轉移以外，還能夠自我供血，形成產業升級，同時也形成和整個粵港澳大灣區的多層次合作交流，才能產生更緊密的聯繫，從而達到整個廣東省經濟的協調發展。

四、粵港澳大灣區對泛珠三角區域的經濟輻射效應

泛珠三角設計為九省外加香港、澳門兩個特別行政區，由於各省都是相對獨立的行政區，因此，彼此之間的經濟聯繫不像城市之間那麼緊密。要讓這個橫跨我國東部、中部以及西南部的特大區域協同發展，必須通過產業鏈布局來打破行政區劃掣肘。因此，研究粵港澳大灣區對整個泛珠三角的輻射影響，其實就是研究整個泛珠三角的產業關聯程度，通過研究粵港澳大灣區對整個泛珠三角區域的產業轉移，來勾勒出粵港澳大灣區對整個泛珠三角的經濟輻射效應。因為整個泛珠三角區域過於遼闊，這也就形成了較大的要素稟賦差異和產業優勢差異。以產業為關聯來分析粵港澳大灣區對泛珠三角的經濟輻射效應是重要切入點，同時以產業梯度和產業轉移為視角來研究粵港澳大灣區對泛珠三角區域經濟帶動的發力點，能夠從供給側更好地協調整個泛珠三角區域的發展，通過合理的產業轉移促進產能過剩有效化解，促進產業優化重組，降低企業成本，推進發展戰略性新興產業和現代服務業，增加公共產品和服務供給，提高供給結構對需求變化的適應性和靈活性。

（一）泛珠三角經濟概況

泛珠三角區域的發展並不是以粵港澳大灣區作為單一引擎的發展，在整個泛珠三角，除了粵港澳大灣區城市群，還有多個城市群以及四個自貿試驗區，因此，整個泛珠三角的經濟發展應該是以產業為

核心的聯動式發展。

在泛珠三角區域，除了粵港澳大灣區城市群以外，重要的城市群還有海峽西岸城市群、環鄱陽湖城市群、長株潭城市群、成渝城市群以及環北部灣區城市群。自貿試驗區第二批就有廣東自貿區、福建自貿區，第三批更是加上了四川自貿區。

①海峽西岸城市群以福州、泉州、廈門、溫州、汕頭為五大中心城市，帶動由二十一個城市組成的海西城市群。相較於粵港澳大灣區城市群作為國家級城市群的定位，海峽西岸城市群屬於區域性的城市群，其產業特色主要是石材陶瓷、水暖廚衛、鞋服輕紡、機械裝備、光電信息這五類產業。該城市群產業結構同質問題嚴重，製造業結構趨同，同時，產業鏈過短，往往都是城市內的配套產業鏈，這就導致了該城市群各城市間關聯度不高，相互惡性競爭問題嚴重，影響整體城市群的協調發展。

②環鄱陽湖城市群是以鄱陽湖為核心，由環繞湖區的南昌、九江、景德鎮、鷹潭、上饒等個地級市構成，整個江西省的支柱產業均集中在環鄱陽湖城市群。整體城市群產業鏈滲透較為深入，城市間有明晰的產業分工，例如景德鎮的陶瓷、家用電器業，上饒的精密機械加工業，鷹潭的銅冶煉業，南昌的製造業，九江的石化、造船、建材、紡織業等。但是第三產業發展較為緩慢，城市產業急需升級。

③長株潭城市群地處湖南省中東部，核心城市為長沙、株洲以及湘潭三市，圍繞湘江呈「品」字格局分布，三大核心城市直線距離不足二十公里，關聯緊密。長沙以電子信息、工程機械、食品、生物製

藥為主，株洲以交通運輸、設備製造、有色冶金、化工原料及陶瓷製造為主，湘潭以黑色冶金、機電與機械製造、化纖紡織、化學原料及精細化工為主。然而長株潭城市群總體實力還不強，產業結構不優，經濟結構性矛盾仍然突出，缺乏有強大帶動力的產業集群和引領未來的戰略性支柱產業。

④成渝城市群橫跨四川省和重慶市，以成渝經濟區為依託，以成渝兩市為雙核。在產業發展上，雙核之間存在較大的競爭因素，主要原因是信息技術產業以及汽車產業上同質化較高，導致兩個核心之間競爭大於合作。行政區的分割導致了該城市群產業鏈都集中在雙核周圍，雙核的互動較少，如果能夠打破行政區的掣肘，打破行政分割，實行專業化協作，這個城市群一定能在西部和全國發揮更大的作用。

⑤北部灣城市群是國務院於二〇一七年一月二十日批覆同意建設的國家級城市群，規劃覆蓋範圍包括廣西壯族自治區的南寧市、北海市、欽州市、防城港市、玉林市、崇左市，廣東省的湛江市、茂名市、陽江市和海南省的海口市、儋州市、東方市、澄邁縣、臨高縣、昌江縣。城市群規劃陸域面積十一點六六萬平方公里，海岸線四千二百三十四公里。依託北部灣海港優勢，北部灣城市群在石化、鋼鐵、電子信息等產業都有長足的發展，然而，城市群總體集聚能力不強，除南寧外其他城市明顯規模偏小，這種經濟結構失衡在一定程度上阻礙了生產要素流動和城市間的經濟協作互補。

根據《中國自由貿易區總體方案》的內容，廣東、福建、湖北以及四川自貿區在定位上也存在差異性。

①廣東自貿區定位：依託港澳、服務內地、面向世界，將自貿試驗區建設成為粵港澳深度合作示範區、二十一世紀海上絲綢之路重要樞紐和全國新一輪改革開放先行地。

②福建自貿區定位：充分發揮對台優勢，率先推進與台灣地區投資貿易自由化進程，把自貿試驗區建設成為深化兩岸經濟合作的示範區；充分發揮對外開放前沿優勢，建設二十一世紀海上絲綢之路核心區。

③四川自貿區定位：主要是落實中央關於加大西部地區門戶城市開放力度以及建設內陸開放戰略支撐帶的要求，打造內陸開放型經濟高地，實現內陸與沿海沿邊沿江協同開放。

（二）泛珠三角產業梯度研究

由於區域經濟是一個綜合性的經濟系統，區域間的產業發展水平除了受到區域經濟發展的影響，還受到歷史、勞動力水平、區域空間以及社會意識形態等一系列的影響。最終所有的疊加形成區域間不同的產業結構，形成了產業梯度。我國產業轉移一個明顯的特徵是產業轉移半徑的鄰近化，具體表現為國內一般的產業轉移半徑較短，都是以省級行政區為單位的鄰近轉移。這是由於我國區域經濟具有較高的地緣性關聯效應的原因，即經濟發展水平較高的省分周圍環繞的其他省分經濟發展的差距一般不會太大，這就給產業轉移提供了便利和基礎。產業半徑的相鄰化同時也意味著西部大開發等戰略較難實現，對於區域經濟的發展更應該注重層次性、漸進性的發展。

泛珠三角區域各省之間長期以來就有較好的合作關係，除了海南省以外，其他省分的經濟發展水平差距不算明顯，廣東省一枝獨秀，因此，廣東省在產業轉移上更多是作為轉出地。考慮到廣東省的大部分產業根基都集中在粵港澳大灣區城市群內，因此，分析整個泛珠三角的產業轉移就是分析粵港澳大灣區的產業轉移。

　　本書分析產業轉移的思路參考了戴宏偉所著的《區域產業轉移研究》書中的統計方法，通過構建產業梯度係數來分析整個泛珠三角的產業梯度格局。考慮到當下產業轉移主要還是集中在第二產業，因此，選擇通過工業增加值這一數據來刻畫泛珠三角工業梯度。戴宏偉的產業梯度測量方法主要是通過兩個維度去衡量：

　　一是勞動生產率的比較，具體公式為：

$$\frac{比較勞動}{生產率} = \frac{地區某產業增加值在全國同行業增加值中的比重}{地區某產業從業人員在全國同行業從業人員中的比重}$$

　　二是產業的專業化生產程度，一般用區位商來刻畫，具體公式為：

$$區位商 = \frac{地區某產業增加值占本地區\ GDP\ 中的比重}{全國相應行業增加值占全國\ GDP\ 中的比重}$$

　　產業梯度係數就是比較勞動生產率和區位商的乘積。本章數據選取了《中國工業統計年鑑（2016）》的數據，統計了全國以及泛珠三角九省的工業增加值和就業人數以及 GDP，並對比較勞動生產率、區位商和產業梯度係數進行了測算。具體結果見表 8-9。

表 8-9 | 二○一六年全國及泛珠三角九省測算

產業	地區	增加值（億元）	就業人數（萬）	GDP（億元）	比較勞動生產率（%）	區位商	產業梯度係數
工業	全國	235183	5069	682635			
	廣東	30259	981	72813	0.66	1.21	0.80
	湖南	10945	122	28902	1.94	1.10	2.13
	江西	6918	138	16724	1.08	1.20	1.30
	四川	11039	160	30053	1.49	1.07	1.59
	貴州	3316	43	10502	1.68	0.92	1.54
	雲南	3848	68	13619	1.23	0.82	1.01
	海南	486	9	3702	1.19	0.38	0.45
	福建	10820	236	26980	0.99	1.16	1.15
	廣西	6540	76	16803	1.82	1.13	2.09
批發零售	全國	66203	883	682635			
	廣東	7626	97	72813	1.90	1.08	2.05
	湖南	1877	21	28902	1.70	0.67	1.14
	江西	1187	18	16724	1.41	0.73	1.03
	四川	1871	31	30053	1.30	0.64	0.84
	貴州	671	12	10502	1.17	0.66	0.77
	雲南	1335	25	13619	1.15	1.01	1.16
	海南	441	6	3702	1.10	1.23	1.35

產業	地區	增加值（億元）	就業人數（萬）	GDP（億元）	比較勞動生產率（%）	區位商	產業梯度係數
	福建	2046	28	26980	1.55	0.78	1.21
	廣西	1135	13	16803	1.53	0.70	1.07
交通運輸	全國	30370	854	682635			
	廣東	2928	83	72813	0.76	0.90	0.69
	湖南	1291	24	28902	1.14	1.00	1.14
	江西	736	21	16724	0.75	0.99	0.74
	四川	1220	41	30053	0.65	0.91	0.59
	貴州	920	12	10502	0.71	1.57	1.11
	雲南	305	17	13619	0.38	0.50	0.19
	海南	188	7	3702	0.32	1.14	0.71
	福建	1547	25	26980	1.36	1.29	1.75
	廣西	803	20	16803	0.87	1.07	0.93
金融業	全國	57500	607	682635			
	廣東	5757	46	72813	2.68	0.94	2.53
	湖南	1104	24	28902	0.99	0.45	0.45
	江西	897	13	16724	1.53	0.64	0.98
	四川	2202	26	30053	1.63	0.87	1.42
	貴州	607	9	10502	1.52	0.69	1.04
	雲南	982	10	13619	1.14	0.86	0.98

產業	地區	增加值（億元）	就業人數（萬）	GDP（億元）	比較勞動生產率（％）	區位商	產業梯度係數
	海南	243	4	3702	1.28	0.78	1.00
	福建	1681	18	26980	2.02	0.74	1.50
	廣西	1018	13	16803	1.65	0.72	1.19

根據表 8-9 可以看出，廣東省的產業梯度優勢主要集中在金融業和批發零售業這一塊，在工業和交通運輸業不具備比較優勢，相反，整個產業梯度還低於其他省分。其中工業這一塊主要是產業生產效率較低，區位優勢還在，這是產業轉移後的結果。但是工業的產業轉移還不完全，其產值還比較大，但效率已經比不上湖南等省分，因此可以考慮將它轉向產業效率較高的湖南、貴州、廣西三省，降低工業的生產比例。批發零售業可以轉向福建，福建在效率和區位優勢上都具有一定的承接優勢。海南由於產業數量太小，所以即使產業梯度略高於福建，但是整體產業還是轉向基礎較為完善的福建更加合理。廣東金融業的優勢主要表現在具有極高的產業效率，導致了整體產業的產業梯度較高，可以考慮往四川、廣西以及福建三省進行一定的轉移，因為這三省產業效率高，而區位優勢不明顯，將金融業轉移，能夠很好地提升這三省分的區位優勢，形成更好的產業輻射。

簡單的產業轉移並不能起到立竿見影的作用，因為市場更傾向於集聚。產業轉移更多是政府意志的行為，因此需要構建一個有效的產業轉移機制，通過政府主導，在產業轉移之前先行搭好產業轉移平台，以企業行為為主導，生產要素和稟賦資源為載體，城市乃至省級

合作為契機，推動產業從具有優勢地位的區域向相對落後區域的轉移。結合之前分析的各城市群的問題掣肘，在如此大範圍的區域進行產業轉移、產業升級，關鍵要解決的問題是產業鏈的構建。由於地方政府的一廂情願，導致多城市群內部產業同質化，產業鏈過短，配套產業集中在核心城市，而沒有形成一條完善的、有效分工的產業鏈，從而導致各城市產業惡性競爭，嚴重影響了產業升級效率。有鑒於此，整個泛珠三角的產業轉移行為更應該從頂層設計開始，科學考量各區域的區位優勢和要素稟賦，統籌布局產業分布，加快區域協商機制的建立，通過建設區域性的統一市場，將產業鏈延長、細化，各省分錯位發展，通過產業鏈的重構推動區域產業轉移合作，促進泛珠三角的產業融合，實現區域經濟協調發展。

第九章

粵港澳大灣區的
戰略定位

粵港澳大灣區已經上升到國家戰略層面，在「一帶一路」倡議中占有重要地位。粵港澳大灣區是連接「一帶一路」沿線國家的重要橋樑，是英語、葡語和僑鄉的三大文化紐帶。除此之外，粵港澳大灣區也是中國目前已經簽訂或正在談判或正研究的自貿區的戰略要地，比如中國東盟自貿區、中國東盟自貿區升級版。因此，推進大灣區建設必定會加速推動國家重大戰略的落地。

自中國改革開放以來，港澳資本就開始陸續進入珠三角地區，帶動了珠三角地區經濟的發展。最開始是港澳的勞動密集型製造業向珠三角轉移，港澳的產業由此開始轉型，服務業得到大力發展，這個時候也開始陸續出現了對粵港澳合作的學術研究。之後隨著香港、澳門的回歸以及中國加入WTO，真正開始出現了實質性的合作，有了CEPA 協定、《粵港澳合作框架協議》《珠三角發展綱要》《粵港合作框架協議》以及《粵澳合作框架協議》等相關協議的簽署，該階段粵港澳區域合作的發展定位就是構建一個次區域經濟合作體，充分發揮粵、港、澳三地的比較優勢，從而推動三地經濟發展。

一、粵港澳大灣區經濟逐漸崛起

隨著三地經濟合作發展至今，粵港澳三地的經濟結構發生了翻天覆地的變化，無論是在交通互聯，還是在產業格局抑或經貿合作上，廣東與港澳都形成了更緊密的合作關係。二〇一四年，深圳市《政府工作報告》第一次提出了「灣區經濟」概念，表示要以灣區經濟的發展推動粵港澳經濟合作。為了構建我國開放經濟體系新格局，我國實施了「一帶一路」倡議，組建絲路基金，採取了設立亞洲基礎設施投資銀行等一系列舉措。這些舉措見證著我國從參與全球經濟一體化轉變為主動推動全球經濟一體化，是我國主動擴大和深化對外開放的重要戰略。二〇一四年三月，由國家發改委、外交部、商務部聯合發布的《推動共建絲綢之路經濟帶和二十一世紀海上絲綢之路的願景與行動》的宣告中提到，要充分發揮深圳前海、廣州南沙、珠海橫琴、福建平潭等開放合作區的作用，深化與港澳台的合作，打造粵港澳大

灣區，成為「一帶一路」的排頭兵和主力軍。由此可見，粵港澳大灣區已經上升到國家戰略層面，在「一帶一路」倡議中占有重要地位。粵港澳大灣區是連接「一帶一路」沿線國家的重要橋樑，是英語、葡語和僑鄉的三大文化紐帶。除此之外，粵港澳大灣區也是中國目前已經簽訂或正在談判或正研究的自貿區的戰略要地，比如中國東盟自貿區、中國東盟自貿區升級版，因此推進大灣區建設必定會加速推動國家重大戰略的落地。大灣區的作用是不可替代的，它既是廣東「走出去」，繼續深化改革的需要，也是港澳發展的需要。粵港澳大灣區的建設已經得到廣東省與港澳地區的一致認同，同時也是國家實施重大戰略的重要組成部分。

世界上著名的灣區都具有開放的經濟結構、強大的集聚外溢功能、高效的資源配置能力、發達的國際交往網絡以及宜人的生活環境，是帶動當地區域經濟發展的重要增長極，技術變革的引領者。對標世界上三大知名灣區——紐約灣區、舊金山灣區和東京灣區，經過多年發展之後，它們都形成了各自的特色優勢：紐約灣區被譽為「金融灣區」，因為這裡的主導產業是金融商務服務業，是各種大銀行、金融、保險等機構的雲集地，也是世界金融的核心樞紐和商業中心；舊金山灣區是全球的高科技研發中心之一，雲集著眾多像蘋果、谷歌這樣的高科技企業，吸引著大量的風險資本集聚，因此也是風險資本的聚集地；東京灣區被譽為產業灣區，因其擁有發達的工業產業，同時也是世界 500 強企業集聚度最高的灣區。

伴隨著我國改革開放的步伐和近年來經濟的高速發展，粵港澳大灣區作為前沿陣地，已經悄然具備了成為世界第四大灣區的條件，將成為世界灣區經濟的「第四極」。首先，粵港澳大灣區海岸線位於東

北亞和東南亞的要塞重地，擁有全球最大的港口群和全球最大的機場群。二〇一六年粵港澳大灣區經濟總量達到一點三萬億美元，在四大灣區中排名第三，進出口貿易是東京灣區的三倍。粵港澳大灣區擁有龐大的經濟體量，雖然人均 GDP 處於末位，但 GDP 增速卻是第一。其次，整個粵港澳城市群產業體系完備，香港是國際金融中心和物流中心，是全球最自由的經濟體，同時也是高端服務業中心；澳門的會展業、旅遊業蓬勃；廣州、深圳是創新城市；整個珠三角也是著名的「世界工廠」「製造業中心」，製造業發達，同時灣區內服務業占比已經超過了百分之八十。由此大灣區已然形成了先進製造業和現代服務業雙輪驅動的完備的產業體系，是我國區域經濟發展的重要增長極。第三，香港是國際金融中心，深圳是國家金融中心，金融引領作用強，在兩者帶領下，目前，粵港澳大灣區已經吸引了七十多家世界排名前六百位的銀行，二〇一五年港交所已經超越紐交所，成為全球最大 IPO 市場。因此，從整個灣區的經濟體量、產業體系、金融業發展水平以及灣區的發展潛力和創新勢頭來看，可以說粵港澳已經具備了世界級一流大灣區的條件。

但是與其他三大灣區相比，粵港澳大灣區存在一個很大的不同點，那就是其他三大灣區都是同質的，都是在同一個國家、同一個行政區劃內，而粵港澳則是異質的，三地分屬不同的行政區劃、不同的關稅區。粵港澳擁有香港和澳門兩個特別行政區和自由港，深圳和珠海兩個經濟特區，南沙、前海蛇口和橫琴三個自由貿易試驗區，粵港澳之間的合作屬於跨境合作，屬於「一國兩制」下的合作，因制度造成的屏障阻礙了三地之間的深度融合，降低了區域融合效率。但若能跨越體制帶來的障礙，則多重經濟體制疊加下，疊加效應產生，能夠

釋放出更大的經濟能量，加速提升大灣區的市場化和國際化程度。

　　基於以上種種考慮，建設粵港澳大灣區，我們應以國家「一帶一路」為指導，同時結合廣東自由貿易試驗區建設，遵循一流灣區經濟發展規律，將粵港澳打造為最具經濟活力和國際競爭力的全球科技創新高地、金融創新高地、國際物流中心、國際經貿中心、先進製造業和服務業中心，以及宜居的優質生活圈，打造首個異質區間特區＋灣區＋自貿區的特色世界級經濟灣區。

　　基於灣區共同的經濟特徵，建設粵港澳大灣區，需不斷增強其在全球的資源配置功能，使其成為開放的國際化區域；需構建高端的產業體系，從而成為全球經濟的發展高地；需擁有發達的創新體系，從而成為創新發展的領先區域，同時還需擁有高度的區域融合，從而能夠超越行政邊界，發揮其疊加效應。

二、打造灣區全球科技創新高地

　　世界上一流的灣區，都具有一流的創新能力。創新是經濟增長的驅動力，只有創新才能邁向強國。面對新的工業革命和美歐「再工業化」，我們必須重視創新，跟上世界科技前沿趨勢，加快改革，提高創新能力和核心競爭力。將粵港澳大灣區打造成科技創新高地不僅是灣區各地發展的需要，也是落實國家創新驅動發展戰略、建設世界科技強國的必然要求。

　　首先，粵港澳大灣區具備成為全球創新高地的能力。從城市創新

能力方面來說，廣州、深圳、香港是知名的創新城市，根據《2017中國城市創新力排行榜》，大灣區內的兩個城市深圳和廣州分別名列第二和第四（港澳未計入排名）。而在世界知識產權組織等機構聯合發布的《2017全球創新指數報告》中，深圳－香港地區以「數字通信」為主要創新領域，在全球「創新集群」中排名第二。其次，廣州和香港高校林立。廣州在廣東省的高校數量在珠三角居於首位，而香港擁有數所全球聞名的高校，如香港大學、香港科技大學、香港中文大學等，能夠為灣區輸送高素質的科技人才，也能為灣區提供科技研發成果。深圳擁有完善成熟的創新創業環境，湧現了像華為、大疆等一批世界領先的高科技企業，被稱為「中國硅谷」二〇一五年深圳高新技術產業增加值為 5847.91 億元，占 GDP 比重 33.4%，高新技術產品進出口額達到 2542.48 億美元，研究與開發經費支出占全市GDP 的比重達到了 4.05%，專利合作協定擁有量達到 1.33 萬件。不僅如此，深圳的創新環境還吸引了眾多世界 500 強在深圳設立總部，如美國蘋果公司華南運營中心、美國微軟公司物聯網實驗室、美國高通公司的無線通信和物聯網技術展示中心等，為深圳帶來創新能源。第三，以佛山、東莞、中山等為代表的製造業發達城市，構建了龐大的產業體系，可以讓創新發明迅速落地，實現產業化；深港兩地的交易所也為灣區內科技創新企業提供了重要的資金支撐，由此也產生了眾多的產業基金、風險投資等，帶動了金融業的繁榮。

二〇一六年，廣東全省研究與開發經費支出占 GDP 的 2.52%，全年專利申請總量到 505667 件，專利授權總量 259030 件，專利合作協定申請受理量 23574 件，高新技術產品產值 5.9 萬億元，增長10%。由圖 9-1 可看出，廣東省在高科技的投入及產出上年年遞增。

由此可見，粵港澳大灣區完全有能力打造僅次於美國硅谷的高科技產業引領區。打造粵港澳大灣區全球科技創新高地，需要構建一個有著完善分工合作的高度開放的區域創新體系，搭建全球科技創新平台，統籌利用創新資源。

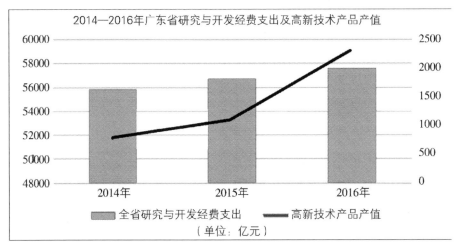

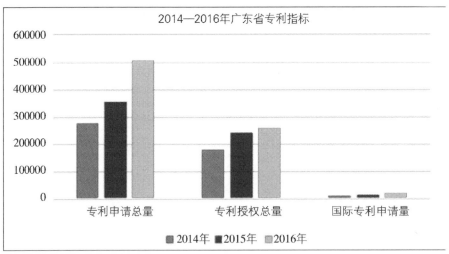

圖 9-1　廣東省科技指標

（一）構建完善分工合作的區域創新體系

利用灣區內各個城市的創新要素比較優勢，構建一個以深圳、香港、廣州、澳門－珠海為核心的創新極，輔以珠三角其他城市的產業創新優勢的區域創新網絡。發揮四大核心創新極引領輻射的功能，帶動灣區區域創新發展，同時拓展國際創新合作，積極融入國際創新網絡。

利用香港的高端服務業優勢，建立服務業創新中心，力求成為金融服務、專業服務、商貿服務、科技服務、物流業創新中心；利用香港最強聯系人角色，整合灣區創新資源，開放對外創新網絡，引領灣區對接國外創新資源；同時香港境內有數所全球聞名的學校和研究機構，可推進高校、科研院所與灣區內企業的交流，提升研發能力，推進科研成果的轉化。

利用深圳完善的創新環境及其發達的高科技產業優勢，重點布局通信網絡、生命健康、新能源、新材料、節能環保等戰略新興產業，重點突破這批產業的關鍵技術和核心技術，以取得世界領先地位。

依託廣州中山大學、華南理工大學等高校和中科院廣州分院及研究性企業，在基礎前沿研究上實現突破，重點在雲計算、量子通信、智能製造、機器人等領域開展研發，突破核心技術。

澳門和珠海聯手依託澳門大學、中山大學珠海校區等高校，重點在微電子、海洋設備、中醫院等方面實現創新突破，同時發揮澳門與葡語國家、拉美國家的聯繫網絡，對接灣區與葡語和拉美國家的創新資源。

發揮珠三角其他城市的製造業優勢，布局各地產業園，加強與創新城市、創新資源的對接，實現創新成果的商業轉化。如東莞以松山湖高新技術產業園為核心，北接廣州科學城，南接深圳南山區，承接廣州和深圳的創新資源，建設兩個「創新帶」，打造橫貫珠三角東岸的創新走廊。

構建一個完善分工合作的區域創新網絡，實現創新要素的自由流動，從整個灣區層面去規劃，共建共享國家級科研機構、研發平台，構建灣區研發中心，避免重複建設，充分利用各地特色優勢，才能發揮出最大的創新效益。

但若要建立一個要素可自由流動的區域創新體系，還需創新合作機制及合作方式。二〇〇八年，《珠江三角洲地區改革發展規劃綱要（2008-2020 年）》的實施為粵港澳三地區域合作創新提供了政策保障，加速了三地合作進程。其後《粵港合作框架協議》《粵澳合作框架協議》的簽署，進一步從政策上推動了粵港澳區域合作，鼓勵三地在協商一致的前提下共同編制區域合作規劃，完善三地行政首長聯席會議機制。

（二）搭建全球科技創新平台

目前灣區內聚集了六個國家級高新園區、二個國家軟件園、十二個 863 基地、一個國家級大學科技園、三十多所有研究生培養資格的高校和科研單位。應努力推進有關機構對接國家重大科技項目和科技計劃，共建國家創新平台；推進各地高校、科研院所與各地產學研平

台、專業院校和骨幹企業的聯繫和交流，共建合作平台，全面深化灣區內各地區的科技產業創新合作，實現創新從研發到科技成果的商業化轉化。

另外，落馬洲河套地區毗鄰深圳，二〇〇五年，深港雙方就成立了聯合小組，就河套地區開放的可行性進行合作研究。目前，香港和深圳兩地政府已經簽署了《關於港深推進落馬洲河套地區共同發展的合作備忘錄》，致力於共同將落馬洲河套地區發展成「港深創新及科技園」，就合作領域和合作內容、開發機制以及打造深港科技創新合作區等達成了基本共識，建立重點創科研究合作基地，吸引海內外頂尖企業、研發機構和高等院校進駐。整個科技園占地六十七公頃，為香港科學院的四倍。可以以河套地區科技園為中心，同時將深圳的福田保稅區發展為「邊境貿易加工區」，以及將與河套相連的蚝殼圍建設成為「邊境科技創新圍」，三地聯合，推動粵港創新區域及平台的發展。

（三）建設面向全球的創新策源地

應以「一帶一路」倡議為指導，鼓勵灣區內領軍企業通過併購、合作、合資等方式，到「一帶一路」沿線國家設立研發中心、產品設計中心，合作建設國際技術轉移中心和推廣基地、科技企業創新園和孵化器等創新載體，消化吸收創新先進技術；鼓勵境內外投資者在灣區內設立國際科技創新中心和平台，吸引跨國公司在灣區內設立研發中心；鼓勵灣區內研究機構、高等院校和大型企業與世界一流的科研機構建立長期合作關係，參與科技全球化進程，開拓重大科技計劃和

專項成果的全球市場，全面增強灣區作為海上絲綢之路橋頭堡的創新輻射功能。

（四）優化灣區的創新生態環境

打造灣區創新引擎，還需優化灣區的創新生態環境，鼓勵和支持社會資本在粵港澳大灣區內設立創業投資基金，支持企業的創新升級，激發區域創新創業活力，支持創新創業平台建設，促進大眾創業、萬眾創新。可發揮深圳科技金融發達的優勢，努力打造亞洲最大創投中心，同時鼓勵有實力的創投企業到沿線國家設立創投機構和創投基金。建立屬於灣區的創新人才政策，利用創新氛圍和人才政策吸引境內外科技人才。利用香港、深圳資本市場功能，為創新企業提供多渠道的資金支持。

還要重視政府職能，出台政策規劃，鼓勵創新氛圍，優化創新生態，吸引高端人才，推進科技公司與高校和基礎研究平台的合作，使得灣區高校的高端人才能留在灣區。同時政府應在戶籍、人才、教育及稅收等方面給予政策紅利，如在出入境方面，發放高端人才綠卡，使得灣區內外人才能自由流動；通過減稅或稅收補貼，吸引高科技企業；推進政府與科技公司的合作，讓科技融入公共安全、交通、教育及就業等政府事務中。

三、打造灣區金融創新高地

金融是現代經濟的核心，通過區域金融合作，可以有效聚集資本，促進資本的優化配置，為區域經濟發展提供有效資金支持。

金融合作一直是粵港澳經濟合作的重點，為此，粵港澳三地為推動金融合做作了很多努力。二〇〇三年內地與香港簽署了《內地與香港關於建立更緊密經貿關係的安排》，規定了內地與香港在銀行、保險及證券領域合作的五項措施，進一步開放服務貿易領域中的金融服務，在保險、銀行及證券方面的服務都分別做出了具體承諾。隨後的二〇〇四年及二〇〇五年，又分別簽署了《內地與香港關於建立更緊密經貿關係的安排》的補充協議及「補充協議二」對金融服務貿易的開放進行了補充及修正。二〇一〇年《粵港合作框架協議》對於金融合作提出了更為具體的合作內容，首次提出了要以香港金融體係為龍頭，以廣州和深圳等城市的金融資源和服務為支撐的分工明確的區域金融合作。

（一）灣區具備打造金融創新高地的基礎

在《全球金融中心（GFCI）報告》中，香港和深圳都被評為亞洲金融中心，而在《中國金融中心（CFCI）報告》中，深圳被評為全國性金融中心，廣州被評為區域金融中心。根據最新一期「全球金融中心排行榜」，廣州第一次從候補金融中心名單進入了正式全球金融中心名單，香港、深圳、廣州排名分別為第四、第二十二及第三十七位。而在最新一期「中國金融中心排行榜」，深圳和廣州分別排名第三、第四位，且排名上升幅度處於領先地位。

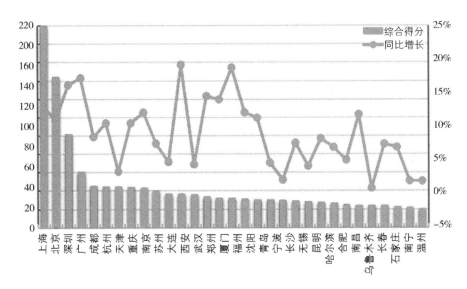

圖 9-2　中國金融中心指數排名

　　根據 GFCI 開展的金融中心評價網絡問卷調查，有望進一步取得顯著發展的十五個金融中心中，前六個分別是上海、新加坡、迪拜、香港、青島、深圳，這其中有五個來自中國，有二個來自粵港澳大灣區。由此可見，粵港澳大灣區已經具備打造金融高地的條件，與其他灣區的金融業試比高。

表 9-1｜有望進一步提升影響力的十五個金融中心

金融中心	過去 24 個月中被提及次數
上海	119
新加坡	94
迪拜	78

金融中心	過去 24 個月中被提及次數
香港	68
青島	57
深圳	55
卡薩布蘭卡	38
都柏林	33
盧森堡	31
多倫多	30
直布羅陀	24
北京	23
釜山	21
伊斯坦布爾	12
阿布扎比	12

資料來源：第二十一期全球金融中心指數

（二）構建區域金融網

打造灣區金融創新高地，首先需要構建一張區域金融網絡，打破灣區內製度壁壘，促進區域內金融要素的自由流動，構建以香港為龍頭，以深圳、廣州為支撐，其他城市為腹地的金融體系網，充分利用各地的金融特色優勢，共創金融合作新格局。

金融業是香港的優勢產業，金融人才眾多，金融管理經驗先進，金融市場體系完善。二〇一五年，國際貨幣基金組織和世界銀行的報

告顯示，香港在全球金融中心的排名位列第三，是世界上重要的商業和金融中心。同時它還是世界上最開放的保險市場，全球前二十二大保險公司中，有五家在香港，並且香港證券交易所 IPO 市場融資額一直處於世界領先地位。而廣東是國家的經濟金融大省，金融資源豐富，金融需求旺盛，金融市場活躍，是香港國際金融中心的天然腹地，還是比較成熟的商業銀行中心。其中深圳是比較成熟的風險投資中心，可以發揮其創業投資、私募融資的優勢，澳門、珠海在債券市場和資產管理方面具有比較優勢。

香港應該發揮其國際金融中心的優勢，成為境內外企業的上市融資中心。同時因為它的地緣優勢，香港交易所人民幣產品的上市和交易額都獨占鰲頭，其在離岸人民幣產品交易和風險管理方面都具有相對優勢，成為最重要的人民幣離岸結算中心以及資產管理中心。香港應繼續擴大以人民幣計價的貿易和融資業務，將香港打造成人民幣離岸中心，推動人民幣國際化進程。另外，因其發達的金融業，香港還是亞洲最大的創業投資資金中心。利用這一功能，將香港的風險投資資金引入灣區的其他城市，不僅能帶動灣區內經濟發展，還能推動灣區金融業的發展。澳門是中國與葡語國家、拉美國家聯繫的橋樑，可利用這一優勢，搭建中國與葡語、拉美國家的商貿金融合作服務平台，建設中葡人民幣結算中心。

深圳作為國家金融中心，應成為香港國際金融中心功能的延伸及補充。首先應積極對接香港的金融資源，以金融創新為突破口，深化深港金融合作。其次應充當人民幣國際化的「橋樑」及香港人民幣離岸中心的後援基地，發揮深圳的橋樑作用，充當人民幣「走出去」及「走回來」的中介，內地的資金通過深圳進入香港，而香港金融機構

可籌集人民幣向內地企業發放貸款等。

深圳還應充當國家的創業投資中心。二○一○年，深圳市政府發布了《關於促進股權投資基金業發展的若干規定》，並在此基礎上制定了扶持政策，營造了創業投資機構發展的良好的營商環境，在大力培育本土創業投資機構的同時，積極引進國際上著名的創業投資機構。應進一步推進中小企業板及創業板的發展，同時加強深圳創業板與香港創業板的合作，推動灣區企業的發展。

廣州作為區域金融中心，是央行大區分行、區域性商業銀行總行、國有商業銀行區域性大分行的聚集地，銀監會、保監委、證監會等也在廣州設立了省級分支機構，使廣州具有金融地區總部優勢，加快吸引了金融地區總部在廣州的集聚，設立金融地區總部中心。廣州的銀行體系健全，體量巨大，應加快與港澳銀行的機構互設，大力推進廣州銀行業與產業的結合；發展產業金融，如汽車金融、物流航運金融、房地產金融等；加強與香港的期貨市場合作，爭取設立廣州期貨交易所，建設期貨交易中心。

（三）依託自貿區及河套區，促進灣區金融合作與改革

應依託深圳前海、廣州南沙、珠海橫琴三個自貿區，探索建設跨境金融合作示範區，內設金融研發中心、期貨交易中心、金融外包服務區、金融產業園等，為推進內地金融制度改革試水。第一，鼓勵三地在銀行業、保險業、證券業的合作，放寬三地對這些行業金融機構的准入門檻，鼓勵跨境互設。在銀行業合作方面，鼓勵銀行跨境互設，如廣發銀行在澳門設立分行，在香港設立了代表處，港資銀行在

廣東的分支機構數量也在增加；鼓勵創新金融服務方式，為兩地企業提供更為便利和實惠的金融服務；發展跨境貿易人民幣結算業務。二〇〇九年，廣州、深圳、珠海、東莞成為全國開展跨境貿易人民幣結算試點市，而港澳則成為首批跨境貿易人民幣結算的境外試點，三地銀行可聯合開展跨境人民幣銀團貸款業務。在證券基金業合作方面，則主要表現在 QFII、QDII、跨國併購、海外上市等方面。在保險業方面，香港的保險業特別成熟，是最開放的保險市場，因此廣東應該進一步降低香港的保險准入門檻，允許互設保險機構，促進保險業的緊密合作。第二，促進灣區內金融機構進行跨境兼併重組，取消對持股比例的限制，如招商銀行收購香港永隆銀行。第三，支持灣區內的金融機構開展跨境業務，豐富和拓展跨境金融業務類型，包括存貸款、現金管理、項目融資、信用卡等。第四，促進深港兩地資本市場的合作和資源共享。二〇一二年的深圳香港金融合作高峰論壇提出，鼓勵符合條件的在深金融機構和企業赴港發行 H 股、人民幣債券等，建議香港交易所和深圳交易所做股票雙邊買賣，促進粵港澳金融市場一體化，允許兩地企業根據需要，無障礙選擇深港兩地資本市場融資。第五，加快發展債券市場，鼓勵廣東企業到港澳發行債券，建立三地區域性債券市場。除此之外，還可開展包括跨境辦稅業務、跨境電商融資、在線融資等多方面的跨境金融服務，努力推進灣區內金融基礎設施和支付服務的合作，構建灣區區域金融網。

落馬洲河套地區被認為是粵港金融合作最為理想的區域。二〇〇八年，深圳市「兩會」提出，應仿照倫敦金融城模式，將河套地區設立為深港金融城，打造成一個金融特區和金融改革的試驗區。利用河套的特殊區位，可以首先發展面向內地開發的「邊境金融」，作為粵

港金融合作的突破點。

（四）促進灣區金融創新

金融創新主要體現在制度創新、產品創新、主體創新、工具創新等多個領域，落實國家創新政策，吸引各類金融要素及金融機構在灣區內集聚和發展。國務院發布了《「十三五」國家戰略新興產業發展規劃》，提出要推進供應鏈融資、科技保險等金融產品創新，落實加強網絡信息保護和信息公開的有關規定，加快推動制定網絡安全、電子商務等法律法規。

應依託廣東三大自貿區，探索國際化的金融開發和創新。利用互聯網技術，加快科技與金融的融合，開創科技金融、智能金融服務的新模式；創新金融服務模式，開辦和推廣知識產權、收益、收費權和應收賬款質押融資；大力發展融資租賃業務，推動投融資便利化；建立人民幣海外投資貸款基金項目，創新跨境人民幣業務；推動發行多幣種的產業投資基金、離岸業務、跨境資產抵押等產業。鼓勵自貿區金融創新政策的先行先試，打造金融創新示範區。

在金融科技方面，由於區塊鏈與人工智能技術的快速發展及其在金融業的不斷滲入，加快推動了金融科技的發展，正改變著傳統的金融模式。金融科技在智能投資、風險管理、財富管理上已經應用廣泛，各金融機構都在謀求與科技公司的合作，創造新的金融產品和金融服務，如支付寶、微信支付、眾籌、網貸等，擴大了市場容量，彌補了傳統金融的缺陷。而在金融服務上，金融科技可提供跨市場、跨地域、跨機構的金融服務，提升金融服務效率和用戶體驗。香港與倫

敦、紐約、新加坡、硅谷被譽為世界前五大金融科技中心城市，應立足粵港澳大灣區建設，發揮香港的金融優勢，推動灣區在金融科技領域的緊密合作，將灣區打造成金融科技產業發展高地。金融科技的快速發展還催生了一批金融科技公司，促進金融科技公司與各金融研究院、金融實驗室及高校等的合作整合科學研究與業界的優勢資源，推動金融科技技術的發展。二〇一七年三月二十八日，國內領先金融科技公司香港金融數據技術有限公司（FDT）與中科智谷人工智能工業研究院（AIV）在香港簽署戰略合作協議，探索金融人工智能技術與香港金融市場全方位的融合，FDT 與 AIV 在金融科技技術領域都已達到國際前沿的創新水平。FDT 在金融人工智能、金融雲計算、金融大數據、金融智能投顧技術上的研發已經處於領先地位，與 AIV 的合作既是市場的驅動，同時也有粵港澳大灣區建設政策的支撐。這對香港來說，必然能提升香港在金融科技上的競爭力，鞏固其世界金融科技中心的地位，而對於灣區來說，雙方的合作必然助力灣區金融市場的發展，孕育出一個金融科技的藍海。

（五）將灣區打造成對外開放的金融樞紐

應以「一帶一路」為指導，以港澳為窗口對接國際金融平台。香港位於「一帶一路」倡議的中心，是廣東金融業走向世界的國際平台，它的融資制度靈活透明，通過赴港上市，有助於提升國際聲譽。應支持大灣區符合條件的金融機構加速在海外布局網點，拓展海外市場；創造條件吸引海外金融機構入駐灣區，帶來金融創新，帶來金融人才；灣區內城市可共建「一帶一路」沿線國家人民幣海外投貸基金，為國家及灣區內企業走出去提供投融資服務，同時也支持「一帶

一路」沿線國家和地區的企業進入灣區發行人民幣股票；引導企業在香港設立資本運營中心，使香港成為「走出去」的信息平台和融資平台；發揮澳門作為內地與葡語國家的聯繫人角色，構建商貿金融服務平台，為內地與葡語國家之間的經貿合作提供金融服務。

四、打造先進製造業和服務業中心

改革開放四十年來，粵港澳已經經歷幾個階段的區域合作，有效促進了三地的經濟發展，同時也帶動和輻射了全國。珠三角地區已經成為世界上規模最大的製造業基地，港澳地區也實現了產業轉型和升級：香港是現代物流業與金融業中心，澳門是融博彩、會展、休閒度假於一體的旅遊娛樂中心和區域性的商貿服務平台，粵港澳三地都形成了各自的產業特色。近幾年，受國際經濟的影響，珠三角出口貿易在低位徘徊，而國內人工及能源等成本步步高昇，因此，珠三角原來的產業發展模式已經無法跟上現代經濟發展的步伐，產業轉型和升級已經時不我待。而港澳現代服務業的發展也受到空間的限制，仍然需要擴充其發展腹地，從而鞏固香港貿易、航運、國際金融中心的地位及澳門的國際旅遊中心地位，因此應消除粵港澳區域合作障礙，創新灣區區域合作機制，推動粵港澳產業合作由原來「前店後廠」的產業轉移合作模式，進入到產業協同發展的新階段。

首先應創新政府的引導職能，強化灣區市場驅動機制。香港的市場機制較為成熟和完善，而我國由於歷史的因素，政府的作用還很強大。灣區需要優化各級政府之間的合作交往模式，全面規劃各級政府

間的競爭，達成共識，將粵港澳作為一個區域整體來謀劃合作，創新統領全局的粵港澳合作的協調機制，消除各自的利益矛盾，消除區域市場壁壘，從而逐步達到灣區商品規格的統一，實現經濟行為的法制化和契約化，推動灣區的市場化進程，形成市場統一、產業互補的區域合作新格局。其次，應創新粵港澳合作組織模式，提升灣區合作效率。以粵港澳三地共同面臨的課題如生態環境污染治理為合作契機，通過協調、磋商、談判等方式共同解決合作中面臨的各種難題，加速推動三地的區域合作進程。

粵港澳大灣區整體城市構架分為三個層次：核心層為珠三角九個城市和港澳二個城市，第二個層次為整個廣東和港澳，廣東除珠三角九個城市外的其他城市給大灣區提供了廣闊的經濟腹地；第三個層次往東延伸到福建、中國台灣等地區，往西延伸到廣西、貴州、雲南等地區，往北延伸到江西、湖南等地區，因此粵港澳大灣區是一個具備強大腹地優勢的灣區。同時大灣區往西就是北部灣經濟區和東南亞，外接東盟，要實現對內輻射，帶動腹地發展，同時強調對外連接，搶占全球產業鏈的制高點。

（一）打造灣區合作共贏的產業發展體系

粵港澳經過幾個階段的合作發展，已經步入深度合作發展階段。由於港口群的帶動，使得整個灣區內形成了不同的產業集群，充分發揮各自產業優勢，實現產業錯位發展，打造灣區合作共贏的產業發展體系。廣州和深圳可利用其科技創新和研發優勢，重點打造通信、新能源、新材料、雲計算、智能製造、機器人以及節能環保等高科技和

新興產業，目前深圳已經孵化出大疆無人機、翎客航天、光啟科學等一批硬件科技企業，同時也是全球第一大消費電子製造基地；香港依託其國際自由港先發優勢，打造以金融業、科技諮詢服務業為龍頭的現代服務業產業體系；澳門重點打造會展業、旅遊業及商貿服務業；東莞、佛山、中山、惠州、江門、肇慶制造業經過發展，在全球已經具備了一定的知名度，重點發展先進製造業，如東莞的 IT 製造業、中山的白色家電、佛山的陶瓷等產業。

應由廣州、深圳高新科技產業和新興產業帶動灣區內的產業升級；由東莞、中山、佛山等珠三角其他城市承接，將先進技術的科技成果轉化，高端製造，規模化生產；由香港為產業提供專業的、高端的服務；澳門會展業可以為產品項目展覽提供平台，各地加強對接協作，合理分工，由此打造一條利益共享、協作配套的灣區產業鏈。

（二）打造先進製造業中心

打造有國際影響力的先進製造業中心，首先需要密切跟蹤世界科技和產業發展方向，培育其先導性、支柱性產業。其次，選擇新一代信息技術、綠色環保、生物、高端裝備製造、新能源、新材料等產業，突破其關鍵核心技術，培養戰略新興產業，提升產業鏈附加值。第三，目前整個灣區既存在通訊電子信息、新能源汽車、無人機、機器人等高端產業集群，也存在東莞等地的石油化工、服裝鞋帽、玩具加工、食品飲料等中低端產業集群，因此可對技術含量高和附加值高的工業提供免稅等政策支持，從而促進中低端產業向高端產業轉型。第四，建立高水平的技術進出口交易平台，推動產業技術交流；承接

外包業務，重點承接軟件外包業務，促進產業技術創新。第五，提升珠三角製造業的發展質量，培育先進裝備製造業，增強產業配套和協調發展能力，推動製造業由大變強。二〇一六年，廣東省先進製造業增加值達 15737.78 億元，增長 9.5%。

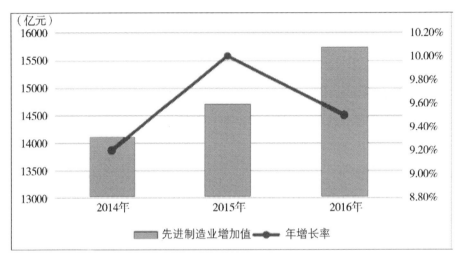

圖 9-3　二〇一四至二〇一六年廣東省先進製造業

（三）打造現代服務業中心

對標其他各大灣區，服務業占比都很高，若要對接國際產業，粵港澳也要加大力度發展其高端服務業，而港澳最大的產業優勢就在於服務業，應發揮港澳服務業的引領作用，帶動整個灣區服務業的發展。首先，香港是世界金融、貿易、物流服務中心，澳門是世界上最有吸引力的博彩、旅游中心，也是灣區重要的商貿服務平台。要利用港澳優勢發展服務貿易，制定港澳服務業投資珠三角的促進政策，對港澳服務業進入珠三角提供便利化措施，推動珠三角的服務貿易加快

發展。同時，珠三角有著強大的內陸腹地城市，港澳應以珠三角為跳板，推動服務業向內陸進軍。其次，珠三角應加大對港澳服務業的開放力度，引進專業人才，鼓勵到珠三角開辦會計、法律、諮詢等專業服務機構，推動大灣區服務業的發展，加快現代產業體系的建設。灣區可重點在信息、物流、金融等產業上進行密切合作。廣東不僅具有發達的製造業，全球很多的電腦及通訊設備方面產品都在廣東製造，也擁有眾多的軟件公司，而香港在軟件硬件上都很發達，因此雙方在信息產業方面合作市場很大；在金融服務方面，香港可以與珠三角企業合作，為他們提供符合國際標準會計財務審核服務、提供國際認可的法律意見及商務糾紛的調解仲裁服務。最後，應發展現代服務貿易，發展基於互聯網、物聯網的服務產業，推動信息服務建設，健全物流、信用、支付等電子商務體系。二〇一六年廣東省現代服務業增加值達到 25568.17 億元，年增長率為 10.4%。

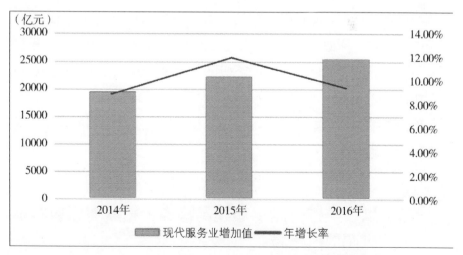

圖 9-4　二〇一四至二〇一六年廣東省現代服務業

（四）以自貿區為試點，促進灣區產業轉型與融合

大灣區必須通過深化改革轉變經濟發展方式，破解傳統發展模式的瓶頸制約，才能在未來的全球一系列產業大變革中贏得更大的發展空間。自貿區是集改革、開放、創新於一體的平台，高標準建設廣東自由貿易試驗區，積極探索珠三角與港澳產業深度合作機制，將自貿區建設成為粵港澳深度合作示範區，促進灣區產業轉型與升級。目前廣東有三個自貿區掛牌，分別是深圳前海蛇口、廣州南沙、珠海橫琴。三大自貿區要充分利用國家給予的先行先試政策，創新先行，深化體制改革，充當好改革開放的排頭兵。首先，廣東自貿區應擴大對港澳開放，消除准入的壁壘和政策障礙，促進三地產業深度融合。基於各地產業優勢，三個自貿區應實行錯位發展：廣州南沙應重點發展航運物流、國際商貿、航運金融等生產性服務業，打造一個以生產性服務業為主導的服務樞紐；深圳前海蛇口重點發展金融、信息服務、現代物流等戰略新興服務業，重點推進與香港的產業合作，引進香港的高端服務業；珠海橫琴重點發展旅遊休閒、商務金融等產業，重點拓展與澳門的產業融合，打造國際級商務金融平台。其次，利用自貿區自由的營商環境，推動跨境金融、跨境電子商務和跨境採購的發展，加快粵港澳三地產業要素的自由流動，加快產業創新與轉型，並加深服務產業合作。

（五）以「一帶一路」倡議為指導，拓展灣區產業對外開放新格局

粵港澳大灣區是一帶一路的戰略節點，而香港和澳門是灣區中連

接內地與「一帶一路」沿線國家的重要窗口，是珠三角和內地企業走出去以及國外企業走進來的重要橋樑。

香港是國際著名的自由港，根據經濟自由度指標和世界經濟自由報告，香港被評為世界上最自由的經濟體。它不僅與歐美市場在經貿上有著長期的密切聯繫，同時也與東南亞國家有著頻繁的經濟交往。而澳門則主要與葡語、拉丁語國家經貿往來密切，是世界級休閒旅遊中心，也是中國與葡語和拉丁語國家的商貿合作平台。可依託三大自貿區，對接香港的國際金融中心、國際航運中心以及澳門的商貿服務平台，將灣區打造成「一帶一路」對外開放的門戶樞紐。

首先，營造灣區自由的「引進來」的營商環境。香港連續二十二年被評為最自由的經濟體，營商自由、貿易自由、金融自由、法制健全，最能與國際規則銜接。珠三角地區應借鑑香港國際化、法制化、市場化的營商環境的先行經驗，加快推進符合國際規則的質量、技術、安全、環境、勞工等標準，提升對高標準國際規則、標準的適應力，打造與國際規則相銜接的優良營商環境，以此加快吸引跨國公司在珠三角設立研發中心、地區總部，或者推動灣區產業與國外產業的合作，從而帶來國外高新技術，引領灣區產業創新與轉型，提升參與高水平國際競爭的能力。其次，加快推進灣區企業「走出去」的管理體制改革，提升灣區國際經濟合作的競爭力優勢。香港有著成熟的服務業，可以為企業走出去提供會計、設計、法律、金融、諮詢等國際化的專業服務，如香港發達的金融業可以為珠三角企業境外投資提供投融資服務，也可設立人民幣投貸基金，為「一帶一路」沿線國家和地區提供金融貿易服務；完善的法律制度為企業走出去提供法律諮詢

以及幫助解決國際糾紛；鼓勵珠三角家電、輕工、電子信息等具有比較優勢的行業走出去，在境外投資設廠，支持石油、化工、建材等行業到境外建立生產基地，提高境外投資的質量；發展電子商務，電子商務可以開拓國際市場空間，企業建設境外營銷網絡，建設境外商品營銷中心，從而拓展其國際市場空間，推動企業走出去；發揮珠澳商貿服務合作平台的功能，為中國與葡語及拉美國家產業合作提供各種專業性的服務。

五、打造灣區國際物流中心

粵港澳已經具備成為國際物流中心的條件。首先，在城市化及交通基礎設施方面已經足夠完善。目前，整個粵港澳大灣區港口群密集，既擁有香港港、深圳港、廣州港構成的三個世界級港口群，同時還有由東莞港、珠海港等構成的國內大型港口群。尤其是香港港，它是全球最繁忙和最高效率的國際集裝箱港口之一，也是全球供應鏈上的主要樞紐港，其集裝箱吞吐量一直名列世界前茅，二〇一一年、二〇一二年排在上海、新加坡之後，保持在全球第三位。且香港港一直是私人企業經營管理模式，完全遵循自由港政策，貨物通關率高，外匯自由進出，是聞名全球的自由港。而在機場群這一塊，目前粵港澳大灣區擁有香港、廣州、深圳、澳門、珠海五座幹線機場，同時正在規劃的有深圳第二機場和珠三角新幹線機場。大灣區也正在加快鐵路網、公路網、城際軌道網、城市軌道網建設，促進大灣區「一小時生活圈」的形成，目前正在規劃建設的有虎門二橋、贛深高鐵、廣汕高

鐵等。海陸空口岸也正在加快一體化建設，創新口岸通關形式，提升口岸通關效率。其次，從物流體量上來說，二〇一四年整個廣東省物流總值占全國的 8%，跨境物流總值 6.61 萬億。因此，無論從城市化及交通基礎設施建設上，還是從物流體量上來說，灣區都已經具備成為國際物流中心的基礎條件。

雖然粵港澳大灣區已經具備成為國際物流中心的基本條件，但離國際一流水平還有很大差距。要將粵港澳建設成為國際物流中心，首先要推進大灣區內交通基礎設施的統籌規劃，使之成為功能互補的港口和航運樞紐、機場與航空樞紐以及鐵路和多式聯運樞紐，同時還要加快信息基礎設施的布局以及物流服務和供應鏈的管理，從而提升物流業的國際競爭力。其次，粵港澳大灣區還需協同合作，面向全球，加強對外交通網絡的建設。

（一）加強大灣區內交通基礎設施的互通互聯

首先，進一步加強珠三角與港澳在重大基礎設施方面的更緊密合作，推進大灣區重大基礎設施一體化建設，完善信息基礎設施，建設現代化綜合交通運輸體；創新粵港澳跨境基礎設施建設，按照優勢互補、互利共贏的原則，統籌謀劃各港口建設，加強珠江口東西岸港口資源的優化整合，形成功能互補、錯位發展的港口群，避免無序競爭和重複建設。同時積極發展電子商務、金融、信息、諮詢、貿易等現代航運服務業，增強灣區航運業的配套協作功能，提高大灣區整體國際航運服務水平。

其次，對於機場群，應擴改建珠三角地區現有機場，如廣州白雲機場、深圳寶安機場等，新建廣州第二機場、南沙通用機場、惠州機場二期等，從而優化珠三角機場群的布局，同時推進珠三角地區機場與港澳機場的合作，構建大灣區內多層次的航空運輸體系。除此之外，還需提升灣區機場群信息、金融、諮詢等配套服務保障能力，拓展航空配套服務市場。

第三，建設大灣區「快速公交網」，統籌規劃整個灣區內鐵路網及公路網的布局，主要包括高快速路網、城市軌道網、城際軌道網的規劃建設，加強城市間的銜接與協調，促進大灣區高速快捷的「一小時生活圈」的形成。

最後，完善灣區內多向通道網，推進鐵路、公路與港口及機場的對接，建成海空航線與快速公交網的綜合交通運輸網絡，實現客運「零距離」換乘和貨運「無縫化銜接」，提升港口與機場的疏運能力，推進灣區交通一體化，提高綜合運輸服務效率。

灣區在交通互聯這塊應統籌規劃，實現粵港澳三地機場、港口錯位發展、功能互補，避免無序競爭；共建共享交通基礎設施，避免重複建設，資源浪費。目前廣州的布局中心在南沙，抓緊推進軌道交通、高快速路的建設，預計投建南沙通用機場。中山在謀劃與廣州的快速地鐵建設，東莞在謀劃與深圳對接，惠州接力贛深鐵路、廣汕高鐵對接廣州、深圳、東莞、河源、汕尾等重點城市。此外，惠州正謀劃機場二期和空港經濟區，打造新幹線機場；珠海將藉助港珠澳大橋和港珠澳大橋海底隧道的建成，構建灣區多層次的綜合交通樞紐體系。

（二）推進粵港澳大灣區對外交通網絡建設，打造對外交通門戶樞紐

在「一帶一路」倡議的指導下，粵港澳大灣區必須具備聯通世界的能力。只有信息流、物流、資金流都能經過它中轉分撥到世界各地，它才能成為物流樞紐。要打造「一帶一路」物流樞紐，得構建一個立足粵港澳，同時輻射亞太、面向全球的綜合物流通道和網絡體系，形成一個海陸空並進、功能完備、通關便利的全球樞紐。它既是航運中心，也是航空中心，同時還是公鐵水多式聯運中心，打造一個與商業流和資金流相匹配的物流和供應鏈管理中心。

應以「一帶一路」為戰略指導，推進粵港澳國際通道的建設，深化粵港澳大灣區與二十一世紀海上絲綢之路沿線國家港口、機場的合作對接，積極發展面向東南亞及歐美國家的國際航空航運網絡，發展離岸貿易和轉口貿易，形成亞太供應鏈中心樞紐，提升國際中轉功能。還應加快港口轉型升級步伐，提高國際中轉業務比重，打造國際採購、國際配送平台，形成區域生產性服務中樞與亞太綜合交通樞紐，增強大灣區港口群的全球航運中心功能；積極拓展「一帶一路」沿線國家國際航空客貨運輸網絡，研究開闢直航航線，增加航線班次，增開通往「一帶一路」經濟帶沿線國家國際貨運班列，增強和擴大其國際空港輻射功能；與廣西、雲南協同合作，推進與泛珠三角地區和東盟的陸路國際交通互聯，並加強與南亞、東盟「泛亞鐵路」通道的對接。可鼓勵國內航運航空等交通運輸企業設立海外基地和分公司，擴大低空領域開放、發展民用直升機服務等，不斷增強其國際空港的輻射功能；利用深圳及周邊城市信息企業聚集、信息產業發達等

優勢，加快推進互聯網技術與交通運輸領域的融合，開設交通運輸公共信息服務平台，推進交通運輸與信息服務對接，提高灣區內信息互聯互通功能，同時構建國際信息網絡核心節點，增強國際信息港節點功能；優化灣區海陸空口岸布局，加強口岸一體化，創新口岸通關方式，提升客貨通關效率。

還應在粵港澳大灣區三地跨區域合作、共建交通基礎設施的基礎上，構建物流國際產業鏈。打造保稅倉儲物流基地、集裝箱樞紐站；打造區域性國際採購、國際分銷和國際中轉分撥配送中心；發揮保稅區政策，把灣區建設成為連接國內外兩個市場，貨物流、信息流、訂單流、資金流充分聚集的國際交易平台，強化粵港澳大灣區的國際貿易集成功能，實現貿易、產業及資本在粵港澳大灣區內的循環流動。

六、打造灣區國際經貿中心

（一）營造灣區良好的營商環境，提升灣區國際貿易集成功能

香港因其優越的地理位置、低稅率、專業的服務、良好的金融環境及完善的法律環境，商業運作透明，政府干預少，是世界公認的理想營商城市。它吸引了眾多跨國公司設立亞太總部，帶動了科技、人才等要素在香港的集聚，推動了香港經貿的發展，並且經過與內地及其他國家多年的貿易往來，極大地增強了香港作為國際金融中心、貿

易、航運及信息中心的地位，也有效地帶動了灣區保險、運輸、倉儲、諮詢及其他相關服務行業的共同發展，為香港經濟注入了新活力，鞏固了香港國際商務中心的地位。澳門也是一個重要的商務服務平台，其在博彩旅遊業及會展業方面具有優勢，一直在內地與葡語、拉美國家之間充當信息溝通、中介服務和僑務服務等方面的橋樑，為內地與境外提供技術合作與交流的平台。

珠三角地區應依託其自貿區、產業園、物流園和保稅區集聚科技、人才、金融等要素，深化與港澳在經貿、人才、教育、金融、交通運輸等方面的合作與交流，發揮香港金融業、物流業，澳門會展業、旅遊業、文化教育等優勢產業等對灣區其他城市的輻射效應；引進香港澳門優勢產業企業或機構，對接港澳國際化的營商規則，優化大灣區的營商環境，從而提升大灣區的國際貿易集成功能。

（二）以港澳為依託，推動內地與其他國家的經貿往來

應充分發揮香港國際貿易中心的地位及資訊發達的優勢，集聚國內外貿易機構，促進香港貿易經濟的發展，同時帶動整個灣區貿易經濟的發展；依託香港「購物中心」的優勢，打通國內外兩個市場通道，推進內外貿一體化；依託香港高端的服務業，打造服務業集聚平台，為內地與其他國家的經貿往來提供專業性服務，如為內地企業在香港上市集資提供香港符合國際水平的會計及財務審核服務，為內地企業向外擴展與境外公司合作提供國際認可的法律意見，為內地與其他國家之間的國際性糾紛提供豐富的國際糾紛調解仲裁經驗，從而推

動內地與其他國家之間的經貿往來。

澳門的博彩旅遊業蓬勃，在發展會展業上具有一定的優勢。澳門成立了展覽及會展協會，目的就是協助葡語及拉丁語系國家進入中國市場。近年來，澳門致力於旅遊基建設施的改善，同時大力培訓會展業專業人才，致力於打造一個國際旅遊會議中心。澳門是中國與葡語國家的商貿合作服務平台，充當內地與葡語和拉丁語國家聯繫人角色，成為內地企業走出去、境外企業引進來的橋樑。它還是中葡經貿合作會展中心、葡語國家食品集散中心和中葡中小企業商貿服務中心，將發展成中國與葡語國家及一帶一路沿線相關國家的產品展銷中心、國際會展中心、博覽中心。

香港、澳門成為灣區中小企業經貿合作平台的優勢在於，港澳商貿運作法律機制接近國際標準，而澳門能夠提供較低的營商運作成本，同時生活悠閒，與香港緊張的生活工作步伐形成對比，因此香港、澳門可以成為互相補充的中小企業商貿平台。

二〇一六年廣東省進出口總額為 63029.47 億元，占全國總進出口額的 25.9%，而香港的貿易總額為 75966 億元。應依託港澳作為國際貿易中心及國際商務平台，搭建灣區全國性進口商品基地，打造灣區消費品和重要工業原材料進口交易平台，建設灣區技術進出口交易平台，搭建國家級產品設計與貿易促進中心，充分利用這些平台，推進灣區與「一帶一路」沿線國家與灣區的經貿往來。

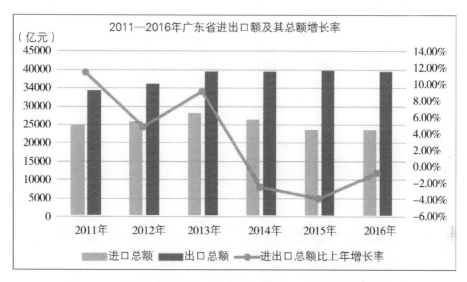

圖 9-5　二〇一一至二〇一六廣東省進出口額及其總額增長率

七、打造灣區優質生活圈

灣區若要吸引人才集聚，還得將自己打造成一個生態文明、環境優美、文化繁榮的宜居、宜業、宜游的城市群。因此應促進灣區文化商旅的融合發展，發展綠色低碳經濟，建設人才高地，打造高端旅遊業，從而形成灣區優質生活圈，並加速灣區人才、科技等要素的集聚。

（一）發展灣區綠色低碳經濟

第一，加強污染治理。重點加強對重度污染河流及海域的治理，

尤其是製造業發達的珠三角區域；加強粵港澳三地關於水污染治理的合作與交流，推動三地對水污染的共同治理。第二，推動污染產業的轉型升級。對於污染排放超過標準的企業予以取締，或者推動其改造轉型；大力發展高端服務業，提升第三產業的比重。第三，加快低碳技術的研發，建設低碳試點，實施零碳排放示範工程。第四，構建多層次的交通運輸網，創新綠色出行方式，減少交通工具的碳排放量。第五，構建綠色金融，建設碳排放交易平台及碳定價中心。

（二）培養灣區教育影響力，打造人才高地，加速人才聚集

應整合灣區教育資源，鼓勵粵港澳三地高校互設分校，或者互設優勢學科；鼓勵高校與各地優勢企業共建研究院或科研中心；推進各地大學城、人才培訓基地的建設；積極引進國外世界一流大學和一流學科，培育灣區教育的國際影響力，以此吸引國內外的高端人才聚集。

此外，完善灣區的醫療保險、出入境、稅收養老等制度，建立國際化的人才政策，積極吸引國內外創新人才、高層次人員，將粵港澳打造成創新人才、高端人才及國際性人才的集聚地。

（三）打造世界級國際旅遊品牌

大灣區不僅僅是經濟發達的象徵，同時也是休閒旅遊勝地，對遊客有著很強的吸引力。從世界三大灣區來看，其旅遊產品、配套建

設、旅遊人數等都處於世界旅遊業的前沿。而粵港澳大灣區完全具備打造領先旅遊業的基礎，灣區擁有特色鮮明的旅遊線路、完備的公共基礎設施和配套的「行遊住食購娛」服務要素，足夠滿足國際旅客休閒商務等多種需求。香港在人文旅遊資源方面具有不可比擬的優勢，它是中西方文化融會貫通的一個國際性大都市，其文化教育、社會生活、建築都呈現多元化、國際化的特徵，還有購物天堂和美食天堂之稱，能吸引大量的國內外遊客。而澳門的旅遊業是其支柱性產業，因為它也是一個東西方文化交匯地，其生活方式、建築等也都呈現多元化文化特徵。此外，澳門的博彩業是吸引大量游客的重要原因，號稱世界三大賭城之一，目前在發展商務會展旅遊活動上也具有很大的優勢。珠三角的旅遊資源也極為豐富，而且廣東有很大的內陸腹地，可對接內陸與港澳及其他國家的旅遊資源。

打造灣區國際旅遊業品牌，首先要跨越粵港澳三地制度障礙，推動三地旅遊業深層次合作。可依託港澳地區成熟的遊艇產業，將遊艇郵輪等高端旅遊作為重點合作項目，加快建設遊艇自由行試點。應便利粵港澳三地通關政策，打通三地旅遊通道，對接粵港澳三地的旅遊資源，促進旅遊機構、旅遊從業人員及旅遊相關服務業等要素在大灣區的自由流動，促進旅游產業集聚，打造精品旅遊產品及線路，推進粵港澳大灣區旅遊業的同城化，同時對接廣東強大的內陸腹地旅遊資源，帶動內陸的旅遊業發展。

其次，在推動粵港澳三地旅遊業資源整合時，應發揮三地旅遊業優勢，實行錯位發展，功能互補。香港是世界購物中心，主要發展購物休閒旅遊；澳門目前的發展目標是建設集休閒、娛樂、博彩為一體

的世界級旅遊度假勝地；廣東主要發揮其自然生態資源的優勢和歷史文化優勢，發展生態休閒旅遊、地方特色文化遊。三地實行差異化發展，打造灣區旅遊業體系。

最後，應打造國際旅遊合作圈，利用「一帶一路」發展契機，對接灣區與「一帶一路」沿線國家的旅遊資源。海上絲綢之路本來就是一條文化之路，蘊藏著豐富的文化旅遊資源。灣區可依託自貿試驗區，加強國內外旅遊資源的對接和旅遊項目的合作，簡化郵輪遊艇的出入境簽證手續，建立灣區國際旅遊試驗區；藉助香港和深圳的郵輪母港，開發海上絲綢之路旅遊產品和精品線路，並通過「廣東國際旅遊文化節」「廣東國際旅遊博覽會」等平台打造國際旅遊合作圈。

第十章

粵港澳大灣區城市群
協調發展分析

粵港澳大灣區城市群協調發展實質上是包括港澳在內的珠三角城市群融合發展的升級版。過去「前店後廠」的貿易格局，將升級為先進製造業和現代服務業有機融合的新格局。未來將重點在共建「一中心三網」，形成輻射國內外的綜合交通體系；發展成為全球重要科技產業創新中心；共建核心金融圈，推動粵港澳金融競合有序、協同發展；改善社會民生，共建大灣區優質生活圈等四個方面推動大灣區的協調和可持續發展。

二〇一七年七月一日是香港回歸二十週年紀念日，中共中央總書記、國家主席習近平乘專機抵達香港，並發表重要講話，指出在回歸紀念之際，規劃和建設粵港澳大灣區上升為國家戰略，未來將進一步促進兩地繁榮發展，為慶典獻上厚禮。香港在回歸的二十一年中，雖然在國內依然有著特殊戰略地位，在金融、政府管理、教育資源以及地理位置上仍保持著優勢，但與此同時，其發展瓶頸也更加明顯。未來與內地的融合之路，是香港最正確且必須之選。

　　專家指出，粵港澳大灣區城市群協調發展實質上是包括港澳在內的珠三角城市群融合發展的升級版。過去「前店後廠」的貿易格局，將升級為先進製造業和現代服務業有機融合的新格局。未來將重點在共建「一中心三網」，形成輻射國內外的綜合交通體系；發展成為全球重要科技產業創新中心；共建核心金融圈，推動粵港澳金融競合有序、協同發展；改善社會民生，共建大灣區優質生活圈等四個方面推動大灣區的協調和可持續發展。隨著未來粵港澳大灣區規劃和政策的落地，大灣區經濟有望進一步融合發展，經濟地位進一步提升。

一、粵港澳大灣區各城市的功能定位

　　粵港澳大灣區未來將成為引領泛珠三角、輻射東南亞、服務於「一帶一路」的樞紐，在香港的帶動下，依託廣州、深圳、澳門、珠海，形成以南沙、前海和橫琴為重要支撐點的大灣區金融核心圈。作為粵港澳大灣區中經濟體能最大組成部分的廣州、深圳、香港，應該發揮其各自的優勢，完善和提升從研發、製造、產業運作到貿易運輸

的創新鏈和產業鏈，打造出一個層次更豐富完整、覆蓋面更全的科技灣區形態。

（一）各個城市的功能安排

粵港澳大灣區各城市之間的協調發展，不應該侷限於城市的聚集式發展，可以朝著內部結構更加多樣化的形式發展，形成都市連綿區或過渡帶。該都市連綿區以深圳和香港為核心，在城市的發展中，起到主軸作用的就是沿珠江口東岸的深圳以及廣州；經由廣州向珠江口的西岸進行延伸，將佛山、中山、珠海等城市連接起來，連接的形狀呈現出拱形，構成了主都市帶；在這個區域之外的珠江三角洲城市都可以作為外延區，包括江門、肇慶等城市，形成一種環繞關係。它們經過較長時間的發展，能夠與其他城市進行融合，形成都市的綿延區。在珠江口地區的主都市帶，應該不僅包含上面提到的珠三角城市群，還需要對周邊城市進行進一步的整合，根據自身的特點發揮各自特長，分工協作，這樣才能夠實現都市的協調和穩定發展。我們可以將此城市群劃分為廣佛大都市區、港深惠莞大都市區和珠澳中大都市區等三大都市區，分別有各自的功能定位。

1. 廣佛大都市區

廣佛大都市區以廣州為中心城市，周邊的佛山等城市作為外延區，也在都市區之內。佛山和廣州因為地理位置的關係，具有很多天然聯繫，而且在經歷了經濟改革之後聯繫更加緊密，具有很好的經濟基礎。特別是佛山在進行了整合之後，能夠實現與廣州的地鐵連接，

這樣兩個城市就能夠在一個交通網當中，不僅是地鐵，在高速交通上也是相連的，可以實現以廣州的發展帶動佛山的目的，兩個城市的發展能夠進行融合。

在大都會區，我們可以根據廣州的特點，將其定位為中心城市，重點發展商業、物流、金融、諮詢、科技、教育等第三產業，以及汽車工業、高新技術等第二產業，具有發展成為國際性大都市的潛力。對於佛山而言，其發展比廣州要落後一些，因此可以定位為次一級的中心城市，可以輔助廣州實現部分中心城市的作用，在一些基礎產業發展的前提下，加快在通信業、智能製造業等方面的發展。

2. 港深惠莞大都市區

港深惠莞大都市圈是以香港和深圳為中心的城市，向外延伸至東莞、惠州等地區。在珠江東岸，深圳與香港因為位置以及便利交通的關係，相互的經濟來往密切；東莞緊靠深圳，逐漸發展成為包括華為等深圳大企業在內的對外拓展首選地；惠州經過多年建設，形成了由深水港、鐵路、公路、機場組成的完善的、便利快捷的交通網絡。

香港是全球性的金融中心，在粵港澳大灣區，可以起到連接大灣區和全球的作用。香港所具備的金融中心地位和制度優勢非常明顯，專家指出，它未來能夠為粵港澳大灣區提供企業融資支持，吸引到更多國外資本，有條件成為粵港澳大灣區的經濟和金融中心。學界也贊同類似觀點，認為粵港澳大灣區可以吸引到更多優質的國際資本，可以作為一個重要平台參與到國際競爭中。隨著港珠澳大橋及廣深港高速鐵路的相繼建成，香港與整個粵港澳大灣區之間的交通往來時間大

大縮短，交通的便利將為兩地的資金流動和訊息流動提供理想條件。前香港特別行政區長官梁振英表示，在粵港澳大灣區發展過程中，香港應該把握時機，投入更多資源和精力去服務內地市場，把握機遇發揮優勢。有數據顯示，超過三十萬香港人在內地工作，隨著兩地交通越來越便利，選擇在內地定居、做生意和求學的港人越來越多，香港完全可以憑藉其專業服務、金融、貿易等方面的優勢，與灣區共同發展並獲利。

深圳是最早提出「粵港澳大灣區」概念的城市之一，本世紀初就有學者提出這一概念。深圳市政府於二〇一三年底正式提出發展灣區經濟，二〇一四年寫入深圳市《政府工作報告》。在粵港澳大灣區各城市的功能定位上，深圳具有這幾個特點：首先，位置毗鄰香港；其次，科技產業創新能力在各城市中實力最強；再次，科技和金融要素能夠緊密結合，這些也是深港合作的優勢和互補性所在。二〇一七年的首個工作日，深港兩地更是簽署了《關於港深推進落馬洲河套地區共同發展的合作備忘錄》，提出將共同建設香港和深圳兩地的創新及科技園，這成為粵港澳大灣區進一步深入合作、協同打造全球競爭格局的標誌性事件。

促進深圳與香港的合作，自貿區還將繼續發揮橋頭堡功能。如前海蛇口自貿片區逐漸發展成為粵港澳大灣區對外開放的窗口，二〇一七年深圳市《政府工作報告》指出，為了推進自貿區建設，要加快制度革新與對外開放步伐，提高灣區整體的開放程度。深圳將以突出制度方面的改革作為主要任務，建立新要求，制定完善的交易規則；加大對外金融貿易方式的創新，形成全方位的創新成果；加快前海深港現代服務業合作區建設，打造深港基金小鎮等。

東莞地理位置比較特殊，最初發展主要是依靠製造業，因為其挨著香港和深圳比較近，容易受到這兩個城市發展外溢的影響。從經濟以及城市發展的產業結構進行分析，東莞地區作為以莞城等地區為主區域的核心區和國際製造業名城，將借這個機會努力打造粵港澳大灣區的國際性製造中心，並且朝大力打造智能製造以及完整生態鏈的方向發展，不斷增強對人才的吸納和凝聚力。厚街以及虎門等西部的地區也將進入廣佛大都市發展區，樟木頭以及往南地區會融入港深都市區的發展當中。

3. 珠澳中大都市區

在珠澳中大都市區，核心的城市就是珠海、澳門以及中山，這三個城市不僅在地理位置上鄰近，而且經濟聯繫也很緊密。港珠澳大橋的建成，使珠海將成為珠江西岸唯一陸路連通港澳的城市。從地理位置以及經濟特區特徵來看，珠海與深圳是有相似之處的，不同之處在於珠海的外延空間比較大，對於周圍的城市能夠實現很好的輻射。如澳門和珠海一直就土地方面展開合作。二〇〇九年以來，珠海橫琴區的發展至少為澳門拓展了將近六平方公里的地域面積，土地開發採用多種不同形式，讓珠海享受到各種政策優惠帶來的好處。如今，這一政策紅利有望進一步拓展到中山的翠亨新區、江門的大廣海灣新區、廣州南沙等地。

澳門的經濟體比較微型，以傳統的旅遊業以及博彩業為主，能夠憑藉語言優勢實現與其他國家和地區的聯繫，充分發揮這些優勢，才能實現在區域經濟中協作發展的目標。

中山定位於建設珠江西岸地區綜合性的交通紐帶。中山市以名人而命名，政治影響力要超過其他兩個城市，在經濟實力方面弱於珠海。因地理位置受到限制，可以將中山定位為珠三角經濟區的重要通道樞紐，與廣佛大都市區形成緊密的聯繫，同時又能夠與港深大都市區形成一定的輻射，拓展以江門為副中心的對外延伸區域城市群的聯繫，成為高速發展的高新區產業和專業化的製造業基地。

　　從珠三角整體來看，對於廣州和深圳來說，其經濟發展和工業化程度最高，可以作為中心城市帶動周圍城市的發展；珠海、佛山、東莞和中山的工業化程度要低於廣州和深圳，可以作為各小集群的中心城市，不僅能夠受到中心城市的輻射帶動，實現自身經濟的發展，也能作為小集群的中心，對所在地產生推動作用；對於惠州、江門、肇慶等地來說，目前尚處於被其他中心城市帶動的地位。

（二）粵港澳大灣區各區域的產業選擇

　　香港和澳門自二十世紀末回歸以來，經濟建設發展迅速。香港始終是國際上重要的金融中心，但是由於現在經濟經歷轉型發展，其產業資源已經漸漸充分發揮全部優勢，經濟發展逐漸向金融、貿易、高科技、影視文化等方向進行轉移，在勞動力方面要依靠內地的輸出，逐漸北遷到惠州、東莞、佛山等城市。隨著深中大橋、港珠澳大橋等大型基礎設施的成功開通，珠江口將會形成連接深圳和香港、廣州和佛山，以及珠海和澳門這三大經濟圈的封閉式路網，形成粵港澳大灣區城市群立體結構的重要支架，這將充分打開大灣區發展的想像空間。

未來粵港澳大灣區將會進一步開放推動區域產業經濟的發展，將灣區的優勢發揮出來。我們應抓住灣區內各地區之間發展不均勻和資源分布不一的特點，將傳統電子製造業、能耗高效率低的工業生產等產業轉往內地，在廣州、深圳、香港、澳門等較發達城市重點發展金融、旅遊、文化創業等高精尖和虛擬經濟產業，充分調配各地優勢，使資源進一步合理配置，實現區域產業聯動與高效發展。

在香港製造業轉移的背景下，珠三角城市之間的不同地區如果具有比較相似的產業結構，而且在建設中都以勞動密集型產業為主，呈現為依賴國際市場的外向型經濟，必將產生資源浪費和效率低下。在這樣的發展方式下，必須結合自身發展特點和城市的不同發展階段，進行合理布局和功能定位，在產業上實現錯位發展，避免產業同構、無序競爭的出現。粵港澳大灣區各區域的產業選擇如下：

1. 廣州和深圳是珠三角裡面工業化程度最高的城市

深圳以創新生態完善著稱，廣州則擁有豐富的高校科研院所和強大的科研力量，且現代製造業發達，有貫通全國乃至全球的交通運輸體系。深圳作為整個粵港澳大灣區中的主要中心城市之一，同樣也是珠三角東部集群的中心，具有較好的物流運輸、商貿以及高新技術產業基礎。考慮到其具有特區政策優勢以及地理位置優勢的特點，在產業定位上應注重考慮與香港的配合，成為香港連接內地的中心點，重點發展金融商貿、物流以及創新創意產業等，幫助香港實現第三產業對內輻射，實現角色的互相補充；製造業方面應發展信息技術等創新產業，繼續發揮其高科技產業的特色。廣州的定位是成為一個綜合性的區域中心，因為廣州擁有眾多的高校和科研人才，可以成為區域的

政治、經濟、文化中心。此外，廣州在工業以及製造業方面具有良好的基礎，是珠三角的中心，它擁有大型鋼鐵、汽車制造等基礎產業，在以後的發展過程當中，應該保持重工業發展的優勢，帶動整個珠三角地區的產業發展，同時也要實現產業升級，發展以電子信息為主的高新技術產業。第三產業也不能落下，要實現資源的有效整合，在物流以及會展等方面積極推進，重點發展商貿、地產、教育產業等，強化其作為中心城市的擴散作用。

2. 珠海、佛山、東莞、中山這四個城市處於工業化的後期

珠海將逐步發展成珠三角的後花園。港珠澳大橋通車之後，珠海和澳門之間交通更為便利，橫琴的開放將使得珠海與澳門之間的合作更加暢通。此外珠海在環境方面具有優勢，生活成本較低，越來越多的港澳居民會選擇來珠海進行旅遊和消費。珠海可以利用優質環境加快旅遊業、住宿餐飲業、娛樂業等為主的第三產業發展。在製造業方面，要發揮重要的地理優勢，在港口的建設以及海洋的裝備製造方面加強重點建設，將電氣機械做大做強。同時，珠海教育發展也十分迅速，建成了很多高校，結合教育特點，應該能將信息技術的優勢發揮出來，在高新技術產業實現長足發展。

佛山、東莞、中山並不是都市圈的中心城市，只能在區域中作為中心城市，屬於三大都市圈的副中心。這三個城市重點發展的是第二產業，在製造業以及工業方面擁有較好的基礎，在發展中可以為中心城市進行導流，在基礎性工業產業發展的同時，加快通信、智能製造等高新產業的發展，實現產業轉型升級，力爭成為以先進製造業為主體的現代化大城市。在此基礎上，還需要在交通運輸方面進行改進，

以促進經營租賃、零售業以及體驗型服務業等傳統行業發展。

3. 對於江門和惠州來說，其工業化發展還處於中期階段

與其他地市相比，它們的農業產業比例相對較高，因此在勞動力方面，應提高第二產業和第三產業就業比例，提升工業化發展水平。惠州作為珠三角東部集群的次一級中心，位置上緊挨深圳和東莞，這三個城市已經基本形成通信工程方面的完整產業鏈，惠州可對周邊這兩個城市的相關產業轉移進行承接，在工業上實現錯位發展。另外，惠州在工業發展上有一定基礎，其主要的發展行業是自動化製造等產業，而且已經慢慢向環保材料、新能源方向升級。江門在汽車零部件製造等產業上有一定基礎，這些產業經過長時間發展已經具備一定優勢，因此在以後的發展當中應該重點發揮這些產業的基礎作用。同時，這些城市還要在第三產業上下工夫，如惠州可重點發展珠三角小時生活圈旅遊業，江門可重點發展商貿、會展及旅游業。

4. 肇慶在次一級經濟圈中主要處於接受輻射的地位

肇慶是整個珠三角中最落後的地區，工業發展也處在起步階段，在粵港澳大灣區經濟體中處於跟隨其他中心城市發展的地位。其當前最主要的任務是根據自身情況，對其他工業中心的產業實現轉移，在工業化進程中實現快速發展，減小與其他城市之間的差距，並結合西江資源優勢促進運輸業發展。與此同時，還要充分利用地域廣袤的旅遊條件，實現旅遊、餐飲業的快速發展。

二、粵港澳大灣區城市群的發展路徑和趨勢

（一）把握「一帶一路」倡議機遇，實現粵港澳合作開放發展

二〇一五年國家發布了關於「一帶一路」倡議的規劃文件，宣布實施「一帶一路」建設，這樣的舉措具有重要的意義。中國在實施「一帶一路」倡議的過程中，能夠結合地區各自所長，實行更加開放的戰略，加強各地區互動與協作，發展開放的經濟政策。相關的文件指出，我國沿海地區以及港澳台地區應該發揮自身特點，找準定位，深化粵港澳大灣區協作。為了打造粵港澳大灣區，促進各個組成成員的和諧發展，可以通過加強深圳前海、廣州南沙、珠海橫琴之間的合作，並深化與港澳台合作的方式來實現。發揮海外僑胞以及香港、澳門特別行政區獨特優勢，積極推動「一帶一路」建設，在海上絲綢之路中發揮自己重要的作用，這也是對粵港澳區域合作在「一帶一路」建設中進行的全新定位。

在我國對外經濟貿易當中，對外投資總量逐步擴大，已超出外商對內投資水平，資金進出形成順差，已然成為重要的資本輸出國。這不僅表明我國貿易轉型，從大國走向強國，也說明中國積極主動採取投資拉動，對我國目前的生產、銷售、服務促進效果明顯。粵港澳大灣區作為絲綢之路的重要樞紐，在「一帶一路」倡議中承擔著重要角色。粵港澳大灣區應該充分發揮自己的優勢，在國際市場上尋求競爭與合作，為「一帶一路」的順利實施發揮自身的作用。

在我國過去經濟發展的過程中，香港、澳門作為內地對外開放的聯絡人，在我國改革開放中扮演重要的角色。近些年，廣東對香港和澳門的進出口總額占全省總額的六成，廣東外商投資中港澳投資占比達到六成，廣東聯合港澳企業對外投資占全省六成以上。從這些數據可以看出，廣東和港澳合作非常緊密。對於「一帶一路」倡議的實施，部分國家和地區還沒有建立起緊密聯繫，在推動此倡議的過程中，港澳地區應結合「一帶一路」沿線國家的不同發展程度和市場需求，尋求更加積極以及更加深入的合作，以求最大限度地發揮自身的優勢，實現「走出去」戰略，與沿線國家協作共進，實現粵港澳開放合作發展的進程。

（二）以自貿區建設為契機，促進粵港澳深度融合發展

我國在廣東已經設立了自由貿易試驗區，試驗區的建立能夠進一步促進粵港澳經濟圈的發展以及融合，同時為經濟圈城市的穩定發展提供機會。在二十世紀的改革開放之後，廣東省的發展變化巨大，甚至很多學者建議廣東走出港澳的發展圈，這樣的看法還是比較片面的。對廣東省而言，其是第一批先行改革的省分，地理位置較好，具有比較多的專業人才，能夠實現經濟以及科技的較快發展。廣東經濟在不斷發展的過程當中，與港澳之間的關係也在慢慢發生改變，之前是依賴港澳的發展，到現在已經不單純是依賴關係，已經實現貿易等各方面的融合發展。廣東自貿區的設立不僅實現了粵港澳大灣區的進一步融合，還在一定程度上輻射帶動了廣東其他地區的發展。但廣東

的經濟發展不均衡，東西兩邊以及山區地區經濟發展還十分落後，所以自貿區對這些地區的輻射帶動作用發揮就顯得十分重要。當然，我們要實現的輻射發展並不是要把原屬於廣州、深圳、東莞等發達地區的產業進行簡單的轉移，而是要根據地方的特點進行技術以及產業的升級，這樣就可獲得更加廣闊的發展空間。

廣東自貿區的設立也能夠促進粵港澳地區的合作，為其發展提供發展平台。粵港澳與「一帶一路」沿線國家之間的貿易暢通、資金融通有著良好的基礎。在「一帶一路」倡議不斷實施的過程當中，粵港澳地區應該不斷增加對外開放的程度，在專注機遇的時候將沿海的經濟進行深度融合，這樣能在很大程度上促進我國綜合國力的發展。為此，國家提出建立粵港澳大灣區的發展定位，提出了適合經濟發展的新方向，這樣就能夠有效推動「一帶一路」倡議的發展。自由貿易區戰略的提出，為粵港澳深化合作發展提供了新的契機。

自貿區發展戰略的施行，需要站在國家高度，力求在國際競爭中立於不敗之地，為我國經濟增長拓展新的道路，實現中國經濟的全新升級。廣東自貿區主要還是依靠港澳的地理位置以及服務內地來發展，自貿區建設將為粵港澳的進一步發展提供動力，應將自貿試驗區建設成為粵港澳深度合作的示範區、「一帶一路」建設的重要樞紐和改革開放的實驗先行地。這樣的定位需要幾方面的合作，除了自貿區的發展與粵港澳都市圈的合作，還需要與「一帶一路」倡議相結合，與內地進行的改革開放也要緊密結合。按照自貿區的建設設想，廣東的三大自由貿易區各自履行不同的職能。深圳前海、蛇口以金融商貿、高新技術等服務業為發展重點，旨在打造一個全球性的貿易和金

融據點；廣州南沙區的主要發展對像是新金融、商貿等產業，其目標是建成有特色的高新產業基地，並提供具有全球領先水平的綜合配套服務；珠海橫琴區部署於發展旅遊休閒、教育等產業，建設國際商旅服務基地，為促進澳門經濟發展提供持續動力。

在經濟區域劃分過程中，這三個功能區域都具有自己的定位以及指導思想，其共同的目標之一就是要深化粵港澳大灣區合作。其實現目標的過程，就是體現粵港澳大灣區深度合作的過程。在這個過程中，廣東自貿區的設立為粵港澳合作提供了發展契機，自貿區和粵港澳的融合發展不僅強調廣東自身發展，香港和澳門的協同發展也同樣十分重要。自貿區建設應該要配合港澳兩地的產業發展趨勢，一方面充分利用好港澳兩地的成熟經貿人才，形成產業互動，另一方面作為內地拓展對外的窗口，協同粵港澳大灣區的經濟共建，助力實施「一帶一路」倡議任務。

自貿區的規劃很多，不僅有南沙地區主要發展高端製造業的規劃，在其他幾個區域之內也進行了規劃，主要是側重於服務業的發展。自貿區規劃的主要原則是遵循市場化和國際化的需求特點，推進粵港澳大灣區的開放程度和自由化貿易程度，實現金融方面的創新發展。貿易自由化是自貿區建設推動粵港澳大灣區發展的關鍵所在。

二〇一五年內地與香港簽署了服務貿易協定 CEPA，並於次年實施。該協議規定，內地部門將對香港開放達一百五十三個，涉及九成以上世界貿易組織的服務業。若用負面清單，只限制一百二十個項目，其中二十八個已放鬆。在跨境服務領域、電信、文化等方面採用正面清單，增加了二十項開放措施。中國內地給香港最惠待遇，換句

話說，在未來，中國與其他國家和地區簽署的自由貿易協定若比CEPA好，這些協議都對香港有效。採取這種方式可以促使跟負面清單有關的配套設施和制度盡快建立。除協議所規定的指定措施以及相關機構的設立和變更外，香港市場在此範圍內的貿易類投資公司的章程和合同需要在內地備案以便管理。總體而言，香港打入內地市場在程序上簡單了許多。

同樣在二〇一五年，內地與澳門簽署了「關於建立更緊密經貿關係的安排」的服務貿易協議，並於次年正式實施。自此，中國內地的一百五十三個服務貿易部門對澳門開放，占WTO貿易分類標準的95%以上。協議包括體育類服務等新開放服務項目在內，共有六十二項國民待遇服務項目。在澳門，採用商業服務打入市場具有與內地公司同等的待遇。

中央政府與港澳簽訂的《關於建立更緊密經貿關係的安排》是以國民待遇的形式外加負面清單，以此落實貿易開放政策。此協議成為內地和港澳貿易自由化的里程碑。根據世貿組織規定，中國在實行「十二五」發展目標前已經實現了港澳貿易自由化發展。

在此基礎上，我們還需要看到，現在的內地與香港和澳門簽署的協議已經實現貿易自由化，但是是否能夠順利實施，仍是一個問題。世貿組織界定了貿易自由化，將目前的服務業分為二十二類，共計一百六十小類。從數量上看，現在的服務部門已經達到了標準的95.6%，但開放質量不能忽視。在內地當中，協議的實施具有一定的阻力，貿易開放程度並沒有達到協議所要求的程度。雖然在二〇一六年，國際貨幣基金組織同意我國的人民幣已經能夠自由使用，這為發

展提供了很大的便利，但人民幣自由兌換目前還處於受限制狀態，從而導致自由化的服務貿易、人員流動、信息流動等都難以實現，即使已經開放的部門都仍然存在很多的限制。因此，內地與港澳貿易自由問題還值得我們努力推進。

廣東自貿區的發展目標是：首先要在三到五年之內實現改革，主要就是能夠營造國際化以及市場化的環境，能夠實施比較開放的經濟體制，而且能夠做到粵港澳的深度合作，這樣就能形成國際化標準的環境，同時為投資提供很大的便利，帶動周圍城市的發展，監管安全高效安全的自貿區。在自貿區之內實現深度合作，需要抓住國家自貿區發展的機遇，按照自貿區的發展定位要求，進行深度合作，與此同時也需要把握合作的目標。在關稅方面，港澳與內地不同，其獨立關稅的發展狀況非常明確。因此，在「一國兩制」政策的指導下，深入合作才能促進經濟一體化發展。但是，在發展中還是存在很多的問題，往往對於「兩制」的問題認識不清，對於彼此並沒有分清楚，此時就無法實現深度的合作。廣東與港澳經濟一體化的深度合作與發展應該有一個基於國際標準的市場，並且要有優良的法律環境和開放的制度環境，並在各個領域和環節中得到一一落實。

（三）實現創新驅動型發展戰略，促進粵港澳合作的發展和創新

廣東地區建立自由貿易區意義重大，自由貿易區能否推動大灣區經濟發展以及加深粵港澳之間的深度合作是重中之重。經過四十年的改革開放，粵港澳的經濟飛速發展，經濟合作基礎良好。在這以前，

存在著低端產業市場的競爭與合作，如果想要實現兩者的深度融合，那麼就需要在之前的基礎上進行創新，不能只是侷限於比較低層次的重複，必須通過創新來謀求發展，實現突破。地區的深度融合與國家進行的創新戰略發展是分不開的，中國經濟發展快速，而現在的經濟增長速度已經由高速變成了中高速增長，未來將會迎來中等收入陷阱帶來的問題，能否解決這個問題取決於經濟結構的轉型升級進程。所以，國家關於建立廣東自貿區的指導思想是把重點放在國家戰略上，嘗試通過改革來推動發展，推動內地與港澳的合作，以點帶面，發揮示範效應和帶頭效應。

此外，社會如果想要實現持續穩定的發展，離不開創新，這在很多國家的發展中已經得到了檢驗。廣東自由貿易區地理環境優越，應充分利用粵港澳地區的創新環境和氛圍，為我國創新驅動的發展提供源源不斷的動力。自由貿易區應抓住機遇，與粵港澳地區開展深度合作。中共中央通過的十三五規劃建議中提出，創新、開放、協調、共享、綠色五大發展理念中，創新發展是核心。

粵港澳合作創新可以藉助自由貿易區作為通道，進行科技、制度、管理、商業模式等方面的創新，其中以科技創新為重。從很大程度上來說，通過思想方式的開放學習和轉變，體制以及管理方面的創新比較容易實現，但是科技創新則比較難。在進行科技創新的過程當中，首先就是要加強創新能力，而且要實現自主的創新。從不斷的發展中可以看出，核心技術往往會關係到國家的安全，無法靠簡單的引進來實現，要依賴自主性開拓和創造。粵港澳合作創新在從前的合作模式上一定要有所突破，一定要實現自主創新。之前的經驗可能不適

應現在的發展，而且可能會成為制約因素。在這樣的前提下，我國要堅持自主創新之路，不斷推動創新，在創新後引進消化吸收，加快創新步伐，擁有更多自主專利，加快創新制度建設，促進創新能力發展。

粵港澳地區在科技創新方面還是擁有很多先進經驗的，如果能夠實現合作，將會取得很好的發展。同時，不足之處也是存在的，主要與科研人員不足、科研水平低下、難以形成有效的合作等問題有關，當然，實現科技創新突破也與其他因素有密切的聯繫。在這樣的背景之下，我們還需要發展的觀念以及制度方面的創新，將自己的優勢發揮出來，同時建立自主的創新體系，為發展提供持續的動力，將自貿區的發展作為創新的先行者，為創新發展提供一個良好的平台。

三、粵港澳大灣區各城市協調發展的建議

（一）提高三方政府官員對協調發展的認識和政府施政效率

粵港澳大灣區各城市協調發展的本質，就是要實現三地區經濟一體化，重點是要建立大珠三角都市帶和大珠三角都市連綿區。要想實現粵港澳地區的發展，就要構建相應的發展中心，而這樣的發展中心就是珠三角的都市帶以及其連綿區，這樣就能夠做到經濟一體化。我們在發展的時候要吸取國外先進的經驗，同時分析我國現有的國情以

及政策，找到適合自己發展的道路，對區域經濟的建設作出比較合理的規劃，對於在這個區域內進行治理的思路和問題需要進一步探討。有研究者建議參照北美自貿區的模式，試圖對粵港澳地區的決策進行完善，也有專家建議成立國家層面的領導小組進行專項管理，實現三地經濟協調一體化發展。兩種觀點的共同之處在於，均順應時代發展潮流、順應「一國兩制」的思想，試圖採取較為靈活的解決辦法，謀求更加長遠的利益，實現專業化的區域治理。

由於我國實行「一國兩制」的方針，港澳是區別於內地的單獨關稅區，隸屬於不同的管轄區域，商品、人口都不可以自由往來，在經濟方面，三方必須遵循不同獨立經濟體之間的關係，即國際貿易關係。在這種情況下，如果粵港澳地區要實現經濟一體化，只能在國際區域經濟一體化和國內區域經濟一體化之間形成新的一體化的關係。在實施 CEPA 之前，粵港澳經濟一體化一般處於一體化的功能方面，其特點是自發完成，藉助民間協調來完成；在 CEPA 實施之後，這種一體化就成為制度的一體化，使得每個部分的經濟更加融合，此時政府部門應該多加合作，起到主導和協作的作用。這樣的模式不是政府全權取代了市場，而是政府在自己的職能範圍內為市場服務。我們知道，內地與港澳地區的經濟制度以及社會制度都不相同，政府在行使自己權利的時候方式也是不同的，這就需要三方政府形成比較和諧的調節機制。對於這方面的問題也要認識清楚，不能侷限於以往的管理模式，要能為地區的一體化建設貢獻自己的力量。

（二）完善制度構建和促進建設協調機制

三地灣區經濟的協同發展過程實質上是經濟體制和制度不斷創新的過程。當前應順應制度建設要求和一體化轉變的趨勢，加強內部制度建設，在發展的同時將制度建設放在首位，制度建設包括法律法規制度、營運環境等方面。應探索並設立粵港澳商營規則，與制度建設相匹配，推動粵港澳大灣區養老、醫療、教育等領域的發展，以最大限度地實現經濟以及民生方面的政策融合。通過整合粵港澳經濟社會交往合作以及文化法律，深化「一國兩制」的探索實踐，使「一國」之下的「兩制」通過制度銜接和融合，在制度和發展上互為一體。

　　機制的協調、制度的完善可以從如下幾個方面入手：

　　第一，繼續完善廣東和香港的合作聯席會議，適當時候可以擴大為粵港澳三地會議，規範運作，例如經常性召開會議和會後支持機制建立，以及落實跟進好會議決議的執行情況。為此，三地政府相關職能部門的對口溝通合作機制應儘快建立起來，最大限度地實現信息資源的共享，共同努力，盡量減少制度成本。

　　第二，舉行珠三角地區市長和港澳均可參與的聯席會議，這樣珠三角城市群與港澳協調發展的理念就可以在會上得到溝通和共享，實現區域內部之間的信息溝通以及共享，能夠協調大型公共設施建設工程等跨市域建設的問題，讓彼此之間緊密發展，貨物、人員、資金的流通問題也能得到研究和解決。

　　第三，建立三方政府與企業之間的變通對話機制，這樣政府就能夠聽到企業的需求，在市場以及企業的基礎上不斷完善自己的目標以及方式方法，真正做到為人民服務。對於企業而言，可以派專人向政

府表達自己的訴求，同時能對地方的經濟建設提出自己的意見。通過不定期參加各種聯席會議，構建合作與協調平台，同時在三方之間實現互通，在不同的體制之間能夠行使自己的權利，為企業做出很好的指導，共同創造良好的營商環境。

第四，建立一個開放的平台供研究者們進行探討，將各種民間協會、學會等的作用發揮到極致，使之成為三方協調發展的得力參謀。同時，建議成立一個大珠三角發展研究院，這樣就能夠很好地協調各個部門之間的合作。同時在政府與大學之間要形成協調的力量，成立專門的課題組進行研究，在經費共籌以及成果共享方面要多加支持。

四、粵港澳大灣區經濟可持續發展的建議

（一）實現區域產業分工與優勢互補

粵港澳大灣區內不同區域的合理分工是促進區域健康發展的基礎，也是促進區域間有效合作的前提。《珠江三角洲地區改革發展規劃綱要（2008-2020 年）》等文件對粵港澳經濟的分工做出了基本謀劃，明確珠三角地區要大力發展高端產業，同時要具有自主創新性，在國際上打造領先的製造產業基地，為國家建設一批具有國際知名度的品牌，在服務體系方面能夠實現與香港的對接；要建設與港澳地區錯位發展的航運、物流、貿易中心；粵港澳共同打造珠江口灣區經濟，共同建造南沙、橫琴、前海自貿區，全力培育新增長極。

具體來看，香港的優勢產業如貿易、航運、金融和專業服務等需要與珠三角製造業對接起來，達到優勢互補的產業分工格局。國際上特別重視創新，而深圳地區就有很大的潛力，在香港，其金融業以及現代的服務業都處於國際的領先水平，而珠三角地區具有比較高端的製造業，在這樣的背景之下，大灣區的建設具有很大的潛力，能夠建設成為集創新、服務、高端產業於一體的基地。同時，產業要能夠支撐起創新的建設，而香港在這方面並沒有基礎，因此就需要深圳提供支持，這樣就能夠體現出集聚的效應。二〇一七年初，落馬洲河套地區的創新及科技園這個互惠互利的平台落成，一方面為港人提供了創新科技平台，另一方面為深圳高科技企業輸出大量專業人才，對其打入國際市場貢獻巨大。香港具有比較強勁的科研能力，同時也是國際化的大都市，而珠三角有良好的工業基礎，兩個產業能夠實現較好的銜接，這樣就能夠帶動大灣區的經濟發展。

想要實現粵港澳大灣區的緊密聯繫以及分工合作，還需要解決下面的幾個問題：首先，在各個地區之間實現統籌管理，基礎設施能夠相互協作，這樣就能夠促進彼此的合作，不能各自為政或故步自封，應加強基礎設施的體系化建設，為粵港澳大灣區發展建設高水平的營運環境。其次，要充分利用香港完善的制度優勢和豐富的產業經驗，推進建設以香港為龍頭的商旅、會展、航運等產業體系。再次，要發揮自貿區等功能性經濟體的功能，布局戰略新興產業。最後，要重視改善粵北經濟發展環境，改變落後低端的產業現況，打造粵港澳大灣區的產業突破。

（二）強化區域社會公共服務對接

廣東地區要積極學習港澳先進經驗，將單純的技術和資金引進轉變為全方位的學習，對順應經濟發展與社會發展趨勢的管理制度與規則持開放式學習態度，提升公共服務的軟實力，並將其與環境配套條件相結合，打造出有競爭力的優勢。想擁有強大的競爭能力，知識、技術和人才缺一不可，可通過加強粵港澳在人力資源方面的合作，為灣區發展提供人力支撐。還應緊跟國家城鎮化發展目標，積極引入港澳成熟公共服務經驗，打造行業高標準，為公共服務建設提供有效支持，同時探索促進醫療、養老等社會保障合作的新模式，推動社會和諧發展。

（三）設立統籌協調機制，實現要素流動

粵港澳大灣區的經濟建設依賴於商品、人員以及資本的流動，這三個方面是建設經濟一體化的基礎。但是，港澳地區的性質對三地商品和生產要素流通造成了一些障礙，不利於經濟的協調發展。基於此，在粵港澳經濟的協調發展中，要採取一些措施來促進三地之間的雙向溝通，可從以下兩個角度來進行：一方面，建立健全的制度，為三地的貿易暢通和資金融通提供便利。如我國頒布的旨在消除三地之間各類障礙的內地與香港「關於建立更緊密經貿關係的安排」等文件和措施，為投資以及貿易的發展提供了自由化的發展便利，內地與港澳《關於建立更緊密經貿關係的安排》系列的補充協議，又推進了粵港澳的貿易和投資發展；另一方面，完善海陸空交通運輸網絡建設。加強珠澳、港深在海運上的合作，共同提升國際航運服務能力；

利用深圳機場和香港機場的交通便利條件，打通兩地空運合作通道，打造跨越兩地的高效空港；利用港珠澳大橋連接三地陸路的優勢，結合高鐵、城軌，打造高效能陸運圈，以此為軸線，建立粵港澳大灣區與周邊地區的密切聯繫。

另外，為了促進本地區的深度合作，也可以設立大灣區發展合作委員會，分擔三地政府間的部分功能，創新區域合作的體制機制，讓商品、資本以及技術等實現有序流動，實現資源高效配置，讓地區的建設更加便利，同時也減少資金的花費。還可以構建全球性的高端人才、要素和市場平台，搭建資金融通、基礎設施的互聯互通和貿易暢通等平台。圍繞行政區的劃分，共同探討並進行中長期合作規劃的制定，站在各區域發展的角度去進行資源整合和制定總體規劃，部署新的目標。通過對區域基礎設施的合理規劃布局，實現三地更加便利的通關通行，完善交通配套設施建設，提升城市服務管理水平，提高資源要素的流動效率，進一步降低其流通成本。

（四）以創新為核心帶動灣區經濟發展

國際上有不少值得借鑑的灣區案例，例如東京灣區有優良的製造創新能力，紐約灣區的金融創新能力赫赫有名，舊金山灣區的科技創新能力聞名全球，如果能成功借鑑這三種能力並且有效利用在大灣區建設上，那麼我們的大灣區將成為世界上非常具有競爭力的經濟發展區。科技創新離不開研發能力，同時也需要開放生態、科技金融、現代製造業等資源要素的全面支持，而在這個創新的熔爐當中，只有集聚各方因素才能夠產生比較好的效應，為產業升級添磚加瓦，為科技

發展提供源源不斷的動力。在國家政策方面，應致力於支持中國企業從這個橋頭堡「走出去」，把大灣區打造成全球性創新中心，同時鼓勵國外企業在粵港澳中心設立區域中心以輻射內地市場。比如，建立粵港澳大灣區創新合作鼓勵機制，共同制定三地創新政策以惠及企業，而香港、澳門可以發揮自己橋樑的作用，為創新進行牽線搭橋，發展金融創新產業，同時也為各種創新的企業提供大量的資金支持。

REFERENCE　參考文獻

[1]　劉豔霞：《國內外灣區經濟發展研究與啟示》，《城市觀察》2014
年第 3 期，第 155-163 頁。

[2]　王宏彬：《灣區經濟與中國實踐》，《中國經濟報告》2014 年第 4
期，第 99-100 頁。

[3]　鄧志新：《灣區經濟發展戰略下深圳自貿區的構建》，《特區經濟》
2014 年第 4 期，第 15-17 頁。

[4]　魯剡歌：《灣區經濟：揭示成熟城市形象的璀璨轉型》，《城市記
憶》2014 年第 4 期，第 80-85 頁。

[5]　查振祥、查理：《深圳發展灣區經濟路徑研究》，《深圳職業技術
學院學報》204 年第 4 期，第 29-31 頁。

[6]　陳曉丹、唐天均、車秀珍等：《灣區經濟視角下的深圳灣區環境
提升策略研究》，《特區經濟》214 年第 4 期，第 64-66 頁。

[7]　魯志國、潘鳳、閆振坤：《全球灣區經濟比較與綜合評價研究》，
《科技進步與對策》2015 年第 11 期，第 112-116 頁。

[8]　康學芹：《粵港澳增長三角次區域經濟一體化研究》，中國社會科學出版社，2014 年版。

[9]　周運源：《粵港澳經濟非均衡發展趨向一體化研究》，中國社會科學出版社，2111 年版。

[10]　張建中、張兵、陳瑛：《邊界效應與跨國界經濟合作的地域模式— 以東南亞地區為例》，《人文地理》 2002 年第 1 期。

[11]　張旭華：《跨境經濟合作區的構建與中國的跨邊境合作策略探析》，《亞太經濟》第 2011 年第 4 期。

[12]　顏彭莉：《粵港澳大灣區：全方位對外開放新坐標》，《壞境經濟》，2017 年。

[13]　Michael E. Porter, *Competitive advantage: creating and sustaining superior performance*, New York: FreePress, 1985.

[14]　安虎森：《區域經濟學通論》，經濟科學出版社，2004 年版。

[15]　孫久文：《區域經濟學》，首都經貿大學出版社，2007 年版。

[16]　魏後凱《現代區域經濟學》，經濟管理出版社，2006 年版。

[17]　張可雲：《國外空間計量經濟學研究回顧、進展與評述》，《產經評論》2016 年第 1 期，第 5-21 頁。

[18]　孫久文、姚鵬：《空間計量經濟學的研究範式與最新進展》，《經濟學家》2014 年第 7 期，第 27-35 頁。

[19] 陸大道：《區域發展及其空間結構》，科學出版社，1998 年版。

[20] 崔功豪、魏清泉、劉科偉：《區域分析與區域規劃》，高等教育出版社，2006 年版。

[21] 陳才：《區域經濟地理學》，科學出版社，2009 年版。

[22] 曾菊新：《空間經濟：系統與結果》，武漢出版社，1996 年版。

[23] 陸玉麒：《區域發展中的空間結構研究》，南京師範大學出版社，1998 年版。

[24] 聶華林、趙超：《區域空間結構概率》，中國社會科學出版社，2008 年版。

[25] 涂文明、曹邦：《增長極戰略的實現機制與中國實踐模式的重構》，《當代財經》 2012 年第 9 期。

[26] 劉佳寧：《科技、金融、產業「三融合」的廣東實踐》，《南方經濟》2015 年第 9 期。

[27] 李仁貴、章文光：《法國增長極戰略實踐及其啟示》，《發展研究》2012 年第 7 期。

[28] 王曉雨：《中國區域增長極的極化與擴散效應研究》，吉林大學，2011 年。

[29] 汪海：《沿海創新增長極引領中國經濟轉型升級》，《現代經濟探討》 2015 年第 4 期。

[30] 朱明：《從硅谷的發展歷史看雄安的未來定位》《證券時報》 2017 年第 4 期。

[31] 翁樟美：《楊浦科技園區創新發展問題研究》，同濟大學，2017 年。

[32] 全球第一互聯網博物館，「硅谷出了毛病」，2015 年，http：/ www.techcn.co。

[33] 全球第一互聯網博物館，「硅谷的歷史」2015 年，http://ww.tech-cn.co。

[34] 論文寶：「硅谷與中關村的比較分析」www .lwbao.com。

[35] 許愛瑜：《廣東製造業產業轉型問題研究》暨南大學，2011 年。

[36] 潘捷、張守：《改革開放以來粵港澳金融合作方式：回顧與展望》 《國際經貿探索》2014 年第 9 期。

[37] 左連村、廖喆：《粵港澳聯合創新區研究》《產經評論》2010 年 第 1 期。

[38] 吳哲：《高新技術企業總量躍居全國第一》《南方日報》2017 年 第 4 期。

[39] 林健芳：《粵港澳大灣區綜合交通體系建設積厚成勢》，《中國交 通報》2017 年第 3 期。

[40] Marcia Oliveira, Joao Gama, *An overview of social network analysis, Wiley*

Interdisciplinary Reviews - Data Mining And, KnowleWgw Discovery, 2012.

[41] Breigcr R, *Structurv of scooomio intergpengenco arnoog natiooc, continu--two in structurai inquiry,* 1981.

[42] Everett M, *TextbooO ai Essex Summra School in SSDA, Social Network A-nascnc,* 2002.

[43] Wasserman S, *Fausi K, Social Network Analysis: Metboge and Apppco-Uoce e Journal oO Womew's Healtb,* 1994.

[44] White HC, Boorman SA, Breiger RL, *Social structure from multiple networks :BloctmoCeSs of roles anl positions, The American Journal ef Sociology,* 1976.

[45] D.A.Smith, D.R.White, *Structure anS dynamiaa of Ue global economy: network analysis of IntemaUonaS Srale* 1965-1980, Social Forces, 1992.

[46] Krackhardt, D.Graph, *The Orettical Dicensions of Infoumal Organizations, Computational Organizational Theora,* 1994.

[47] Freeman L.C, *Cefralip insoH f Works: conceptirnl olaripcaaou, So-cial Network,* 1979.

[48] Snyder D, Kick E. L, *Stuutuml position in the woeld system and economic growth,* 1955-1976: *a multiple network analysis of transnational interactions, The American Juornal of Sociology,* 1979.

[49] Stefano Sckicvo, Jcvier Reyes, Giorgio Fapiolo, *International trade anf financial integration: a weighted a weighted network analysis, Quanatanve Finance*, 2010.

[50] Lorenzo Casst, Andrea Morrison, AnneL.J.TerWal, *The Evolution of Trade and Scafipe Collaboraaon Networks in the Global Wine Sector: A Longitudinal Study Using Networa Analysi, Economic Geography*, 2012.

[51] Nicolavs GroenewolO, Guoping Lee, Anping Chen, *Intp-repional spillovers in China: The importance of common shocks ana the definition of the regions, China Economic Rdew*, 2007 (1).

[52] Long Gen Ying, *Understandinn China's recent growth experience: A spatial econometric perspective, The Annalo of RepionaS Science*, 2003 (4).

[53] J.F .Brun, J. L. Combes, M. F. Renard, *Are there spillover effects between coastal and noncoastal regions in china?, China Economic Review*, 2002 (2).

[54] Q .Zhang, B. Felmingham, *The Role of FDI, Exports and Spillover Effects in the Regional Development of China, Journal of Development Studies*, 2002 (4).

[55] Long Gen Ying, *Measuring the spillover effects: Some Chinee evidencce, Papers in Regional Science*, 2000 (1).

[56] Chaso Duun, P.Grimns, *Wofa-Ssteft Anafysu, Annaal Revies of Sod-ology*, 1995.

[57] 劉華軍、張耀、孫亞男：《中國區域發展的空間網絡結構及其影響因素——基於 2000-2013 年省際地區發展與民生指數》《經濟評論》2015 年第 5 期。

[58] 劉華軍、張耀、孫亞男：《中國區域發展的空間網絡結構及其時滯變化——基於 DLI 指數的分析》《中國人口科學》2015 年第 4 期。

[59] 李敬、陳澍、萬廣華、付陳梅：《中國區域經濟增長的空間關聯及其解釋—基於網絡分析方法》，《經濟研究》 2014 年第 11 期。

[60] 李國平、吳愛芝、孫鐵山：《中國區域空間結構研究的回顧及展望》《經濟地理》 2012 年第 4 期。

[61] 潘文卿：《中國的區域關聯與經濟增長的空間溢出效應》，《經濟研究》 2012 年第 9 期。

[62] 陳雄兵、張宗成：《再議 Granger 因果檢驗》《數量經濟技術經濟研究》 2008 年第 1 期。

[63] 王強：《人文一經濟地理學科建設與發展方向探討——2012 年人文一經濟地理學未來發展座談會綜述》《經濟地理》2012 年第 4 期。

[64] 葉明確：《1978-2008 年中國經濟重心遷移的特徵與影響因素》《經濟地理》 2012 年第 4 期。

[65] 朱麗萌：《欠發達地區主體功能分區實證研究——以江西省為例》，《經濟地理》 2012 年第 4 期。

[66] 程遙：《健康城鎮化背景下的流動人口發展趨勢與對策》，《經濟地理》 2012 年第 4 期。

[67] 蘇華、陳偉華、陳文俊：《要素生產率和要素配置作用下的中國城鄉收入差距》，《經濟地理》 2012 年第 4 期。

[68] 路旭、馬學廣、李貴才：《基於國際高級生產者服務業布局的珠三角城市網絡空間格局研究》，《經濟地理》 2012 年第 4 期。

[69] 胡浩、金鳳君、王姣娥：《我國國家歷史文化名城空間格局及時空演變研究》，《經濟地理》 2012 年第 4 期。

[70] 吳麗娟、劉玉亭、程慧：《城鄉統籌發展的動力機制和關鍵內容研究述評》《經濟地理》2012 年第 4 期。

[71] 張佑印、顧靜、黃河清：《中國區域旅遊產業結構變化的空間差異分析》《經濟地理》2012 年第 4 期。

[72] 龍擁軍、楊慶媛：《重慶城市經濟空間影響力研究》《經濟地理》2012 年第 5 期。

社科文庫·區域經濟研究　AA102002

粵港澳大灣區規劃和全球定位

主　　編	國世平
版權策畫	李煥芹
責任編輯	呂玉姍

發 行 人	陳滿銘
總 經 理	梁錦興
總 編 輯	陳滿銘
副總編輯	張晏瑞
編 輯 所	萬卷樓圖書股份有限公司
排　　版	菩薩蠻數位文化有限公司
印　　刷	維中科技有限公司
封面設計	菩薩蠻數位文化有限公司

出　　版　昌明文化有限公司
桃園市龜山區中原街 32 號
電話 (02)23216565

發　　行　萬卷樓圖書股份有限公司
臺北市羅斯福路二段 41 號 6 樓之 3
電話 (02)23216565
傳真 (02)23218698
電郵 SERVICE@WANJUAN.COM.TW
大陸經銷
廈門外圖臺灣書店有限公司
　電郵 JKB188@188.COM

ISBN 978-986-496-395-9
2019 年 3 月初版
定價：新臺幣 520 元

如何購買本書：

1. 轉帳購書，請透過以下帳戶
　合作金庫銀行　古亭分行
　戶名：萬卷樓圖書股份有限公司
　帳號：0877717092596

2. 網路購書，請透過萬卷樓網站
　網址 WWW.WANJUAN.COM.TW

大量購書，請直接聯繫我們，將有專人為您
服務。客服：(02)23216565 分機 610

如有缺頁、破損或裝訂錯誤，請寄回更換
版權所有·翻印必究
Copyright©2019 by WanJuanLou Books CO., Ltd.
All Right Reserved　　　　Printed in Taiwan

國家圖書館出版品預行編目資料

粵港澳大灣區規劃和全球定位 / 國世平主編.
-- 初版.-- 桃園市：昌明文化出版；臺北
市：萬卷樓發行, 2019.03
　面；　公分
ISBN 978-986-496-395-9(平裝)

1.區域經濟 2.經濟發展 3.中國
　552.2　　　　　　　108002845

本著作物由廣東人民出版社有限公司授權萬卷樓圖書股份有限公司（臺灣）發行中文
繁體字版版權。